中学物理教师发展丛书

高中物理科学方法教育

邢红军　主编

中国科学技术出版社

·北 京·

图书在版编目（CIP）数据

高中物理科学方法教育/邢红军主编. —北京：中国
科学技术出版社，2015.8
（中学物理教师发展丛书）
ISBN 978 – 7 – 5046 – 6961 – 2

Ⅰ. ①高… Ⅱ. ①邢… Ⅲ. ①中学物理课 – 教学研究 – 高中
Ⅳ. ①G633.72

中国版本图书馆CIP数据核字（2015）第170485号

选题策划	王晓义	
责任编辑	高雪岩	
封面设计	孙雪骊	
责任校对	林　华	
责任印制	张建农	

出　　版	中国科学技术出版社	
发　　行	科学普及出版社发行部	
地　　址	北京市海淀区中关村南大街 16 号	
邮　　邮	100081	
发行电话	010 – 62103130	
传　　真	010 – 62179148	
投稿电话	010 – 62176522	
网　　址	http：//www.cspbooks.com.cn	

开　　本	720mm × 1000mm　1/16	
字　　数	340 千字	
印　　张	15.5	
印　　数	1—3000 册	
版　　次	2015 年 8 月第 1 版	
印　　次	2015 年 8 月第 1 次印刷	
印　　刷	北京金信诺印刷有限公司	

书　　书	ISBN 978 – 7 – 5046 – 6961 – 2/G·688	
定　　价	40.00 元	

序

　　物理科学方法教育是物理教育研究中一个历久弥新的研究课题，一般认为包括三部分内容：一是物理科学方法教育的价值，即为什么要进行科学方法教育的问题；二是物理科学方法教育的内容，即科学方法教什么的问题；三是物理科学方法教育的方式，即科学方法如何教的问题。

　　对于第一个问题，通常人们认为，科学方法是能力的核心，是对能力起决定性作用的因素，因此，科学方法中心论就应运而生。第二个问题是物理科学方法教育的核心问题。因为如果不解决科学方法的教育内容，科学方法教育就成了无米之炊。而解决这个问题的前提，是对科学方法进行正确分类。我们通过把科学方法分为物理方法与思维方法，从而解决了科学方法的分类问题。这一分类不仅与心理学中的强认知方法与弱认知方法分类相一致，而且符合科学方法性质的逻辑。因为物理方法是客观的，可以通过传授使学生掌握，而思维方法是主观的，是大脑的功能，需要通过训练才能使学生掌握。当解决了科学方法的分类问题后，就可以把《物理课程标准》中的科学方法显化，从而确定出科学方法的教育内容。第三个问题是科学方法的教育方式，目前看来还有大量的工作要做。这是因为科学方法的教育方式与科学知识的教育方式具有不同的特点，而且由于物理方法与思维方法始终是交织在一起的，这就决定了科学方法的教育方式并不是一个简单的问题。

　　本书尝试对物理科学方法教育的若干问题进行回答，包括以下内容。

　　第一章、第二章是我们在物理科学方法教育研究中发表在《教育研究》《课程·教材·教法》《教育科学研究》《物理教师》等权威核心期刊或核心期刊上的系列论文，它们浓缩了我们物理科学方法教育研究的精华，代表了我们物理科学方法教育研究的水平。当然，我们的研究是否到位、是否恰当，还有待广大物理教育工作者评判。

　　第三章、第四章、第五章、是我指导的硕士研究生撰写的3篇硕士论义，论文很好地解决了高中物理科学方法教育内容匮乏的问题。事实上，这一问题实乃物理科学方法教育的核心问题。因为不解决科学方法的教育内容问题，物理科学方法教育就成为"无源之水""无米之炊"。遗憾的是，到目前为止，高中《物理课程标准》包括高中物理教科书仍然没有解决好这个问题，这可能与人们对于科学方法教育内容的认识有关。我们的研究显示，物理教学中的科学方法教育内容是完全可以显化的。对于物理科学方法教育内容进入高中《物理课程标准》和高中物理教科书的形式，一开始可以允许不那么全面，甚至可以不是那么完整，但不能像目前这样几乎没有，这是我们在物理科学方法教育内容研究中的一个重要观点。

第六章介绍了我主持的北京市教育科学规划重点课题"高中物理科学方法教育内容显化的理论与实践研究"，包括项目申请书的撰写、结题报告的撰写，供广大物理教育工作者今后申报相关物理教育科学研究课题参考。在我的研究经历中，我感觉项目申请书是较为不易撰写的，因为它的撰写基本上是"带着镣铐跳舞"。这是因为，项目申请书的撰写通常要求在规定的字数内写完规定的内容，并且在写作的过程中，既不能太谦虚，又不能太骄傲；既不能太白话，又不能太深奥。所以，撰写的分寸要拿捏得非常到位。如此，就使得项目申请书的撰写非常困难。

第七章介绍了我们的物理科学方法教育研究获得第四届北京市基础教育教学成果奖的情况。书中展示了教学成果奖申请书的撰写，这为物理教育工作者申请相关教育教学成果奖报告书的撰写提供了一个范例。当然，它也从一个角度反映了我们的物理科学方法教育研究全貌。此外，教学成果奖申请书的撰写对于执笔者的文笔有着很高的要求。我虽然自认为文笔不错，并曾得到过我的博士生导师林崇德先生的夸奖。但坦率地说，即便如此，在撰写教学成果奖申请书的过程中，我仍倾尽全力而不敢稍有懈怠。本书介绍了我们的教学成果奖申请书，算是抛砖引玉，希望广大物理教育工作者多提宝贵意见。

参与本书编写的作者有：北京中医药大学陈清梅副教授、首都师范大学教育学院胡扬洋博士生、北京理工大学附属中学肖骁老师、中央民族大学附属中学赵维和老师、北京市潞河中学李立娟老师、北京市通州区第三中学姚勇老师、北京市通州区玉桥中学段俊霞老师、北京市东直门中学路海波老师、首都师范大学物理系硕士研究生刘烁。

是为序。

邢红军
2015 年 3 月于首都师范大学物理系

目　　录

第一章 高中物理科学方法教育实践研究

第一节 高中物理概念建立中科学方法的显化研究

一、物理概念建立中的科学方法

在新一轮高中物理课程改革中，科学方法教育被提高到与知识教育同等重要的高度，也就是说，科学方法与科学知识一样成为课程的重要内容。有鉴于此，本文深入研究了高中物理概念建立过程中的科学方法显化教育。

科学方法是人们在认识和改造客观世界的实践活动中总结出来的正确的思维方式和行为方式，是人们认识自然和改造自然的有效工具。[①] 物理概念是物理现象、物理过程的概括化和抽象化的思维形式，是物理学习或物理思维的基本单位，是物理基础知识最重要的内容。那么两者之间存在着什么样的逻辑呢？

研究表明，科学方法支配着知识的获得和应用，科学方法是与科学知识平行的独立体系。因此，显化物理概念建立过程中所包含的科学方法，让学生在学习物理概念的过程中领悟其中的科学方法，就成为一件很有意义的研究。

要了解显化物理概念建立过程中所运用的科学方法，首先就要找出概念形成过程中都有哪些科学方法。已有研究指出，高中物理常见的概念定义方法有：乘积定义法、比值定义法、比例系数法、直接定义法。这些科学方法在高中教材各个系列中出现的次数如表1-1所示。

表1-1 高中教材中科学方法统计表*

概念定义方法	必修系列	选修1系列	选修2系列	选修3系列	总　计
乘积定义法	1	0	2	4	7
比值定义法	3	3	4	8	18
比例系数法	3	0	0	0	3
直接定义法	3	4	3	2	12

*肖骁. 高中物理课程标准中物理方法的显化研究 [D]. 首都师范大学，2009，4.

[①] 涂艳国. 简论科学教育的基本要素 [J]. 教育研究. 1990.（9）：63-66.

由表1-1可以看出，比例系数法仅在必修系列中出现过，我们暂不做深入的研究。而比值定义法和乘积定义法则是高中阶段常用的两种定义方法，然而定义物理概念的方法以及方法的逻辑内涵往往在中学教材和教师讲解中被忽略了，或者以错误的方式呈现给学生。许多物理概念的定义其实只能起到如何度量该物理量的效果，但是反映概念本质的物理思想却并没有体现出来。应该强调指出的是，科学方法的本质在教学中是很有必要让学生明白的。因此，本文着重对两种定义物理概念的科学方法的逻辑内涵进行显化研究。

二、比值定义法的教学逻辑

比值定义法就是用两个或两个以上物理量的比值去定义另一个物理量的方法。比值定义法的基础是比较，就是要确定研究对象之间的差异点和共同点。既然要比较就要明确比较的统一标准，只有比较的标准统一，比较才有意义。所以比值定义法采用两个或者多个物理量相比，就是在比较时选取相同标准的一个基础。高中物理概念的建立中用比值定义法来定义的概念有很多，比如：速度、加速度、功率、电场强度、磁感应强度等。这些物理概念在定义时所用方法的本质都是寻找统一的比较标准。

电场强度是高中电磁学部分重要的概念之一，也是整个高中物理教学中重要的物理概念。但是高中教材或者教师讲解时并没有对电场强度这个概念的本质以及建立这个概念的逻辑讲清楚。本文以电场强度概念的建立为例来分析用比值定义法建立这个概念时的逻辑过程。

首先，我们知道电场明显的特征之一是对电场中其他电荷具有力的作用，而要描述这个作用力就需要引进新的概念，新概念的引入是从研究电荷在电场中所受的静电力入手的。其基本思想就是用电荷在电场中所受静电力的大小来表示电场的强弱。但是这种方法会出现以下三种情况：①在电场中同一点（比如 A 点）放不同量的电荷，这样不同电荷受到的电场力是不相同的。②在电场不同位置（比如 A、B 两个位置）放置相同的电荷，这样电荷受到的电场力可能相同也可能不相同。③在电场不同的位置（比如 A、B 两个位置）放置不同的电荷，这样电荷受到的电场力也是可能相同也可能不相同。所以单纯用电荷在电场中所受的电场力没有办法来表示电场的强弱。因为电荷量 q 不相同，位置也不相同，所以电场力比较的标准实际上是不一样的，所以这种比较是没有意义的。

以上三种情况可以归结为两类问题：①放置电荷的位置不相同，这个问题比较容易解决，我们只要把电荷放置在同一个位置就可以了。②电荷所带的电荷量不同，那么电荷所受到的电场力就不相同，也就没有办法比较。为了解决这个问题，我们就要选取相同的标准来比较。统一比较标准的办法就是统一电荷量，即让电荷在电场中所受到的力 F 比上该电荷量 q。因为比的结果就是单位电荷在电场中所受到的电场力，这样就解决了电场力比较标准不一致的问题。这时候我们得到一个比值

F/q，该比值就可以用来表示电场中某一点的电场强弱。

然而，与我们定义电场强度的初始出发点不同的是，我们发现对于电场中特定的一点来说，这个比值 F/q 是既与电场力无关也与检验电荷无关的常量，它只与电场本身有关，可以表示电场的强弱。我们把检验电荷在电场中某点受到的电场力 F 与电荷 q 的比值，叫作该点的电场强度，简称场强，用 E 表示电场强度，写成公式是 $E = F/q$。这就是电场强度的最终定义式。

以上就是用比值定义法来定义电场强度的教学逻辑，定义的出发点就是要找一个比较标准，但到最后我们却得到了意外的收获。这样不但把比值定义法的本质讲清楚了，同时也把电场强度概念的来龙去脉和本质讲清楚了，达到了方法与知识并重，显化方法的目的。

三、乘积定义法的教学逻辑

乘积定义法的本质是积累，是某一个物理量在另一个或者几个物理量上的积累。所以用乘积定义法定义的物理概念量的大小都是由两个或两个以上的因素决定的。因此，要让学生明白用乘积定义法定义的概念是哪个物理量对什么积累的结果。在讲这一类概念的时候，首先要明确我们所要解决的问题，然后解释用积累的思想来解决，最后得到新的物理概念。学生在这个过程中也就明白了新定义的这个物理概念的含义以及新概念的定义式中各个物理量的具体含义。高中常见的用乘积定义法定义的概念有：功、冲量、动量等。这些物理概念在定义的时候都用到了积累的思想。

但是有些物理概念虽然运用了乘积的思想，但是并不是由乘积定义法直接定义的，也不能单纯地从概念的定义式本身来体会其中积累的思想。因此，如果我们想要更深刻地理解这个物理概念的话，就需要从不同的角度来挖掘这个概念的本质。比如动量的概念：动量是高中物理中研究机械运动的重要的概念之一，它是对物体机械运动的量度，是描述物体机械运动的一个状态量，其表达式是，$P = mv$。但是想要更深入地理解动量概念的本质，就需要从动量定理的角度来分析，用乘积定义法的思想来理解。

动量定理的内容为：物体动量的增量等于它所受合外力的冲量，即 $Ft = \Delta mv$。对于一个特定的物体来说，它的动量发生变化换一种说法就是速度发生了变化，即物体的运动状态要发生改变。牛顿运动定律表明物体运动状态发生变化是因为合外力不为零，物体在合外力的作用下经过一段时间速度发生改变，也就是动量改变了。所以动量的变化就反映了力在某一段时间内的持续作用，即力对时间的积累效应。这也正是乘积定义法的本质所在。

动量的变化量 Δmv 与动量 mv 的单位是一样，也就是说动量的变化量与动量描述机械能的量纲是相同的。如果让一个静止的质量为 m 的物体在力 F 的作用下经过时间 t 获得某一速度 v，即物体的动量增加了 mv。那么物体的动量就是从时间的角度量度机械运动，它表示的就是力的积累效应，其关系由动量定理 $Ft = \Delta mv$ 反映。

以上教学逻辑反映的不仅仅是动量这个概念，而且是动量背后的力学机制以及其中所蕴含的物理本质。这个过程从乘积定义法的内涵出发，运用动量定理来深入地分析动量这个概念，这样就很好地把乘积定义法融合到了教学过程中，用显化的科学方法组织知识教学。

如果根据比值定义法和乘积定义法的内涵把重要概念的本质讲清楚了，学生就能够很好地理解电场强度和动量所表达的深层含义，并且在这个过程中学会了如何运用科学方法。这样在学习同类概念时能够更容易、更深刻地理解。即使在遇到类似的但是对学生又是陌生的实际问题时，也能从大脑中提取相关的科学方法去思考。因此，所谓显化科学方法不是讲科学方法的名称和内容，而是要把科学方法在概念教学中的逻辑讲明白，这样才能达到科学方法显化的目的。

第二节　高中物理规律建立中科学方法的显化研究

一、物理规律建立中的科学方法

随着基础教育课程改革的实施，科学方法教育日益受到广大物理教育者的重视，并被提高到与知识教育同等重要的高度。基于此，本书深入研究高中物理规律建立过程中的科学方法显化教育。

物理规律（包括物理定律、定理、原理、法则、公式）是各种物理现象、物理过程在一定条件下发生、发展和变化的规律。它反映了物质运动变化过程中各个因素之间的本质联系，揭示了客观事物本质属性之间的内在的必然联系。物理学是以基本概念和基本规律为主干的完整体系，它是由基本概念、基本规律、基本方法及其相互关系所组成的，其核心就是物理规律，要使学生学好物理，就必须真正掌握物理规律，因此在物理规律的教学中实施科学方法教育就显得尤为重要。

物理教学中的主要科学方法如表 1-2。

表 1-2　物理教学中的主要科学方法

物理方法	次数	物理方法	次数
实验归纳法	73	控制变量法	8
演绎推理法	51	等效法	12
理想化方法	54	类比法	16

上述研究明确了物理规律教学中的物理方法教育内容，并且统计了物理方法在课标中出现的次数，为进行物理规律教学中的科学方法教育提供了依据。

为了更加深入地了解科学方法在高中物理各个阶段中的应用，有关的研究将课标所对应的科学方法进行分系列的统计，如表 1-3 所示。

表 1 – 3　物理教学中科学方法分系列统计

物理方法	共同必修	选修 1 系列	选修 2 系列	选修 3 系列	总计
实验归纳法	11	10	15	37	73
演绎推理法	10	5	13	23	51
理想化方法	11	11	12	20	54
控制变量法	1	2	1	4	8
等效法	3	0	5	4	12
类比法	1	2	3	10	16

由表 1 – 3 可以得知,实验归纳法和演绎推理法是高中物理规律教学中常用的两种科学方法,而这两种方法恰恰是最容易被物理教师忽略。有鉴于此,本节着重对这两种科学方法的显化策略进行研究。

二、高中物理规律教学中实施实验归纳法的显化教学策略

实验归纳法是以实验为基础,通过归纳获得物理规律的一种物理方法。它是从具体的个别事物的认识中概括出抽象的一般认识的思维方法和推理形式,即通过个别的实验现象进而抽象概括出一般的物理规律,它的客观基础是事物的个性与共性的关系。实验归纳法的基础是实验,要想显化这种科学方法就要让学生在实验中亲身体验。高中阶段有很多的物理规律都是通过实验归纳法得出的,例如:匀变速直线运动的规律、牛顿三定律、机械能守恒定律、电荷守恒定律、电磁感应定律等。

高中阶段的物理实验大多是验证性实验,让学生完全重复物理学家们进行实验的艰辛过程显然是不可能的,但是教师可以向学生提供更多的实验材料,让学生自己去设计、实践,来感悟物理学的奥妙,从而达到显化科学方法的目的。高中阶段对于光学部分的知识要求不是很高,但这部分的知识向来是学生理解和掌握的难点,鉴于此,本节以折射定律的建立为例来分析用实验归纳法建立此规律时的逻辑过程。

首先,要让学生通过观察现象,掌握光的折射的概念,知道什么是光的折射。例如:在透明的玻璃杯中倒入适量的水,然后插入一根筷子或者木棍,让学生观察现象;在碗内放一枚硬币,从一侧斜着看过去时看不到硬币,然后向碗内缓慢地倒入清水,让学生观察现象。在学生对于现象有了直观感性的认识之后,再让他们找出这些现象之间的共同点:光发生了偏折。然后教师对这些现象进行总结:光从一种介质传播到另一种介质时传播路径发生改变的现象就是光的折射。经常进行这种训练,可以让学生养成经常总结、善于总结的良好习惯。

其次,建立或选择合适的实验装置进行实验。为更深入地研究,有控制的实验观察、精确的计量手段都是必要的手段。教师要引导学生依据实验的目的选择实验器材和设计实验步骤;研究光的折射现象,必须要选择玻璃、水或油等其他的介质;为了清晰地观察到折射光线、入射光线以及对折射角、入射角的测量,就要设计一个现象清晰、测量方便的装置。教师要鼓励学生大胆构思、勇于尝试,设计出有特

色的实验装置。对于存在问题的设计，教师要给予适当的点拨。另外，教师也可以给出一个正确的设计，用以启发学生的思维。例如，可以给学生一个实验装置示例，如图 1-1 所示。

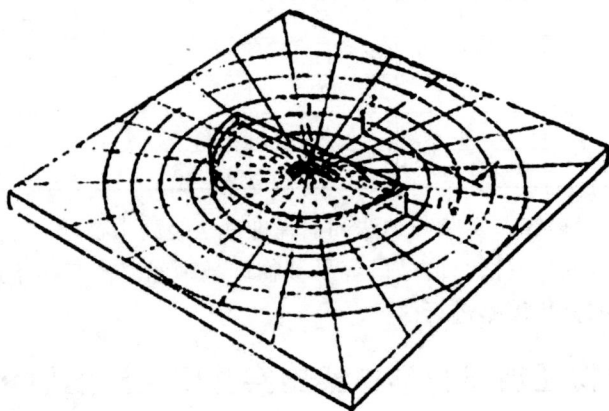

图 1-1　实验装置示例

该仪器由一个半圆形的玻璃槽（槽的直径边的中心处画有一竖直刻线）、极坐标纸、软木板组成。

仪器的使用：

（1）首先将坐标纸平铺在软木板上，并用图钉或夹子将纸固定在木板上。

（2）将塑料槽放在坐标纸上，使水槽直径边竖直刻线的下端正好落在坐标纸的原点上，并使塑料槽的直径边与零刻线重合。垂直零刻线的方向为法线方向。

（3）将待测的透明液体（如水、酒精或其他液体）置于塑料槽中。

（4）在塑料槽直径边一侧，距中心约 3cm 处，置上竖直标杆（大头针），则该点至圆心处的连线与法线的夹角即为入射角。

（5）从水槽的弯曲边通过待测液体去观察标杆，移动视线，使塑料槽的竖直刻线与标杆重合。取另一个能打孔的标杆，用视差法尽可能准确地标出折射线来，则出射线与法线的夹角为折射角。

最后，对实验所观察到的现象和记录的数据进行整理，如表 1-4 所示。

表 1-4　入射与折射实验记录

入射角 α	0°	10°	20°	30°	40°	50°	60°	70°	80°
折射角 β	0°	8°	12.5°	22.5°	29°	35°	40.5°	45.5°	50°

根据表 1-4 的数据通过 Excel 作图，可得出图 1-2。

简单地分析发现，入射角与折射角之间不存在任何关系，不能归纳出两者之间的规律，于是可以引导学生换一种思路。反映角度性质常常用三角函数来表示，于是我们来探索入射角与折射角的三角函数值之间可以归纳出什么样的关系，如表 1-5所示。

表1-5 入射角的正弦值与相应的折射角的正弦值

sin i	0	0.17	0.34	0.50	0.64	0.77	0.87	0.94	0.98
sin r	0	0.14	0.22	0.38	0.48	0.57	0.65	0.73	0.77

根据表1-5的数据通过 Excel 做图，可得出图1-2。

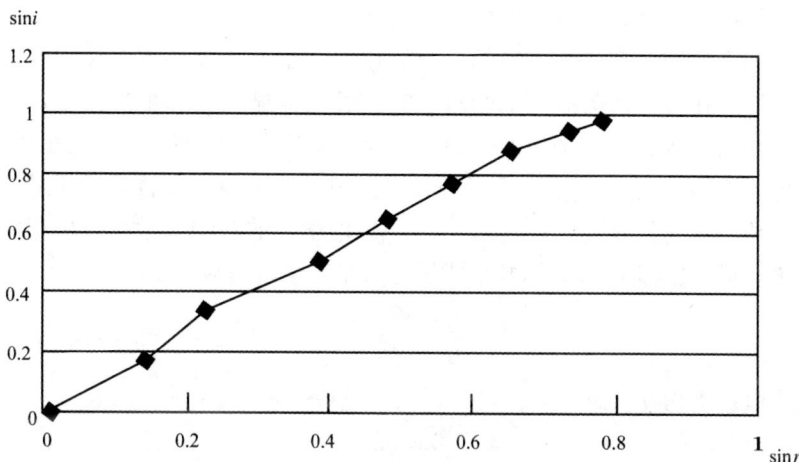

图1-2 入射角正弦值与折射角正弦值关系图

通过图像，学生运用已有的数学知识可以归纳出规律：折射角的正弦与入射角的正弦成正比，即

$$\sin i / \sin r = C（C 为一常数）$$

为了让学生理解常数 C 的意义，将注入槽内的液体换为其他的液体，重复上述实验步骤。学生会通过实验发现，当其他条件都保持相同时，不同的液体种类对应着不同的常数值，进而归纳出：$\sin i / \sin r$ 的值与介质的种类有关，或可以用 $\sin i / \sin r$ 的值来表示介质的种类等。此时，教师再向学生提出折射率这一物理量 n，学生就会理解 $\sin i / \sin r = n$ 这一公式了。

以上就是用实验归纳法来进行折射定律教学的逻辑，从实验数据中归纳、概括、抽象，是发现物理规律的重要途径。教学的根本就是要亲自去实验，然后发现规律并进行总结。通过这样的教学过程，不但使学生很好地掌握了折射定律的内容，同时也提高了学生运用实验归纳法的能力，达到了显化科学方法的目的。

三、高中物理教学中实施演绎推理法的显性教学策略

所谓演绎，就是根据一类事物都有的属性、关系、本质来推断该类中个别事物也具有此属性、关系和本质的思维方法和推理形式。演绎推理法与实验归纳法相反，是从一般到个别的逻辑推理过程。其基本形式是由大前提、小前提和结论三部分组成的三段论。其客观基础与实验归纳法一样，都是事物的个性与共性的关系，这就

决定了其推理过程的必然性。在物理学的发展中它扮演着极其重要的角色，很多物理规律的发现和得出都有赖于此。高中课标中，在物理规律的建立和对知识的扩展中，演绎推理法经常被使用，例如动能定理、库伦定律、带电粒子在磁场中的偏转、交变电流等。它可以使学生根据原有的图式对新的知识进行同化和顺应，由已有的知识生发出新的知识，大大提高学习的效果。因此，在进行教学时，教师应先引导学生应用演绎推理法独立地进行推导物理规律。

有关电场力的知识是高中电磁学部分的重点和难点，也是整个高中物理教学的重要物理规律。在进行这部分知识的教学时，教师要显化演绎推理法，让学生自己推理出新的知识。我们以电场力做功的教学为例来分析应用演绎推理法的教学策略。

功的公式 $W = Fs$ 是学生已经掌握的基本知识，这个规律是普遍适用的。要想求得电场力做功，首先就要找到物理量 F、s。根据学过的知识，学生可以很容易地得出电场力 $F = qE$，位移 $s = d$。将两个式子进行组合可以得到

$$W = qE \cdot d$$

而
$$U = E \cdot d$$

所以，电场力做功

$$W = qU$$

这个规律的推导是一个很容易的过程，对于学生来说易于接受和理解。在教学的过程中，教师要明确地告诉学生在这个过程中，运用的是演绎推理法，让学生能够了解到：只要前提是正确的，那么通过合理推导得出的结论也是正确的，而这点正是演绎推理法的精髓所在。

总之，在物理规律的教学中，运用实验归纳法和演绎推理法把物理规律得出的过程分析得透彻，就会让学生有更加深刻地理解。同时，掌握了科学方法也就等同于为学生插上了创造的翅膀。教师应该根据各种物理方法的地位、难易程度以及学生的接受水平，合理地显化物理方法的教学，使学生能够较好地掌握物理方法，提高物理学习的水平。

第三节　高中物理知识获得过程中科学方法的显化研究

一、高中《物理课程标准》中对科学方法的理解

科学方法教育已在高中《物理课程标准》中明确提出，并将"过程与方法"作为重要的课程维度，细观高中《物理课程标准》，其中多处提到要进行科学方法教育，比如在"课程基本理念"中有如下叙述："高中物理课程旨在进一步提高学生的科学素养，从知识与技能、过程与方法、情感态度与价值观等3个方面培养学生，为学生终身发展、应对现代社会和未来发展的挑战奠定基础。"在"课程模块说明"

中的"共同必修"一节中有如下叙述："在该模块中，学生通过学习运动、相互作用及运动规律、能量等物理学的核心内容，经历一些科学探究活动，初步了解物理学的特点和研究方法……"以及"课程总目标"中"学习科学探究方法，发展自主学习能力，养成良好的思维习惯，能运用物理知识和科学探究方法解决一些问题"。在"课程具体目标"中更有对于"过程和方法"要求的大致说明。[①] 这些都使教师在理念上注意到科学方法教育，提醒教师在进行具体教学工作中渗透科学方法。

目前高中物理科学方法教育不到位的原因主要有以下几点：

首先，高中《物理课程标准》中并没有明确回答"物理课程中增加科学方法教育的意义是什么"这个问题。在高中《物理课程标准》中仅将科学知识看成物理能力的组成部分，却将科学方法看成是附加的"催化剂"，无形中降低了科学方法的教育价值，最终导致教师在教学中不重视科学方法教育。

其次，虽然在高中《物理课程标准》中，明确了三维课程目标，包括"知识与技能""过程与方法""情感、态度和价值观"，但相比较"知识与技能"有详细的规定，且各个模块都详列了"知识与技能"方面的各个目标，"过程与方法"却没有对各个模块进行目标的详列。

再次，高中《物理课程标准》缺乏对科学方法的具体详述，教师在实际教学中难以把握科学方法教育的深度，只能笼统地"一把抓"，科学方法教育缺乏整体协调性，不能体现出科学方法整体结构的逻辑关系，更无法做到针对学生心理特征有条理地进行教学。

二、对科学方法的理解

对于"方法"的定义，目前尚没有一个明确的解释。我们认为，方法有别于具体操作，它首先应该是一类操作的统称。当然，在不同的层次看，依然能得到不同的方法，那么还需要规定"方法"的另一种属性，即"具有推广性"，这使得在遇到一个类似情境的时候，能够将"方法"迁移到另一个情境中去。

将方法的这两种属性添加至原来对"方法"的定义中去，我们可以得到一个相对合理的方法的定义："人们为实现达到认识客观世界和改造世界等目的而采用的，并且可以将它应用于其他类似情境中的某一类手段或途径的统称"。

科学方法既已定义为"某一类手段或途径的统称"，那么它与使用具体科学理论的操作之间应当有所区别。具体科学理论往往建立在单一模型的基础上，科学理论的规律由这一模型所特有，因此，与受限于规律不同，该方法往往很难再次运用到别的模型上去。

在物理学科中，物理研究方法包括两方面的内容，一是科学方法，二是思维方法。有时，科学方法与思维方法也不太容易区分。其中，科学方法与物理学科本身

①　中华人民共和国教育部. 高中物理课程标准（实验）[S]. 北京：人民教育出版社，2003.

联系紧密，结合了数学物理基础及对应的操作过程，因此具有较强的可操作性，在教学中可以明确地传授给学生，学生亦能够根据科学方法的操作过程具体解决物理问题。而相比科学方法来说思维方法与物理学科本身的联系并不紧密，它只在思维层面上说明了解决问题的基本思路，而没有给出具体的、可操作的步骤，因此它不具备较强的可操作性，在教学中不能很好地传授给学生，也不利于学生利用思维方法解决实际物理问题或物理习题。将这两种方法仔细区分，能更加系统而有针对性地将科学方法传授给学生。

科学方法看似纷繁复杂，实则有迹可循。物理学的主要内容有实验、概念、规律以及应用四个方面，每个方面都有一定的操作过程，不同的过程，操作上有很大区别，因此科学方法上的区别也很明显。根据物理学的四个方面，我们可以划分出方法的五个类别：一般科学方法、实验方法、概念定义方法、规律总结方法和规律应用方法，其中一般物理学方法指在整个物理学中贯穿的物理学方法，一般以一定的物理学思想为基础，贯穿于物理学的始终。

依据这样的分类，我们可以建立关于物理学的科学方法的体系结构如图1-3所示。

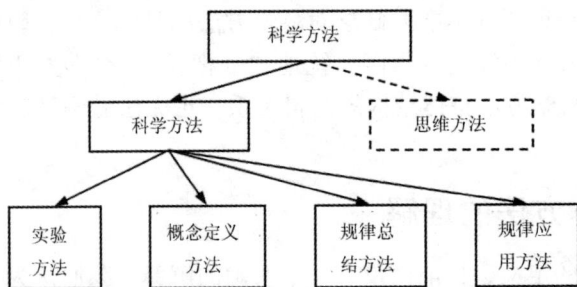

图1-3　科学方法层次结构

在确定了科学方法的层次结构框架的基础上，便可以确定具体科学方法的内容。然而，目前对具体科学方法的命名并不统一，因此应对科学方法做详细的补充约定。

确定具体的科学方法的出发点有以下几点：准确、全面、相互不交叉（即不出现一种具体的操作被归入两个科学方法的情况）、规范定义、方便理解。基于以上出发点，我们可以将高中物理经常出现的一些科学方法总结如下。

（1）一般科学方法：理想化模型、等效方法、对称性方法、实验验证法等；

（2）实验方法：理想化实验、控制变量法、补偿法、观察法、放大法等；

（3）概念定义方法：乘积定义法、比值定义法、分类法、比例系数法、直接定义法等；

（4）规律总结方法：实验归纳法、演绎推理法、类比法、图形图像法等；

（5）规律应用方法：整体法、近似估算法、极限法等。

这样，我们便确立了高中物理科学方法的总体结构。

根据我国的教育国情，教育部将学生内化学习的教学目标写成高中《物理课程标准》，而将学生外显应用的培养目标写成《考试大纲》，因此，对于科学方法的研究也据此分为两部分，对于高中《物理课程标准》的科学方法研究，目前仅限定于学生内化学习过程中所遇到的主要科学方法，即："一般科学方法""实验方法""概念定义方法"和"规律总结方法"。

三、科学方法教育内容的确立

玻恩说过："我荣获 1954 年的诺贝尔奖，与其说是因为我所发表的工作里包括了一个自然现象的发现，倒不如说是因为那里面包括一个关于自然现象的新思想方法基础的发现。"[①] 这在一定程度上体现了物理大师们对物理学知识与物理学方法关系的看法：知识在物理学中是一个一个的散乱的点，将知识联系起来的纽带正是那些科学方法。当一个知识推向另一个知识的时候，必然伴随着运用一定的方法才能完成，这也成为乔际平先生提出对应原则的基本出发点。

乔际平先生的对应原则归纳起来有如下几条：①联系性。在物理学中科学知识的得出总是与一定的科学方法相联系的，这就是从其基本出发点得到的一条性质。②稳定性。物理学知识网络的建构是依赖于物理方法的，物理知识之间的联系很明确，因此所利用的物理方法相对比较稳定，这给我们显化高中物理科学方法提供了基本保障。③广泛性。由于科学知识和科学方法的联系性，不难看出，对于任意的知识点间相互联系，都有一定的科学方法做支撑，也就是说，对于每一个知识点，都有一种或多种相应的物理方法与之相对应。

我们可以顺着这样的思路，将高中《物理课程标准》各个模块中的对物理学知识的描述概括出知识点，并且根据对应原则，将各个知识点所对应的科学方法显化出来并进行分模块统计，根据高中《物理课程标准》的教学安排，高中实行必修与选修结合的方式，在共同必修（必修 1 和必修 2）完成后，再在选修 1 系列（选修 1-1 和选修 1-2）、选修 2 系列（选修 2-1、选修 2-2 和选修 2-3）及选修 3 系列（选修 3-1、选修 3-2、选修 3-3、选修 3-4 和选修 3-5）中任选一个系列，完成该部分所规定的学习任务即可。为了能区分修习不同选修系列的学生需要学习的科学方法内容情况，我们进而将这些统计数据按照共同必修和各个选修系列进行汇总，发现在这些科学方法中，"对称法""补偿法"两种科学方法的总计数为 0，我们将该两项从高中物理所涉及的科学方法中剔除，将剩余的科学方法再次按照总计数[②]排序，并用 A_0、A_1、A_2、A_3、A 分别来表示该种科学方法在共同必修、选修 1 系列、选修 2 系列、选修 3 系列及总计数中所涉及的次数。在对科学方法教育内容的统计中，我们已经发现了所有 16 种科学方法的 4 种不同特点。通过定量的划分，就可以将这 16 种科学方法明确地归入不同的类别中，为此，我们定义如下。

仅在共同必修中少量出现，不足合计数的 1%，而在选修系列中并未涉及的科

① 张宪魁等. 物理学方法论 [M]. 杭州：浙江教育出版社，2007.
② 下文将用"总计数"特指某种科学方法在所有系列中所涉及次数之和，即表中的 A 值。

学方法，称为 I 类科学方法，数学表述为：

$$\frac{A}{\sum 4} < 1\%$$

主要集中在共同必修及选修 1 系列中出现，即在共同必修及选修系列中出现次数和占总计数的 50% 以上，称为 II 类科学方法，数学表述为：

$$\frac{A_0 + A_1}{A} > 50\%$$

主要集中在选修 3 系列中出现，即在选修 3 系列中出现次数的总计数占合计数的 1/3 以上，在共同必修之中少量涉及的科学方法，称为 III 类科学方法，数学表述为：

$$\frac{A_3}{A} > 33\%$$

大量应用于各个系列中，总计数超过合计数的 10% 的科学方法，称为 IV 类科学方法，即

$$\frac{A}{\sum A} > 10\%$$

按照以上定义可以明确地将高中《物理课程标准》中涉及的 16 种科学方法归入不同的类别中，如表 1-6 所示。

表 1-6　根据出现次数的不同将科学方法进行分类

科学方法	$\frac{A}{\sum A}$（%）	$\frac{A_0 + A_1}{A}$（%）	$\frac{A_3}{A}$（%）	类别
放大法	0.32	0	0	I
理想实验法	0.65	0	0	I
比例系数法	0.97	0	0	I
观察法	1.94	50	50	III
乘积定义法	2.26	14	57	III
控制变量法	2.58	38	50	III
图形图像法	3.87	75	25	II
等效法	3.87	25	33	III
直接定义法	3.87	58	17	II
实验验证法	4.52	93	7	II
类比法	5.16	19	63	III
比值定义法	5.81	33	44	III
分类法	7.42	30	39	III
演绎推理法	16.45	0	0	IV
理想化模型	16.77	0	0	IV
实验归纳法	23.55	0	0	IV

在表 1-6 中共计列出 16 种科学方法，涉及次数合计为 310 次。

不同的学生选修不同的系列，根据这些系列中所涉及的科学方法的统计表格，

我们可以看出以上 16 种科学方法涉及频数主要具有四种不同的特点：①较少出现，且仅在共同必修中少量出现；②有所体现，但主要集中于共同必修或者选修 1 系列中；③较常出现，且主要出现在选修 3 系列中，并多次出现在共同必修中；④大量出现，且分布较广泛，在共同必修及各选修系列中均有大量涉及，在选修 3 系列中有所偏重。

由于不同的选修系列是针对不同的学生群体，因此我们可以将这样的特点作为基准点，制定一定的标准，并按此标准划分不同类别的科学方法，可以为不同类别的科学方法制定不同的科学方法教育目标。这些目标将区别不同的学生，为不同的学生充分发挥其特长优势提供条件。

四、科学方法教育目标的确立

我们参照安德森认知目标分类学认知过程维框架给出的六类要求，从物理科学方法教育的实际现状与目前高中生的认知水平出发，讨论我国高中《物理课程标准》适用的科学方法教育目标。

高中《物理课程标准》中涉及的科学方法都是概念规律在形成过程中所体现出的科学方法，相对比较稳定与统一，"评价"与"创造"涉及的可能性很小。而且对于高中学生来讲，科学方法框架尚未明了，要做到"分析""评价"与"创造"相对于他们目前的认知水平是比较困难的任务。因此，我们取目标分类的前三项："记忆""理解"与"应用"，作为高中《物理课程标准》的科学方法教育目标的三级层次，在推广应用上应该是具有可行性的。

根据表 1-6 中的分类，放大法、理想化实验、比例系数法为Ⅰ类科学方法，由于主要在共同必修中出现且出现次数较少，故目标要求为"记忆"，在第一学年内①完成。图形图像法、直接定义法、实验验证法为Ⅱ类科学方法，由于主要在共同必修及选修 1 系列中，且相对Ⅰ类科学方法要多，因此将它们的目标要求定为"理解"层次，并且均在第一学年内完成，在后续的学习中遇到时加以必要的强化训练，但目标要求仍为"理解"层次不变。观察法、乘积法、控制变量法、等效法、类比法、比值定义法、分类法为Ⅲ类科学方法，由于主要在选修课 3 系列中较多出现，而在共同必修中较少出现，因此可在第一学年将目标要求设定为"理解"层次，部分学生在选修 3 系列的学习过程中，该目标即提高至"应用"层次。演绎推理法、理想化模型、实验归纳法为Ⅳ类科学方法，由于这类科学方法大量应用于高中物理学中各学习阶段，因此，这类科学方法可在第一学年将目标要求设定为"理解"层次，所有学生在后续选修系列的学习过程中，该目标即提高至"应用"层次，如表 1-7 所示。

---

①　按照课程标准，第一学年应当完成共同必修的两个模块的教学。因此"第一学年"即学习必修系列过程。下同。

表1-7　各类科学方法教育目标对应表

时间	I 类	II 类	III 类	IV 类
第一学年	记忆	理解	理解	理解
第二、第三学年	记忆	理解	学理学生：应用 学文学生：理解	应用

按照科学方法出现次数设定教育目标，这符合安德森认知目标分类学的基本思想，也符合目前中学生认知水平发展的特点和规律。并且根据这些科学方法出现在不同选修系列，制订不同的科学方法教育目标要求也符合高中《物理课程标准》的基本思想与要求，是与高中《物理课程标准》中科学知识的教学进度与要求一致的。因此，这样制定的科学方法教育目标会更有利于物理学科中科学方法显性教育的推广，有利于科学方法教育在高中《物理课程标准》中的规范化，有利于教师在物理教学实践中进行科学方法教学和学生在物理学习过程学习科学方法。

五、高中《物理课程标准》纳入科学方法教育中的建议

本节的研究将高中物理教育中涉及的科学方法明确出来，在此基础上可以与物理知识一一对应。因此，将科学方法纳入物理教学内容在理论上是可行的。

科学方法教育不是一朝一夕的事情，应该是一个融入科学知识教育，贯穿于科学知识教育整个过程中的事情，因此它和科学知识教育一样，也需要一个长远的计划，并且分层次进行教学。

从科学方法在不同选修系列中的分布可以发现，科学方法的重复率是很高的。有些科学方法在反复使用，这样，教师可以有计划地分步骤来教学。如果把科学方法教育复杂化了，会抑制学生的学习兴趣，亦得不到良好的科学方法教育效果。

其次，由于不同的科学方法教学目标有所差异，因此高中《物理课程标准》可以合理地安排教学内容，使之更适合学生的学习，并注意与科学知识的结合，让学生在学习科学知识的时候，用具体的知识内容去体会科学方法的应用过程，这样学生才更容易理解科学方法。但同时又要避免陷入具体的科学知识当中去，使得学生将科学方法具体化为某一种知识的应用。

在高中《物理课程标准》中显现科学方法教育的相关内容之后，教材如能相应地将渗透于科学知识当中的科学方法显化出来，将为教师进行科学方法教育提供翔实的文字指导，令高中科学方法教育更有章可循，更为关键的，可以为学生的学习提供良好的帮助，在科学方法教育方面提供了一个更好的平台，方便学生掌控自己的学习。

第四节　高中物理知识应用过程中科学方法的显化研究

在物理课程改革中，科学方法的重要性越来越受到重视。最新的普通高中《物

理课程标准》总目标指出：尝试应用科学探究的方法研究物理问题、验证物理规律，通过物理概念和规律的学习过程，了解物理学的研究方法。这大大提高了科学方法在物理教学中的地位，为广大物理教育工作者指明了方向。

但是，我们在庆幸这些可喜变化的同时，也应当看到，科学方法教育研究仍然有很多欠缺，其中一个重要的问题就是：对知识应用过程中的物理科学方法研究不足。大多数学者把精力主要用在了知识获得过程中的科学方法上，而没有用在知识应用过程中的科学方法上，忽视了这类科学方法的作用，认识不到它们在培养、提高学生能力方面所具有的重要价值，这不能不说是一种缺憾。

本节对知识应用过程中的物理科学方法进行了研究，在其他学者的研究基础上深化了对科学方法的分类，显化了部分高中物理知识应用过程中常见的科学方法，并且对不同类型的科学方法教学进行了研究，以期对物理教育工作者有所启示。

关于科学方法的分类问题，国内学者观点众多，比如浙江省物理教学分会指出了科学方法的四个方面：物理方法、数学方法、逻辑方法和哲学方法，乔际平先生等在《物理教育心理学》一书中指出了科学方法的三个层次：具体方法、逻辑方法、分析解决问题的方法。

我们从思维形式具有相对独立性的角度出发，可以把高中常用的科学方法分为两大类：思维方法和物理方法。思维方法是人脑对输入信息进行直接加工和处理的方法，它主要包括分类、比较、分析、综合、归纳、演绎等，思维方法的应用极为广泛，它渗透于物理学习的各个领域。物理方法是在物理教学过程中用来分析、处理问题所采用的途径、步骤、手段等。物理方法又可分为两类，其中与知识获得过程相联系的科学方法我们称之为知识获得过程中的科学方法，例如：控制变量法、模型法等。另外一些与知识应用相结合的方法称之为知识应用过程中的科学方法，比如正交分解法、伏安法、逐差法等。

另外，在对知识应用过程中的物理方法研究过程中，我们发现，这些方法又可以分为两类：其中有一部分方法是物理思想的延伸，这一部分方法我们称之为思想方法，例如等效法就是一种思想方法，它是对等效思想的应用。除此之外，还有图像法、极限分析法、微元法、模型法等。还有一部分方法是解决具体知识过程中应用的方法，我们称之为具体方法，比如正交分解法，它的具体步骤为：①明确研究对象（或系统）；②了解运动状态；③进行受力分析（以场力、弹力、摩擦力为序）；④建立坐标，对力进行正交分解。⑤立方程，解之。除此之外，高中常见的具体方法还有伏安法、逐差法等。这两种方法具有截然不同的特征，其中思想方法是对物理思想的应用，具有较强的概括性、迁移性，应用十分广泛。而具体方法操作性较强，在解决问题时具有直接的效力。

本节采用对应的方法，对高中物理知识的应用过程进行了深入分析，显化了部分重要的的物理方法，如表1-8所示。

表1-8　高中物理知识应用过程中的常用物理方法对照表

知识内容	主要问题	科学方法	方法类型
受力物体的平衡	如何确定重心位置	悬挂法	具体方法
	含空心部分的物体的重心位置	负质量法	具体方法
	弹力有无的判断	假设法，替换法	思想方法
	力的合成与分解	正交分解法，矢量三角形法	具体方法
	临界问题	极限分析法	思想方法
	追及相遇问题	解析法，图像法	思想方法
直线运动	竖直上抛	分段法，整体法，对称法，逆向分析法	思想方法
	加速度的求解	逐差法	具体方法
	运动描述位移表达式的得出	图像法	思想方法
牛顿运动定律	研究物理量之间的相互关系	控制变量法	思想方法
	研究两个物理量之间关系	图像法	思想方法
	验证牛顿第二定律	等效法，曲线改直法	思想方法
	连接体问题	隔离法，整体法	思想方法
曲线运动	类平抛问题部分复合场问题	等效法	思想方法
	研究物体的实际运动速度及轨迹	运动合成法	具体方法
	研究物体的两个方面的运动效果	运动分解法	具体方法
机械能	重力功问题	等效法	思想方法
	变力功问题	微元法	思想方法
动量	验证动量守恒实验	等效法	思想方法
机械振动机械波	类单摆问题	等效法	思想方法
波	简谐运动简谐波的研究	图像法	思想方法
	波动图像研究	上下坡法，微平移法，临近点法，特殊点法	具体方法
热学	分子大小和分子间距的计算	理想化模型法	思想方法
	单分子油膜法，测分子直径	估算法（填补法）	具体方法
	处理永动机的存在问题	假设法	思想方法

续表

知识内容	主要问题	科学方法	方法类型
电场	电场中平面上的等势线	描迹法	具体方法
	电势的求解	补偿法，叠加法	思想方法
恒定电流	电阻测量	伏安法（内接法 外接法，限流式接法，分压式接法）	具体方法
	电路图分析	等效电路法	思想方法
	电阻测量	等效法（替代法）	思想方法
	含滑动变阻器的电路分析	极限法	思想方法
	电路故障分析	假设法	思想方法
	输出功率分析	解析法	思想方法
磁场交变电流电磁场和电磁波	不规则导体切割磁感线产生的电动势的计算及部分电磁感应综合问题	等效法	思想方法
	交变电流描述	图像法	思想方法
光学	光路分析	图像法	思想方法

通过对表 1-8 的分析，可以看到，科学方法集中分布在力学、电磁学部分，而在其他章节的分布较少，这两部分应成为科学方法教育的主阵地。另外，图像法、等效法、假设法、极限分析法出现的频次较高，这些方法应成为科学方法教育需要攻克的主要堡垒。

在具体的教学过程中，各类科学方法应区别对待。一般地说，科学方法教育有"隐性"和"显性"两种方式。隐性方式重在使学生感受科学方法，受到科学方法的启蒙和熏陶，初步体会到科学研究的方法和策略。这种方式比较适合在对学生进行科学思维方法训练时使用。显性方式重在解决问题中模仿应用科学方法，对科学方法进行操作训练，使学生有意识地掌握科学研究的方法和策略。这种方式适合于在学生对这种科学方法的感性认识较丰富的前提下，有目的有意识地培养学生解决科学问题的能力时使用。我们认为，对于思想方法，应以隐性教育为主，显性教育为辅。这样做的原因，一方面是因为思想方法比较抽象，学生缺乏必要的感性认识，直接显化难度较大。另一方面是由于思想方法应用较为广泛，我们没必要处处显化。比如等效法的教学，一开始只需要让学生感性认识到等效法的存在，能够模仿例题解决一些简单问题就可以了。等学生的感性认识积累到了一定的程度，"呼之欲出"的时候，就可以设一个专题，系统地讲解等效法的思想、解题策略等。而对于物理方法，则应以显性教育为主，隐性教育为辅。物理方法比较直观，操作性强，且出现频次相对较少，比较适合显性教育模式。比如正交分解法的教学，初次出现的时候，就应明确告诉学生正交分解法的名称、适用对象、适用范围、操作步骤等，为后续的知识应用阶段的学习做准备。

思想方法和具体方法在教学上的区别还在于，思想方法教学的重心在于对物理思想的理解，这种理解达不到一定的深度，是不可能真正掌握思想方法的。而具体方法则要特别注意练习的重要性，也只有在反复的练习中，学生才能掌握具体方法的适用条件、操作步骤，最终达到熟练化的目的。

冯忠良教授指出"应用是知识掌握不可缺少的一个阶段"，科学方法的学习更是如此，不经过应用这个阶段，学生对科学方法的认识就只能处于一个肤浅的层面上。另外，在当前的教育形势下，学生习题课在总课时中所占的比例，要远远大于新授课所占的比例，这就为知识应用过程中的方法教学提供了时间优势。因此，我们要充分重视知识应用过程中的科学方法的教育价值，让学生在不断的实践中认识科学方法、掌握科学方法，在不断的实践中提高自己的科学素养。

第五节　高中物理实验教学中科学方法的显化研究

当前，物理科学方法教育存在的一个重要问题是，教师对科学方法教育的意义认识不够清楚，在教学实践中表现为要么没有进行科学方法教育，要么讲解不到位。造成这种现象的原因在于，受隐性教育观的影响，科学方法教育内容在《物理课程标准》和物理教材中均未明确显现出来，需要教师在教学中自己挖掘，而往往由于教师各自理解不同且缺乏客观标准，导致所挖掘出的科学方法存在较大差异，[1] 这种"无法可依"的情况在高中物理实验教学中更为突出。因此，在实验教学中显化物理方法教育内容就显得尤为重要。

一、高中物理实验教学中物理方法教育内容显化

目前关于科学方法的显化研究大多集中在理论方法，这些研究初步显化了获得知识和应用知识的物理方法教育内容，给高中物理科学方法教育提供了依据。但是，有关实验方法的显化研究却较少涉及。有鉴于此，本文就高中物理实验教学中的物理方法教育内容进行显化研究。

依照科学方法研究的分类原则，物理实验过程可分为测量过程和数据处理过程，其中测量过程所涉及的主要物理方法有等效法、控制变量法、转换法等。数据处理过程中常用的物理方法有图像法、曲线改直法等。

物理学的知识体系离不开方法的支撑，方法是联系知识的纽带，由此，乔际平先生提出对应原则，即物理学中科学知识的得出总是与一定的科学方法相联系。依据对应原则的思想，我们认为既然物理学知识的建构依赖于物理方法，那么，实验过程中的每一个操作也会"有法可依"。也就是说，对于每一步实验过程，都有一种或多种物理方法与之对应。由此，我们细化所选取的重要实验过程，把其中的操作与物理方法对应，将其中隐含的物理方法显化出来。

---

① 李正福，李春密，邢红军. 物理教学中的科学方法显性教育 [J]. 教育科学研究，2011，01：54 – 57.

　　本文的研究对象取自新课标教材中学生分组实验以及考试大纲中所要求的重要实验,总计17个,显化结果如表1-9所示。

　　我们将主要物理方法及其出现次数进行统计,如表1-10所示。

表1-9　高中物理实验教学中重要实验所对应的物理方法

实验名称	测量过程中的物理方法	数据处理过程中的物理方法
1. 研究匀变速直线运动	留迹法	图像法、平均值法、逐差法
2. 探究加速度与力、质量的关系	控制变量法	图像法、比例系数法、曲线改直法
3. 探究求合力的方法	等效法	图像法
4. 探究弹力和弹簧伸长的关系	转换法	图像法
5. 探究动量中的不变量	等效法、留迹法	平均值法
6. 研究平抛物体的运动	留迹法	平均值法
7. 探究功与速度变化的关系	等效法、留迹法	图像法、平均值法、曲线改直法
8. 验证机械能守恒定律	留迹法	平均值法
9. 用单摆测定重力加速度	转换法、累积法	图像法
10. 用油膜法估测分子的大小	油膜法、累积法	估算法
11. 用描迹法画出电场中平面上的等势线	等效法	描迹法
12. 测定金属的电阻率	转换法、伏安法	平均值法
13. 描绘小电珠的伏安特性曲线	伏安法	图像法
14. 把电流表改装成电压表	半偏法	比较法
15. 测定电源的电动势和内电阻	伏安法	图像法、外推法
16. 测定玻璃的折射率	转换法、插针法	图像法、平均值法
17. 用双缝干涉测光的波长	转换法、累积法	平均值法

表1-10　高中物理实验教学中主要物理方法统计

物理方法	出现次数	物理方法	出现次数
等效法	4	图像法	9
控制变量法	1	平均值法	8
转换法	5	曲线改直法	2
留迹法	5	描迹法	1
累积法	3	比例系数法	1
伏安法	3	逐差法	1
插针法	1	外推法	1
油膜法	1	比较法	1
半偏法	1	估算法	1

为了更直观呈现物理方法及其出现次数，将其转化为频率图，如图 1 - 4 所示。

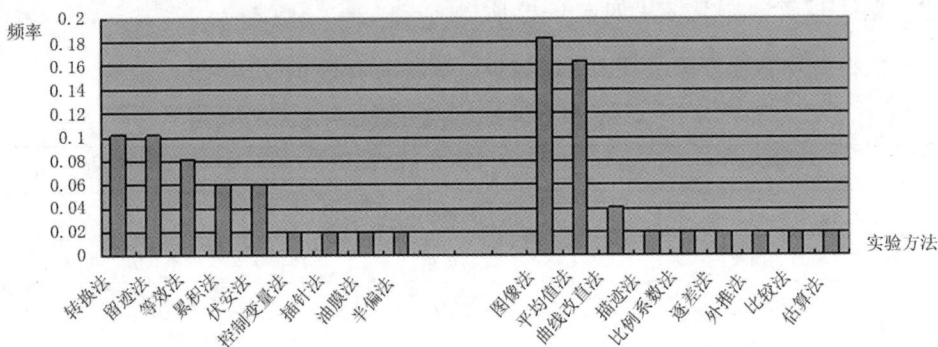

图 1 - 4　高中物理实验教学中主要物理方法频率图

分析统计图表可知，高中物理实验教学中出现频次较高的物理方法有：留迹法、等效法、转换法、图像法和平均值法。因此，在高中物理实验教学中，应着重显化这些科学方法。

二、高中物理实验教学中科学方法教育内容的界说

在实验教学中，为使学生学习并掌握好基本的实验方法，可指导其设计实验方案，选择测量手段，提高科学实验和研究的能力。上述研究初步明确了实验方法的教育内容，且统计了主要物理方法出现的频次，为实验教学提供了理论依据，下面对两类实验方法进行界说。

1. 测量过程中的实验方法

物理实验都离不开定量的测量和分析，明确测量过程中基本的实验方法，才能更好地进行实验。以下对测量过程中出现频次较高的实验方法进行界说。

留迹法：把瞬间即逝的物理量（位置、轨迹、图像等）记录下来，如通过纸带上打出的小点记录小车的位置；用描迹法画出平抛物体的运动轨迹；用沙摆显示振动的图像等。

等效法：对一些复杂问题采用等效方法，将其变换成理想的、简单的、已知规律的过程来处理，常可使问题的解决得以简化。如"碰撞中的动量守恒"实验中，用小球的水平位移替代小球的水平速度；画电场中的等势线的分布时用电流场模拟静电场。

转换法：在实验中，有很多物理量由于其属性关系，很难用仪器或仪表直接测量，或者因条件所限无法提高测量的准确度。此时可以根据物理量之间的定量关系和各种效应把不易测量的待测量转换成容易测量的物理量进行测量，如测定金属的电阻率、当地的重力加速度等。

伏安法：通过利用欧姆定律 $R = U/I$ 来测出电阻值，这种方法测电阻虽然精度不很高，但所用的测量仪器比较简单，而且使用也方便，是最基本的测电阻的方法。

累积法：把某些难以直接准确测量的微小量累积后测量，提高测量的精确程度。如测单摆振动的周期，应测量单摆多次全振动的时间除以全振动次数，以减少因操作者个人反应时间而造成的误差。

2. 数据处理过程中的实验方法

数据处理是对原始实验记录的科学加工。通过数据处理，往往可以从一堆表面上似乎毫无联系的数据中找出难以察觉的、内在的规律。下面对处理数据过程中出现频次较高的几种实验方法进行界说。

图像法：图像法处理实验数据是物理实验中常用的方法之一。选取适当的坐标系，用图像法找到变量间的函数关系。图像法的优点是直观、简便、有取平均值的效果。由图像的斜率、截距、包围的面积等可以研究物理量之间的变化关系，找出规律。

平均值法：平均值法是为了减小偶然误差常用的数据处理方法。平均值法的基本原理是：在多次测量中，由偶然因素引起的正、副偏差出现的机会相等，故将多次的测量值相加时，所有偏差的代数和为零。

曲线改直法：作图时经常设法使图线线性化，即"将曲改直"。例如：在验证牛顿第二定律的实验中，将 a—m 图像改画成 a—$\dfrac{1}{m}$ 图像后，就可将不易看出的两者关系的曲线改画成了关系明朗的直线。

根据上述界说，显然，教师应在物理实验教学中恰当显化这两类实验方法，引领学生在实验中探究方法本质，领悟方法内涵，促进学生对实验方法的掌握，提高学生实验能力。

三、高中物理实验教学中物理方法教育内容显化的意义

1. 确立分类原则，使实验方法教育有章可循

物理方法属于程序性知识，学生掌握了程序性知识，才能在具体问题面前知道"怎么办""如何做"。按照程序性知识的性质和特点，可以把程序性知识分为智慧技能、认知策略和动作技能。[①] 依据分类原则，将高中物理实验过程分为测量过程和数据处理过程，其中，实验中的测量属于动作技能，数据处理属于智慧技能。按照操作过程将实验方法教育内容所做的分类，为科学方法教育提供了一套可操作的步骤，即先明确测量过程中的实验方法，再学习数据处理过程中的实验方法，分别依据动作技能和智慧技能的特点有针对性地进行教学，给学生提供了一条学习和使用实验方法的途径，使实验方法教育有章可循。

2. 明确教学目标，使科学方法教育有的放矢

在高中物理实验教学中，多数教师对于"知识与技能"维度的教学目标比较清

---

① 张大均. 教育心理学［M］. 北京：人民教育出版社，2003：148.

楚，但对于教授哪些科学方法并不清楚，这样，就使实验教学的"过程与方法"维度虚化。在教师不能明确给出方法目标的情况下，学生很难具备学习科学方法的意识，也就不利于科学方法的学习和掌握。因此，显化实验教学中的物理方法教育内容势在必行。高中物理实验教学中物理方法教育内容的显化能够为教师的"教"和学生的"学"指明方向，使教师在科学方法教学中有的放矢，同时把学生置于方法学习的问题情境，更好地激发学生学习动机，从而促进实验方法教育更好地开展。

3. 确定教育内容，使实验方法教育有据可依

目前我国科学方法教育存在的问题之一，就是在教学层面上科学方法教育的可操作性较差，究其原因在于科学方法的隐蔽性，以致中学《物理课程标准》和各个版本的中学物理教材中基本没有实验方法的内容。鉴于此，高中物理实验教学中物理方法教育内容的确定就显得尤为重要和紧迫。我们依据《物理课程标准》，把其中隐藏的主要科学方法明朗化、显性化，从而提出科学方法教育的主要内容，使物理实验教学中的科学方法教育有据可依，真正落到实处。因此，在高中物理实验教学中，必须创设良好的认知情境，对学生的探究进行指导，让学生主动地观察、思考、实验、讨论，使之沿着科学的思路在不知不觉中掌握其中的实验方法。

第六节　高中物理科学方法教育的实践研究

一、问题的提出

在科学方法教育中，科学方法教育的实践是一个重要的方面。由于科学方法往往体现在探索和发现知识之中，不亲身经历这种探索的过程，就很难发现其中的方法要素及关键之所在，更无法体会某些只能意会难以言传的奥妙之处。由于科学方法的高度抽象性，目前还没有一套表述科学方法的术语或系统，因此，希望把运用科学方法的要素概括出来，形成系统的方法学向学生讲授还不大可能。人们在长期的科学实践中形成了丰富多样的方法，而学生学习的时间是有限的，不可能事事都要独立探索。同时，学生的探索能力还正在培养形成的过程中，因人而异，相差悬殊，事事都要他们去独立探索，未必都能探得其中的奥妙，效果反而不好。因此，如何在物理教学中进行科学方法教育就成为亟待解决的问题。

基于此，我们提出了运用原始物理问题来促进高中物理科学方法教育的观点。这是因为，原始物理问题由于自身所具有的特点，恰好为科学方法教育搭建了一个理想的"平台"。原始问题教学让学生通过探索与应用物理知识来掌握科学方法，学生在反复运用科学方法解决物理问题的过程中，科学方法掌握了，运用物理知识解决实际问题的能力也就提高了。

所谓"原始物理问题"，是指自然界及社会生产、生活中客观存在的，能够反

映物理概念、规律本质且未被加工的典型物理现象和物理事实。它和物理习题有着本质的区别，两者之间的关系如图 1 - 5 所示。

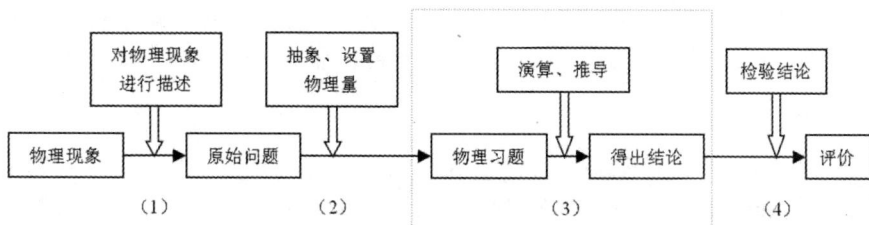

图 1 - 5　原始物理问题与物理习题的区别

物理习题是从原始物理问题抽象而来的，已经把原始物理问题的一些次要的、非本质的联系舍去，没有物理现象与事实作为背景，甚至完全脱离物理现象。与原始物理问题相比，习题重视演算与推导，缺乏物理思想的分析。而原始物理问题是对物理现象的描述，贴近现实生活，具有生态性和开放性等特点，这就决定了解决原始物理问题的过程必然是一个探索和发现的过程。这与物理学家探究世界的过程是很相似的：物理学家是从自然界中的已知出发探究自然界中的未知，学生解决原始物理问题是从已知的知识出发探究未知的知识，两者都是从问题出发，都要检索已有的知识，都要用到科学方法。

二、实践研究

1. 研究设计

实践研究旨在以原始物理问题教学来促进高中物理教学中的科学方法教育。例如，以高中一年级两个班的学生为研究对象，采取"随机两等组后测验设计"，如图 1 - 6 所示。

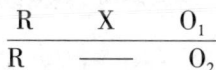

$$\frac{R \quad X \quad O_1}{R \quad \underline{\quad\quad} \quad O_2}$$

图 1 - 6　原始物理问题教学方法实践设计

在实验设计中，需要随机（R）两个等组——实验组和对照组，实验组接受实验处理（X），而对照组不给予任何实验处理（——）。本实验中的实验处理是按照教学进程对实验班进行相应原始物理问题的练习。在实验之后，要对两组同时进行同样的后测试，得到测试结果 O_1 和 O_2，通过比较 O_1 和 O_2 得出实验结论。

本实验借鉴了心理学中的纵向研究方法，在对研究对象进行一段时间的教育干预后，进行测查和比较。

本研究在北京市某中学进行，在同一教师任教的 2 个班中同时进行。学生按入学成绩随机分班而成，而且教学内容完全相同，随机选取 A 班作为实验班，B 班为对照班。高一上学期教学内容为四部分：力的合成与分解、物体的平衡，直线运动，牛顿运动定律及应用，曲线运动。然后搜集并编制与之对应的原始物理问题，按时提供给合作教师。在每部分知识内容的教学快完成时，将原始物理问题以作业形式留给实验班学生，学生上交作业后，由教师阅判。作业下发后，给学生提供答案并要求改错。在每部分教学内容的习题课或复习课中，合作教师讲解其中的部分题目。以上过程只在实验班中进行，而对对照班不采取任何教学干预。

2. 测试

通过检测法对学生掌握科学方法情况进行测评，在这里不能把纯粹的物理学专业知识方面的试题和纯粹的科学方法方面的试题作为测试题，科学方法的测评应结合在知识测评之中，仍以考查知识为主，将物理知识与科学方法有机结合。在编制科学方法教育检测题时，要注意的两个问题是：首先检测题一定要将物理基本知识与科学方法有机结合，不宜纯粹地编制科学方法试题；其次，评价科学方法教育目标达到何种层次的题目必须创设问题情境，加大问题的真实性、探索性、开放性和综合性，这样才能考查学生运用科学方法解决物理实际问题的能力，否则只能考出学生的记忆水平。

本研究的测试试卷正是在这一基础上，结合专家及合作教师的意见选用了涵盖以上内容的原始物理问题。通过合作教师及专家的评议，从被选题目中遴选出 6 道题组成正式测试卷。

1. 利用一块粗糙的长木板可以将一个装满货物的木箱推上一辆载重汽车。如果采用沿木板方向的推力推这个木箱，只要推力达到一定的值，总可以将木箱推上汽车。然而，如果采用沿水平方向的力推这个木箱，就有可能推不上去。如图所示，现用一水平力 F 去推它，如果无论用多大的水平力都不能使木箱向上滑动，则木板与木箱间的动摩擦因数应满足什么条件？（如下图所示）

2. 建筑工地上的黄沙，堆成圆锥形而且不管如何堆其角度是不变的，试问能否求出黄沙之间的摩擦系数。

3. 在一平台和墙之间有一个弹性小球。把小球从地面抛出，要使它与墙碰撞弹开后正好以水平速度登上平台而不发生跳跃，对小球的速度有什么要求？

4. 一个观察者想用秒表在站台上测量火车出站时最后一节车厢驶过他身前需要多长时间，但火车加速后，车速太快，来不及两次按动秒表，请你帮他想想办法。

5. 标准排球场地为长方形，球场中间挂网，往下面画有中线，把球场划为两个区。中线两侧有两条平行线，称为进攻线。进攻线把每个场区分为前、后场区。一名运动员站在进攻线上跳起正准备将球水平击出，但若跳起高度过低，则无论水平击出的速度多大，球不是触网就是越界。试求此高度的范围。

6. 大雾天气，司机突然发现汽车已经开到一个丁字路口，前面是一条小河，如图所示，问司机当时采取紧急刹车或者紧急转弯，哪个方法比较有可能避免危险？

试通过式子说明理由。（如下图所示）

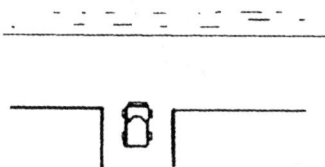

测试试卷中每道题考察的主要科学方法列表 1 - 11 如下。

表 1 - 11 测试试卷中考察的主要科学方法

题目	主要科学方法
1	极限法，正交分解法
2	临界法，正交分解法
3	对称法
4	等量替换法
5	临界法
6	演绎推理法，比较法

三、测试结果分析

测试后，分别对测试结果进行测试试卷分析与物理学业成绩分析。

1. 科学方法测试试卷结果分析

（1）实验班和对照班科学方法测试试卷得分情况分析

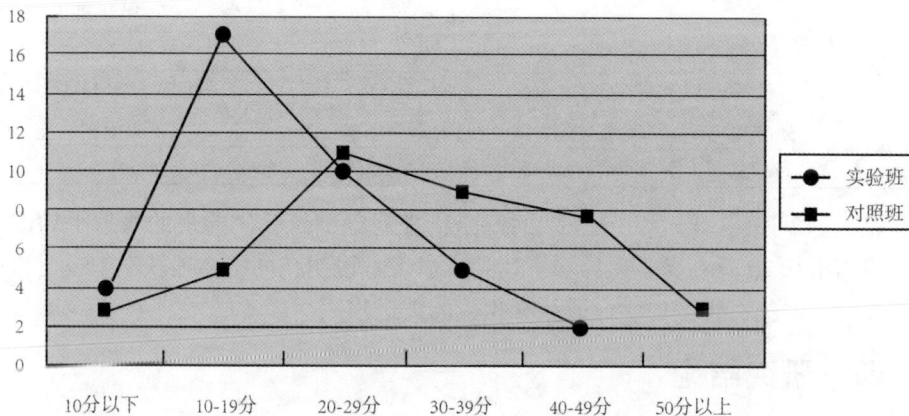

图 1 - 7 实验班和对照班整体得分情况分布图

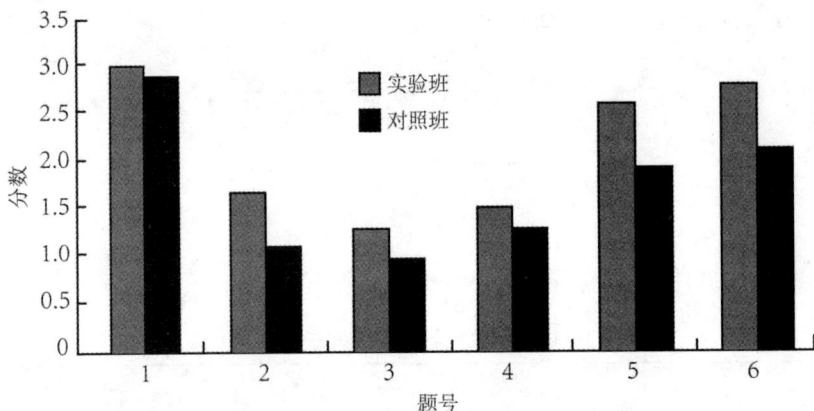

图 1-8　实验班和对照班各题主要科学方法平均得分情况比较图

从图 1-7 可以看出，实验班学生在科学方法测试试卷中的得分明显向高分段偏移，而对照班学生的得分更多地处于低分段；从图 1-8 可以看出，实验班学生在每道题的主要科学方法平均得分上均高于对照班学生。这说明原始物理问题的教学对促进学生的科学方法教育有积极的作用。而没经过训练很少接触这类问题的学生，在科学方法得分上则明显低于经过训练的学生。

（2）统计检验

对数据进行 Z 检验，可以发现实验班与对照班的测试成绩在 0.01 水平上有显著性差异，从而充分说明了本实验研究的有效性。

2．物理学业成绩分析

实验班和对照班学生参加北京市某区组织的物理期末考试，以此成绩作为后测的物理学业成绩，测试结果见表 1-12。

表 1-12　学业成绩数据统计表

组别	试验班	对照班
人数	38	38
平均分	84.37	78.11
标准差	7.220	10.689
显著性差异 Z（$\alpha=0.01$，$Z=2.58$）	2.995	

表 1-12 说明，经过一个学期的原始物理问题训练，实验班的物理平均成绩比对照班高出 6.26 分，而且差异水平达到了显著。说明在高中物理教学中进行科学方法的训练，对提高学生的学业成绩有积极的促进作用。

四、研究结论

1．原始问题教学方式能有效地促进物理教学中的科学方法教育

通过对实验班和对照班在各题平均得分的比较分析，我们发现，在科学方法测

中学物理教师发展丛书

高中物理科学方法教育

邢红军　主编

中国科学技术出版社

·北　京·

图书在版编目（CIP）数据

高中物理科学方法教育/邢红军主编.—北京：中国
科学技术出版社，2015.8
　（中学物理教师发展丛书）
　ISBN 978 - 7 - 5046 - 6961 - 2

　Ⅰ. ①高… Ⅱ. ①邢… Ⅲ. ①中学物理课 - 教学研究 - 高中
Ⅳ. ①G633.72

中国版本图书馆CIP数据核字（2015）第170485号

选题策划　王晓义
责任编辑　高雪岩
封面设计　孙雪骊
责任校对　林　华
责任印制　张建农

出　　版　中国科学技术出版社
发　　行　科学普及出版社发行部
地　　址　北京市海淀区中关村南大街16号
邮　　邮　100081
发行电话　010 - 62103130
传　　真　010 - 62179148
投稿电话　010 - 62176522
网　　址　http://www.cspbooks.com.cn

开　　本　720mm×1000mm　1/16
字　　数　340千字
印　　张　15.5
印　　数　1—3000册
版　　次　2015年8月第1版
印　　次　2015年8月第1次印刷
印　　刷　北京金信诺印刷有限公司

书　　书　ISBN 978 - 7 - 5046 - 6961 - 2/G·688
定　　价　40.00元

序

　　物理科学方法教育是物理教育研究中一个历久弥新的研究课题，一般认为包括三部分内容：一是物理科学方法教育的价值，即为什么要进行科学方法教育的问题；二是物理科学方法教育的内容，即科学方法教什么的问题；三是物理科学方法教育的方式，即科学方法如何教的问题。

　　对于第一个问题，通常人们认为，科学方法是能力的核心，是对能力起决定性作用的因素，因此，科学方法中心论就应运而生。第二个问题是物理科学方法教育的核心问题。因为如果不解决科学方法的教育内容，科学方法教育就成了无米之炊。而解决这个问题的前提，是对科学方法进行正确分类。我们通过把科学方法分为物理方法与思维方法，从而解决了科学方法的分类问题。这一分类不仅与心理学中的强认知方法与弱认知方法分类相一致，而且符合科学方法性质的逻辑。因为物理方法是客观的，可以通过传授使学生掌握，而思维方法是主观的，是大脑的功能，需要通过训练才能使学生掌握。当解决了科学方法的分类问题后，就可以把《物理课程标准》中的科学方法显化，从而确定出科学方法的教育内容。第三个问题是科学方法的教育方式，目前看来还有大量的工作要做。这是因为科学方法的教育方式与科学知识的教育方式具有不同的特点，而且由于物理方法与思维方法始终是交织在一起的，这就决定了科学方法的教育方式并不是一个简单的问题。

　　本书尝试对物理科学方法教育的若干问题进行回答，包括以下内容。

　　第一章、第二章是我们在物理科学方法教育研究中发表在《教育研究》《课程·教材·教法》《教育科学研究》《物理教师》等权威核心期刊或核心期刊上的系列论文，它们浓缩了我们物理科学方法教育研究的精华，代表了我们物理科学方法教育研究的水平。当然，我们的研究是否到位、是否恰当，还有待广大物理教育工作者评判。

　　第三章、第四章、第五章、是我指导的硕士研究生撰写的3篇硕士论文，论文很好地解决了高中物理科学方法教育内容匮乏的问题。事实上，这一问题实乃物理科学方法教育的核心问题。因为不解决科学方法的教育内容问题，物理科学方法教育就成为"无源之水""无米之炊"。遗憾的是，到目前为止，高中《物理课程标准》包括高中物理教科书仍然没有解决好这个问题，这可能与人们对于科学方法教育内容的认识有关。我们的研究显示，物理教学中的科学方法教育内容是完全可以显化的。对于物理科学方法教育内容进入高中《物理课程标准》和高中物理教科书的形式，一开始可以允许不那么全面，甚至可以不是那么完整，但不能像目前这样几乎没有，这是我们在物理科学方法教育内容研究中的一个重要观点。

第六章介绍了我主持的北京市教育科学规划重点课题"高中物理科学方法教育内容显化的理论与实践研究"，包括项目申请书的撰写、结题报告的撰写，供广大物理教育工作者今后申报相关物理教育科学研究课题参考。在我的研究经历中，我感觉项目申请书是较为不易撰写的，因为它的撰写基本上是"带着镣铐跳舞"。这是因为，项目申请书的撰写通常要求在规定的字数内写完规定的内容，并且在写作的过程中，既不能太谦虚，又不能太骄傲；既不能太白话，又不能太深奥。所以，撰写的分寸要拿捏得非常到位。如此，就使得项目申请书的撰写非常困难。

第七章介绍了我们的物理科学方法教育研究获得第四届北京市基础教育教学成果奖的情况。书中展示了教学成果奖申请书的撰写，这为物理教育工作者申请相关教育教学成果奖报告书的撰写提供了一个范例。当然，它也从一个角度反映了我们的物理科学方法教育研究全貌。此外，教学成果奖申请书的撰写对于执笔者的文笔有着很高的要求。我虽然自认为文笔不错，并曾得到过我的博士生导师林崇德先生的夸奖。但坦率地说，即便如此，在撰写教学成果奖申请书的过程中，我仍倾尽全力而不敢稍有懈怠。本书介绍了我们的教学成果奖申请书，算是抛砖引玉，希望广大物理教育工作者多提宝贵意见。

参与本书编写的作者有：北京中医药大学陈清梅副教授、首都师范大学教育学院胡扬洋博士生、北京理工大学附属中学肖骁老师、中央民族大学附属中学赵维和老师、北京市潞河中学李立娟老师、北京市通州区第三中学姚勇老师、北京市通州区玉桥中学段俊霞老师、北京市东直门中学路海波老师、首都师范大学物理系硕士研究生刘烁。

是为序。

邢红军

2015 年 3 月于首都师范大学物理系

目　　录

第一章　高中物理科学方法教育实践研究

第一节　高中物理概念建立中科学方法的显化研究

一、物理概念建立中的科学方法

在新一轮高中物理课程改革中，科学方法教育被提高到与知识教育同等重要的高度，也就是说，科学方法与科学知识一样成为课程的重要内容。有鉴于此，本文深入研究了高中物理概念建立过程中的科学方法显化教育。

科学方法是人们在认识和改造客观世界的实践活动中总结出来的正确的思维方式和行为方式，是人们认识自然和改造自然的有效工具。[①] 物理概念是物理现象、物理过程的概括化和抽象化的思维形式，是物理学习或物理思维的基本单位，是物理基础知识最重要的内容。那么两者之间存在着什么样的逻辑呢?

研究表明，科学方法支配着知识的获得和应用，科学方法是与科学知识平行的独立体系。因此，显化物理概念建立过程中所包含的科学方法，让学生在学习物理概念的过程中领悟其中的科学方法，就成为一件很有意义的研究。

要了解显化物理概念建立过程中所运用的科学方法，首先就要找出概念形成过程中都有哪些科学方法。已有研究指出，高中物理常见的概念定义方法有：乘积定义法、比值定义法、比例系数法、直接定义法。这些科学方法在高中教材各个系列中出现的次数如表1-1所示。

表1-1　高中教材中科学方法统计表 *

概念定义方法	必修系列	选修1系列	选修2系列	选修3系列	总　计
乘积定义法	1	0	2	4	7
比值定义法	3	3	4	8	18
比例系数法	3	0	0	0	3
直接定义法	3	4	3	2	12

＊肖骁. 高中物理课程标准中物理方法的显化研究 [D]. 首都师范大学, 2009, 4.

---

① 涂艳国. 简论科学教育的基本要素 [J]. 教育研究. 1990. (9)：63-66.

由表 1 - 1 可以看出，比例系数法仅在必修系列中出现过，我们暂不做深入的研究。而比值定义法和乘积定义法则是高中阶段常用的两种定义方法，然而定义物理概念的方法以及方法的逻辑内涵往往在中学教材和教师讲解中被忽略了，或者以错误的方式呈现给学生。许多物理概念的定义其实只能起到如何度量该物理量的效果，但是反映概念本质的物理思想却并没有体现出来。应该强调指出的是，科学方法的本质在教学中是很有必要让学生明白的。因此，本文着重对两种定义物理概念的科学方法的逻辑内涵进行显化研究。

二、比值定义法的教学逻辑

比值定义法就是用两个或两个以上物理量的比值去定义另一个物理量的方法。比值定义法的基础是比较，就是要确定研究对象之间的差异点和共同点。既然要比较就要明确比较的统一标准，只有比较的标准统一，比较才有意义。所以比值定义法采用两个或者多个物理量相比，就是在比较时选取相同标准的一个基础。高中物理概念的建立中用比值定义法来定义的概念有很多，比如：速度、加速度、功率、电场强度、磁感应强度等。这些物理概念在定义时所用方法的本质都是寻找统一的比较标准。

电场强度是高中电磁学部分重要的概念之一，也是整个高中物理教学中重要的物理概念。但是高中教材或者教师讲解时并没有对电场强度这个概念的本质以及建立这个概念的逻辑讲清楚。本文以电场强度概念的建立为例来分析用比值定义法建立这个概念时的逻辑过程。

首先，我们知道电场明显的特征之一是对电场中其他电荷具有力的作用，而要描述这个作用力就需要引进新的概念，新概念的引入是从研究电荷在电场中所受的静电力入手的。其基本思想就是用电荷在电场中所受静电力的大小来表示电场的强弱。但是这种方法会出现以下三种情况：①在电场中同一点（比如 A 点）放不同量的电荷，这样不同电荷受到的电场力是不相同的。②在电场不同位置（比如 A、B 两个位置）放置相同的电荷，这样电荷受到的电场力可能相同也可能不同。③在电场不同的位置（比如 A、B 两个位置）放置不同的电荷，这样电荷受到的电场力也是可能相同也可能不相同。所以单纯用电荷在电场中所受的电场力没有办法来表示电场的强弱。因为电荷量 q 不相同，位置也不相同，所以电场力比较的标准实际上是不一样的，所以这种比较是没有意义的。

以上三种情况可以归结为两类问题：①放置电荷的位置不相同，这个问题比较容易解决，我们只要把电荷放置在同一个位置就可以了。②电荷所带的电荷量不同，那么电荷所受到的电场力就不相同，也就没有办法比较。为了解决这个问题，我们就要选取相同的标准来比较。统一比较标准的办法就是统一电荷量，即让电荷在电场中所受到的力 F 比上该电荷量 q。因为比的结果就是单位电荷在电场中所受到的电场力，这样就解决了电场力比较标准不一致的问题。这时候我们得到一个比值

F/q，该比值就可以用来表示电场中某一点的电场强弱。

然而，与我们定义电场强度的初始出发点不同的是，我们发现对于电场中特定的一点来说，这个比值 F/q 是既与电场力无关也与检验电荷无关的常量，它只与电场本身有关，可以表示电场的强弱。我们把检验电荷在电场中某点受到的电场力 F 与电荷 q 的比值，叫作该点的电场强度，简称场强，用 E 表示电场强度，写成公式是 $E = F/q$。这就是电场强度的最终定义式。

以上就是用比值定义法来定义电场强度的教学逻辑，定义的出发点就是要找一个比较标准，但到最后我们却得到了意外的收获。这样不但把比值定义法的本质讲清楚了，同时也把电场强度概念的来龙去脉和本质讲清楚了，达到了方法与知识并重，显化方法的目的。

三、乘积定义法的教学逻辑

乘积定义法的本质是积累，是某一个物理量在另一个或者几个物理量上的积累。所以用乘积定义法定义的物理概念量的大小都是由两个或两个以上的因素决定的。因此，要让学生明白用乘积定义法定义的概念是哪个物理量对什么积累的结果。在讲这一类概念的时候，首先要明确我们所要解决的问题，然后解释用积累的思想来解决，最后得到新的物理概念。学生在这个过程中也就明白了新定义的这个物理概念的含义以及新概念的定义式中各个物理量的具体含义。高中常见的用乘积定义法定义的概念有：功、冲量、动量等。这些物理概念在定义的时候都用到了积累的思想。

但是有些物理概念虽然运用了乘积的思想，但是并不是由乘积定义法直接定义的，也不能单纯地从概念的定义式本身来体会其中积累的思想。因此，如果我们想要更深刻地理解这个物理概念的话，就需要从不同的角度来挖掘这个概念的本质。比如动量的概念：动量是高中物理中研究机械运动的重要的概念之一，它是对物体机械运动的量度，是描述物体机械运动的一个状态量，其表达式是，$P = mv$。但是想要更深入地理解动量概念的本质，就需要从动量定理的角度来分析，用乘积定义法的思想来理解。

动量定理的内容为：物体动量的增量等于它所受合外力的冲量，即 $Ft = \Delta mv$。对于一个特定的物体来说，它的动量发生变化换一种说法就是速度发生了变化，即物体的运动状态要发生改变。牛顿运动定律表明物体运动状态发生变化是因为合外力不为零，物体在合外力的作用下经过一段时间速度发生改变，也就是动量改变了。所以动量的变化就反映了力在某一段时间内的持续作用，即力对时间的积累效应。这也正是乘积定义法的本质所在。

动量的变化量 Δmv 与动量 mv 的单位是一样，也就是说动量的变化量与动量描述机械能的量纲是相同的。如果让一个静止的质量为 m 的物体在力 F 的作用下经过时间 t 获得某一速度 v，即物体的动量增加了 mv。那么物体的动量就是从时间的角度量度机械运动，它表示的就是力的积累效应，其关系由动量定理 $Ft = \Delta mv$ 反映。

以上教学逻辑反映的不仅仅是动量这个概念，而且是动量背后的力学机制以及其中所蕴含的物理本质。这个过程从乘积定义法的内涵出发，运用动量定理来深入地分析动量这个概念，这样就很好地把乘积定义法融合到了教学过程中，用显化的科学方法组织知识教学。

如果根据比值定义法和乘积定义法的内涵把重要概念的本质讲清楚了，学生就能够很好地理解电场强度和动量所表达的深层含义，并且在这个过程中学会了如何运用科学方法。这样在学习同类概念时能够更容易、更深刻地理解。即使在遇到类似的但是对学生又是陌生的实际问题时，也能从大脑中提取相关的科学方法去思考。因此，所谓显化科学方法不是讲科学方法的名称和内容，而是要把科学方法在概念教学中的逻辑讲明白，这样才能达到科学方法显化的目的。

第二节　高中物理规律建立中科学方法的显化研究

一、物理规律建立中的科学方法

随着基础教育课程改革的实施，科学方法教育日益受到广大物理教育者的重视，并被提高到与知识教育同等重要的高度。基于此，本书深入研究高中物理规律建立过程中的科学方法显化教育。

物理规律（包括物理定律、定理、原理、法则、公式）是各种物理现象、物理过程在一定条件下发生、发展和变化的规律。它反映了物质运动变化过程中各个因素之间的本质联系，揭示了客观事物本质属性之间的内在的必然联系。物理学是以基本概念和基本规律为主干的完整体系，它是由基本概念、基本规律、基本方法及其相互关系所组成的，其核心就是物理规律，要使学生学好物理，就必须真正掌握物理规律，因此在物理规律的教学中实施科学方法教育就显得尤为重要。

物理教学中的主要科学方法如表 1-2。

表 1-2　物理教学中的主要科学方法

物理方法	次数	物理方法	次数
实验归纳法	73	控制变量法	8
演绎推理法	51	等效法	12
理想化方法	54	类比法	16

上述研究明确了物理规律教学中的物理方法教育内容，并且统计了物理方法在课标中出现的次数，为进行物理规律教学中的科学方法教育提供了依据。

为了更加深入地了解科学方法在高中物理各个阶段中的应用，有关的研究将课标所对应的科学方法进行分系列的统计，如表 1-3 所示。

表1-3　物理教学中科学方法分系列统计

物理方法	共同必修	选修1系列	选修2系列	选修3系列	总计
实验归纳法	11	10	15	37	73
演绎推理法	10	5	13	23	51
理想化方法	11	11	12	20	54
控制变量法	1	2	1	4	8
等效法	3	0	5	4	12
类比法	1	2	3	10	16

由表1-3可以得知，实验归纳法和演绎推理法是高中物理规律教学中常用的两种科学方法，而这两种方法恰恰是最容易被物理教师忽略。有鉴于此，本节着重对这两种科学方法的显化策略进行研究。

二、高中物理规律教学中实施实验归纳法的显化教学策略

实验归纳法是以实验为基础，通过归纳获得物理规律的一种物理方法。它是从具体的个别事物的认识中概括出抽象的一般认识的思维方法和推理形式，即通过个别的实验现象进而抽象概括出一般的物理规律，它的客观基础是事物的个性与共性的关系。实验归纳法的基础是实验，要想显化这种科学方法就要让学生在实验中亲身体验。高中阶段有很多的物理规律都是通过实验归纳法得出的，例如：匀变速直线运动的规律、牛顿三定律、机械能守恒定律、电荷守恒定律、电磁感应定律等。

高中阶段的物理实验大多是验证性实验，让学生完全重复物理学家们进行实验的艰辛过程显然是不可能的，但是教师可以向学生提供更多的实验材料，让学生自己去设计、实践，来感悟物理学的奥妙，从而达到显化科学方法的目的。高中阶段对于光学部分的知识要求不是很高，但这部分的知识向来是学生理解和掌握的难点，鉴于此，本节以折射定律的建立为例来分析用实验归纳法建立此规律时的逻辑过程。

首先，要让学生通过观察现象，掌握光的折射的概念，知道什么是光的折射。例如：在透明的玻璃杯中倒入适量的水，然后插入一根筷子或者木棍，让学生观察现象；在碗内放一枚硬币，从一侧斜着看过去时看不到硬币，然后向碗内缓慢地倒入清水，让学生观察现象。在学生对于现象有了直观感性的认识之后，再让他们找出这些现象之间的共同点：光发生了偏折。然后教师对这些现象进行总结：光从一种介质传播到另一种介质时传播路径发生改变的现象就是光的折射。经常进行这种训练，可以让学生养成经常总结、善于总结的良好习惯。

其次，建立或选择合适的实验装置进行实验。为更深入地研究，有控制的实验观察、精确的计量手段都是必要的手段。教师要引导学生依据实验的目的选择实验器材和设计实验步骤；研究光的折射现象，必须要选择玻璃、水或油等其他的介质；为了清晰地观察到折射光线、入射光线以及对折射角、入射角的测量，就要设计一个现象清晰、测量方便的装置。教师要鼓励学生大胆构思、勇于尝试，设计出有特

色的实验装置。对于存在问题的设计，教师要给予适当的点拨。另外，教师也可以给出一个正确的设计，用以启发学生的思维。例如，可以给学生一个实验装置示例，如图 1 − 1 所示。

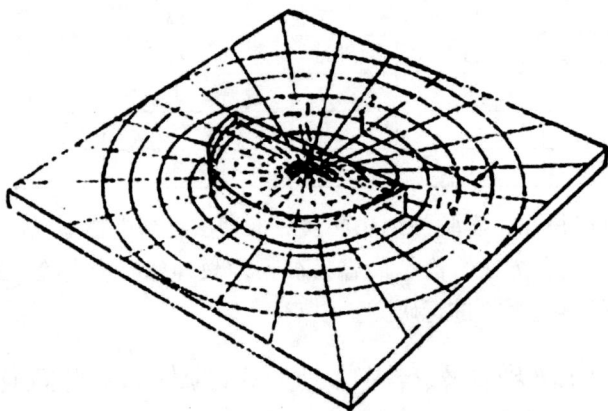

图 1 − 1　实验装置示例

　　该仪器由一个半圆形的玻璃槽（槽的直径边的中心处画有一竖直刻线）、极坐标纸、软木板组成。

　　仪器的使用：

　　（1）首先将坐标纸平铺在软木板上，并用图钉或夹子将纸固定在木板上。

　　（2）将塑料槽放在坐标纸上，使水槽直径边竖直刻线的下端正好落在坐标纸的原点上，并使塑料槽的直径边与零刻线重合。垂直零刻线的方向为法线方向。

　　（3）将待测的透明液体（如水、酒精或其他液体）置于塑料槽中。

　　（4）在塑料槽直径边一侧，距中心约 3cm 处，置上竖直标杆（大头针），则该点至圆心处的连线与法线的夹角即为入射角。

　　（5）从水槽的弯曲边通过待测液体去观察标杆，移动视线，使塑料槽的竖直刻线与标杆重合。取另一个能打孔的标杆，用视差法尽可能准确地标出折射线来，则出射线与法线的夹角为折射角。

　　最后，对实验所观察到的现象和记录的数据进行整理，如表 1 − 4 所示。

表 1 − 4　入射与折射实验记录

入射角 α	0°	10°	20°	30°	40°	50°	60°	70°	80°
折射角 β	0°	8°	12.5°	22.5°	29°	35°	40.5°	45.5°	50°

　　根据表 1 − 4 的数据通过 Excel 作图，可得出图 1 − 2。

　　简单地分析发现，入射角与折射角之间不存在任何关系，不能归纳出两者之间的规律，于是可以引导学生换一种思路。反映角度性质常常用三角函数来表示，于是我们来探索入射角与折射角的三角函数值之间可以归纳出什么样的关系，如表 1 − 5所示。

表 1-5 入射角的正弦值与相应的折射角的正弦值

$\sin i$	0	0.17	0.34	0.50	0.64	0.77	0.87	0.94	0.98
$\sin r$	0	0.14	0.22	0.38	0.48	0.57	0.65	0.73	0.77

根据表 1-5 的数据通过 Excel 做图，可得出图 1-2。

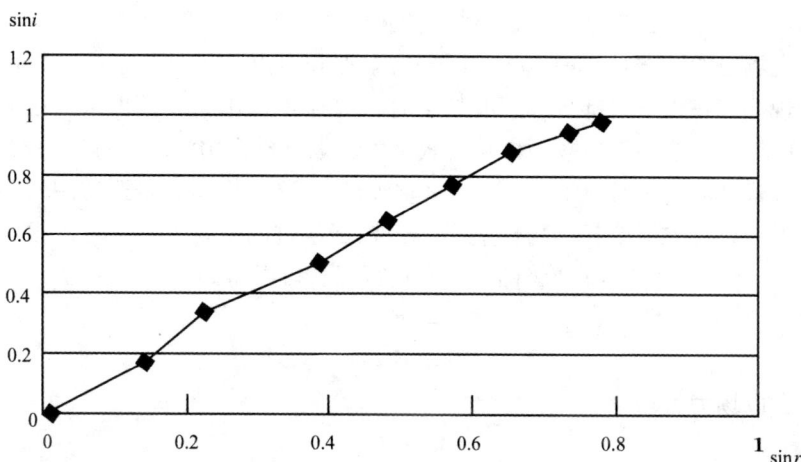

图 1-2 入射角正弦值与折射角正弦值关系图

通过图像，学生运用已有的数学知识可以归纳出规律：折射角的正弦与入射角的正弦成正比，即

$$\sin i/\sin r = C\ （C\ 为一常数）$$

为了让学生理解常数 C 的意义，将注入槽内的液体换为其他的液体，重复上述实验步骤。学生会通过实验发现，当其他条件都保持相同时，不同的液体种类对应着不同的常数值，进而归纳出：$\sin i/\sin r$ 的值与介质的种类有关，或可以用 $\sin i/\sin r$ 的值来表示介质的种类等。此时，教师再向学生提出折射率这一物理量 n，学生就会理解 $\sin i/\sin r = n$ 这一公式了。

以上就是用实验归纳法来进行折射定律教学的逻辑，从实验数据中归纳、概括、抽象，是发现物理规律的重要途径。教学的根本就是要亲自去实验，然后发现规律并进行总结。通过这样的教学过程，不但使学生很好地掌握了折射定律的内容，同时也提高了学生运用实验归纳法的能力，达到了显化科学方法的目的。

三、高中物理教学中实施演绎推理法的显性教学策略

所谓演绎，就是根据一类事物都有的属性、关系、本质来推断该类中个别事物也具有此属性、关系和本质的思维方法和推理形式。演绎推理法与实验归纳法相反，是从一般到个别的逻辑推理过程。其基本形式是由大前提、小前提和结论三部分组成的三段论。其客观基础与实验归纳法一样，都是事物的个性与共性的关系，这就

决定了其推理过程的必然性。在物理学的发展中它扮演着极其重要的角色，很多物理规律的发现和得出都有赖于此。高中课标中，在物理规律的建立和对知识的扩展中，演绎推理法经常被使用，例如动能定理、库伦定律、带电粒子在磁场中的偏转、交变电流等。它可以使学生根据原有的图式对新的知识进行同化和顺应，由已有的知识生发出新的知识，大大提高学习的效果。因此，在进行教学时，教师应先引导学生应用演绎推理法独立地进行推导物理规律。

有关电场力的知识是高中电磁学部分的重点和难点，也是整个高中物理教学的重要物理规律。在进行这部分知识的教学时，教师要显化演绎推理法，让学生自己推理出新的知识。我们以电场力做功的教学为例来分析应用演绎推理法的教学策略。

功的公式 $W = Fs$ 是学生已经掌握的基本知识，这个规律是普遍适用的。要想求得电场力做功，首先就要找到物理量 F、s。根据学过的知识，学生可以很容易地得出电场力 $F = qE$，位移 $s = d$。将两个式子进行组合可以得到

$$W = qE \cdot d$$

而

$$U = E \cdot d$$

所以，电场力做功

$$W = qU$$

这个规律的推导是一个很容易的过程，对于学生来说易于接受和理解。在教学的过程中，教师要明确地告诉学生在这个过程中，运用的是演绎推理法，让学生能够了解到：只要前提是正确的，那么通过合理推导得出的结论也是正确的，而这点正是演绎推理法的精髓所在。

总之，在物理规律的教学中，运用实验归纳法和演绎推理法把物理规律得出的过程分析得透彻，就会让学生有更加深刻地理解。同时，掌握了科学方法也就等同于为学生插上了创造的翅膀。教师应该根据各种物理方法的地位、难易程度以及学生的接受水平，合理地显化物理方法的教学，使学生能够较好地掌握物理方法，提高物理学习的水平。

第三节　高中物理知识获得过程中科学方法的显化研究

一、高中《物理课程标准》中对科学方法的理解

科学方法教育已在高中《物理课程标准》中明确提出，并将"过程与方法"作为重要的课程维度，细观高中《物理课程标准》，其中多处提到要进行科学方法教育，比如在"课程基本理念"中有如下叙述："高中物理课程旨在进一步提高学生的科学素养，从知识与技能、过程与方法、情感态度与价值观等3个方面培养学生，为学生终身发展、应对现代社会和未来发展的挑战奠定基础。"在"课程模块说明"

中的"共同必修"一节中有如下叙述:"在该模块中,学生通过学习运动、相互作用及运动规律、能量等物理学的核心内容,经历一些科学探究活动,初步了解物理学的特点和研究方法……"以及"课程总目标"中"学习科学探究方法,发展自主学习能力,养成良好的思维习惯,能运用物理知识和科学探究方法解决一些问题"。在"课程具体目标"中更有对于"过程和方法"要求的大致说明。① 这些都使教师在理念上注意到科学方法教育,提醒教师在进行具体教学工作中渗透科学方法。

目前高中物理科学方法教育不到位的原因主要有以下几点:

首先,高中《物理课程标准》中并没有明确回答"物理课程中增加科学方法教育的意义是什么"这个问题。在高中《物理课程标准》中仅将科学知识看成物理能力的组成部分,却将科学方法看成是附加的"催化剂",无形中降低了科学方法的教育价值,最终导致教师在教学中不重视科学方法教育。

其次,虽然在高中《物理课程标准》中,明确了三维课程目标,包括"知识与技能""过程与方法""情感、态度和价值观",但相比较"知识与技能"有详细的规定,且各个模块都详列了"知识与技能"方面的各个目标,"过程与方法"却没有对各个模块进行目标的详列。

再次,高中《物理课程标准》缺乏对科学方法的具体详述,教师在实际教学中难以把握科学方法教育的深度,只能笼统地"一把抓",科学方法教育缺乏整体协调性,不能体现出科学方法整体结构的逻辑关系,更无法做到针对学生心理特征有条理地进行教学。

二、对科学方法的理解

对于"方法"的定义,目前尚没有一个明确的解释。我们认为,方法有别于具体操作,它首先应该是一类操作的统称。当然,在不同的层次看,依然能得到不同的方法,那么还需要规定"方法"的另一种属性,即"具有推广性",这使得在遇到一个类似情境的时候,能够将"方法"迁移到另一个情境中去。

将方法的这两种属性添加至原来对"方法"的定义中去,我们可以得到一个相对合理的方法的定义:"人们为实现达到认识客观世界和改造世界等目的而采用的,并且可以将它应用于其他类似情境中的某一类手段或途径的统称"。

科学方法既已定义为"某一类手段或途径的统称",那么它与使用具体科学理论的操作之间应当有所区别。具体科学理论往往建立在单一模型的基础上,科学理论的规律由这一模型所特有,因此,与受限于规律不同,该方法往往很难再次运用到别的模型上去。

在物理学科中,物理研究方法包括两方面的内容,一是科学方法,二是思维方法。有时,科学方法与思维方法也不太容易区分。其中,科学方法与物理学科本身

---

① 中华人民共和国教育部. 高中物理课程标准(实验)[S]. 北京:人民教育出版社,2003.

联系紧密，结合了数学物理基础及对应的操作过程，因此具有较强的可操作性，在教学中可以明确地传授给学生，学生亦能够根据科学方法的操作过程具体解决物理问题。而相比科学方法来说思维方法与物理学科本身的联系并不紧密，它只在思维层面上说明了解决问题的基本思路，而没有给出具体的、可操作的步骤，因此它不具备较强的可操作性，在教学中不能很好地传授给学生，也不利于学生利用思维方法解决实际物理问题或物理习题。将这两种方法仔细区分，能更加系统而有针对性地将科学方法传授给学生。

科学方法看似纷繁复杂，实则有迹可循。物理学的主要内容有实验、概念、规律以及应用四个方面，每个方面都有一定的操作过程，不同的过程，操作上有很大区别，因此科学方法上的区别也很明显。根据物理学的四个方面，我们可以划分出方法的五个类别：一般科学方法、实验方法、概念定义方法、规律总结方法和规律应用方法，其中一般物理学方法指在整个物理学中贯穿的物理学方法，一般以一定的物理学思想为基础，贯穿于物理学的始终。

依据这样的分类，我们可以建立关于物理学的科学方法的体系结构如图1－3所示。

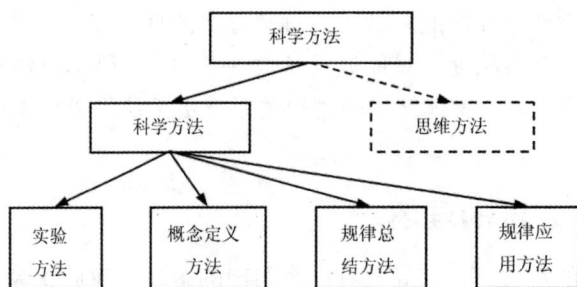

图1－3　科学方法层次结构

在确定了科学方法的层次结构框架的基础上，便可以确定具体科学方法的内容。然而，目前对具体科学方法的命名并不统一，因此应对科学方法做详细的补充约定。

确定具体的科学方法的出发点有以下几点：准确、全面、相互不交叉（即不出现一种具体的操作被归入两个科学方法的情况）、规范定义、方便理解。基于以上出发点，我们可以将高中物理经常出现的一些科学方法总结如下。

（1）一般科学方法：理想化模型、等效方法、对称性方法、实验验证法等；

（2）实验方法：理想化实验、控制变量法、补偿法、观察法、放大法等；

（3）概念定义方法：乘积定义法、比值定义法、分类法、比例系数法、直接定义法等；

（4）规律总结方法：实验归纳法、演绎推理法、类比法、图形图像法等；

（5）规律应用方法：整体法、近似估算法、极限法等。

这样，我们便确立了高中物理科学方法的总体结构。

试中，实验班学生的得分均要高于对照班学生得分，这和实验班学生进行原始问题的训练是分不开的。因为在解决原始问题时，首先需要明白问题是针对什么物理现象和事实，其次要把它转化为物理模型，最后解决问题。在这个过程中就要用到理想化方法、等效方法、近似方法等具体科学方法，将一定的物理现象或物理情景转化为物理模型，又要用到分析、综合、概括、抽象等科学思维方法。可见，运用原始物理问题能将思维方法的训练和具体科学方法的掌握很好地结合起来，进而促进科学方法教育。因此，原始问题教学方式能有效地促进中学物理教学中的科学方法教育。

2. 运用原始问题进行科学方法教育能有效提高中学生解决问题的能力

能力与方法是密切联系的，对科学方法的不断了解、积累和熟练，不仅能使学生形成一种借助于科学方法获取物理知识的心理定势，而且还可以使学生产生一种对问题的敏感性，并能够用科学方法迅速地抓住问题的要害，找出解决问题的途径，从而提高解决问题的能力。通过实验班和对照班整体得分情况分布图（图1-7），我们可以看出，实验班解决问题的能力要优于对照班，这说明对高中学生进行原始物理问题训练能提高学生的解决问题的能力。

3. 运用原始问题教学对提高学生的学业成绩有较显著的作用

研究发现，在物理期末考试中，实验班学生比对照班学生的物理学业成绩有显著的提高，并且达到了显著性差异。两个班的学生是按入学成绩随机分班而成的，学生的综合素质及能力基本相当，并且由同一任课教师任教，实验班和对照班是随机选取的。这说明，在高中物理教学中通过原始问题对高中学生进行科学方法教育，使学生得知识掌握的更加牢固，能力得到了提高，对提高学生的学业成绩有积极的促进作用。

第二章　物理科学方法教育理论研究

第一节　科学教育的科学方法中心理论

一．科学知识中心论

我国的科学教育，长期以来一直存在着鲜为人注意的重大缺陷——只重视科学知识教育而忽视科学方法教育。我们认为产生这种现象的根本原因在于，科学教育一直禁锢于"知识中心"的教育理念，对于科学知识与科学方法的关系、科学方法的教育功能等科学教育中的重大理论问题缺乏深入的思考，导致科学教育长期处于低水平而踟蹰不前。因此，在基础教育课程改革的深化阶段，认真探讨科学教育中存在的问题，切实加强科学方法教育的深入研究，就显得尤为紧迫和重要。

当然，目前科学教育中存在的问题，并不在于根本没有进行科学方法教育，问题在于：①不清楚科学方法在科学教育中所具有的特殊意义，甚至可以说是独特的、不可取代的意义，而仅仅将科学方法作为知识教学的引入条件或附庸；②科学方法与科学知识常有脱节现象，就是说，科学知识本来应当运用科学方法合乎逻辑地推导出来，然而，学生并未能感受到这种逻辑力量；③不重视科学方法的巩固，一旦进入概念、规律教学，尤其是进入解题，科学方法往往就被置之不顾了；④科学方法的运用非常薄弱，如何帮助学生运用科学方法解决实际问题也未得到深入研究。

其实，早在20世纪30年代，科学学的创始人贝尔纳就一针见血地指出了科学教育的"先天不足"。贝尔纳认为"科学教育的目的有二：提供已经从自然界获得的系统知识基础，并且有效地传授过去和将来用来探索和检验这种知识的方法"[①]。贝尔纳指出，不幸的是，科学教育"正在后一个方面失败得最为明显"[②]。科学教育长期以来没有完善地实现传授给学生科学思维的方法和培养他们创造能力的目的，而且由于这两个目的是相互关联的，结果也就无法使学生"充分了解现有科学知识

---

①　J. D. 贝尔纳. 科学的社会功能［M］. 陈体芳译. 北京：商务印书馆，1982，340.

②　J. D. 贝尔纳，科学的社会功能［M］. 陈体芳译. 北京：商务印书馆，1982，340.

的全貌"①。

新近出版的国际著名期刊 *science*，刊登了 Baolei 教授等人所做的中美两国学生物理概念理解和一般科学推理能力的研究成果。他们采用 FCI、BEMA 和 LCTSR 等国际广泛使用的测验工具，对四所美国大学和三所中国大学科学与工程专业的大一新生进行了测试。结果如图 2-1、图 2-2、图 2-3、表 2-1 所示。②

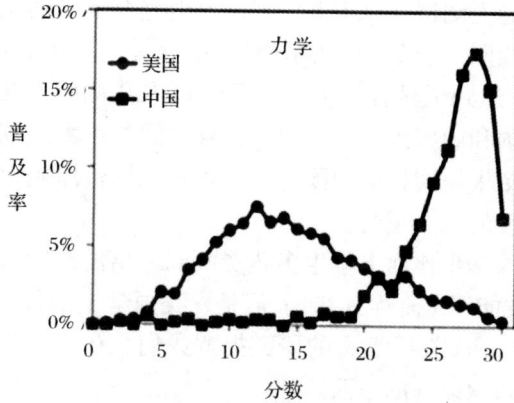

图 2-1 中美大学新生 FCI 测试结果

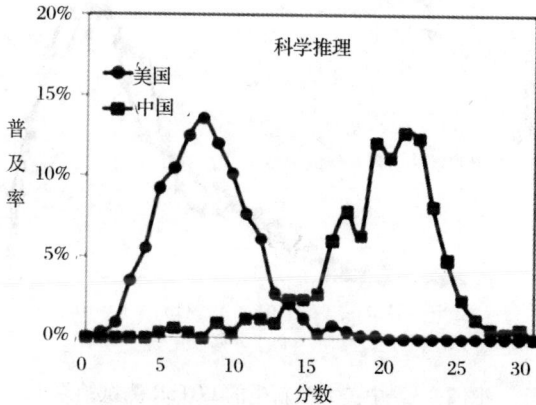

图 2-2 中美大学新生 BEMA 测试结果

图 2-1 为 FCI（力学知识理解测验）的结果，显示美国学生的力学知识成绩在中等分数段分布较广，由于中国学生在初中二年级到高中三年级的 5 年时间完成了近乎相同的广泛物理课程，这种教育背景导致了中国学生力学知识成绩的狭窄分布，成绩在分数段的 90% 附近达到峰顶。图 2-2 为 BEMA（电磁学知识理解测验）

---

① J. D. 贝尔纳. 科学的社会功能 [M]. 陈体芳译. 北京：商务印书馆，1982，340.

② lei Bao, Tianfan Cai，Kathy Koenig, et al. Learning and Scientific Reasoning [J]. Science, 2009, 323. 586－587.

的结果，显示美国学生的电磁学成绩围绕着稍高于分数段的 20% 分布，而中国学生的成绩围绕着分数段的 70% 分布。

FCI 和 BEMA 的测试结果显示，初高中多样、缜密的物理课程直接影响了中国学生物理知识的学习，使得中国学生在这些测验中表现出相当高的水平，而美国学生的成绩则远低于中国学生。

一般科学推理能力测试（LCTSR）则显示出完全不同的结果（图 2 - 3）。中美学生成绩分布几乎相同。表 2 - 1 为测试结果的分析，统计显示，中美学生在 FCI 和 BEMA 测验上的差异达到了显著性水平，而在 LCTSR 测验上几乎没有差异。对测验结果的解释是：美国和中国的中小学知识教育之间的巨大差别并没有导致学生推理能力的不同。这一结果说明目前中国的科学教育和评价原则上往往对官能回忆的强调胜过了对科学推理的深入理解。

一般认为，我国学生比西方学生多花费两到三倍的时间做练习，掌握了良好的"基本知识和基本技能"（简称双基）。但是，我国学生的科学素养却明显与所花费的时间不成比例。Baolei 教授等人的研究提醒我们，在科学学习中，学生除了掌握知识，还需要掌握知识以外的东西。

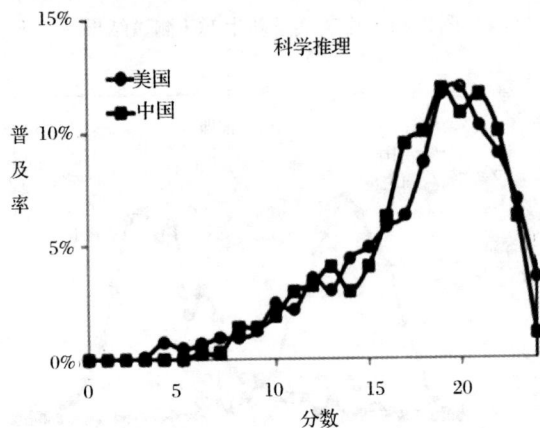

图 2 - 3　中美大学新生的 LCTSR 测试结果

表 2 - 1　中美大学新生 FCI、BEMA、LCTSR 的测验分数

测试	测试分数		效果量
	中国/%（n）	美国/%（n）	
FCI	85.9 ± 13.9 （523）	49.3 ± 19.3 （2681）	1.98
BEMA	65.6 ± 12.8 （331）	26.6 ± 10.0 （650）	3.53
LCTSR	74.7 ± 15.8 （370）	74.2 ± 18.0 （1061）	0.03

怎样看待我国学生知识掌握水平远远超过美国学生，但科学推理水平却与美国学生完全相同的事实？也许，爱因斯坦的话可以为我们指点迷津。他说："学校始终应当把发展独立思考和独立判断的一般能力放在首位，而不应当把取得专门知识放在首位。如果一个人掌握了他的学科的基础，并且学会了独立思考和独立工作，就必定会找到自己的道路，而且比起那种其主要训练在于获得细节知识的人来，他会更好地适应进步和变化。"① 显然，在爱因斯坦看来，独立思考和判断能力应当放在学校教育的首位，而知识教育则只能放在次要位置。

LCTSR 测验包括比例推理、归纳和演绎推理、控制变量、概率推理、相关推理、假设评估等项目，这种测验不属于科学知识测验而是科学思维能力测验，它包含了强认知方法（strong cognitive methods）和弱认知方法（weak cognitive methods）的测验。强认知方法是特定专业领域的独特认知方法，往往与专业知识紧密结合，不容易区分。弱认知方法是可以被运用到各种问题解决过程中的一般策略和方法，与一般智力因素有着更为密切的联系。LCTSR 测验中的比例推理、控制变量、概率推理和相关推理属于强认知方法，而归纳和演绎推理以及假设评估等项目则属于弱认知方法。因此，LCTSR 测验实际上是一种有关科学方法方面的测验。

科学方法是人们在认识和改造客观世界的实践活动中总结出来的正确的思维方式和行为方式，是人们认识和改造自然的有效工具。在科学发展史上，做出创造性贡献的科学家，除了具有博大精深的理论知识外，还掌握了先进的科学方法。

科学课程整体上是由科学知识和科学方法组成的，通过科学方法揭示科学知识的获得和应用过程，并对科学知识在科学技术发展中的作用进行解读，有利于学生了解人类对自然界的认识，扭转传统科学教育由于缺乏科学方法而展现给学生被歪曲的科学世界图像，从而实现学生智力发展与知识体系建构之间的平行和同步。

近年来，随着新一轮基础教育课程改革的开展，人们的科学教育理念发生了变化，把"过程与方法"作为课程目标写入基础教育课程标准，体现了从知识本位向重视科学方法转变的科学教育思想。然而遗憾的是，重视科学方法的教育思想并未深入下去，而是止步于理念层面不再前行。这表现在：基础教育各个学科课程目标中虽然都有"过程与方法"维度，但课程标准中却只有科学知识却没有相应的科学方法，这就使得科学方法教育成为"无本之木，无源之水"。也就是说，我国科学教育重视科学方法的观念只在表面上实现了转变，但在本质上依然没有发生改变。

二、科学方法的认识功能

在我国，由于受凯洛夫教育学的影响，多年来在教学中比较偏重知识传授而忽视学生的发展。近年来，不少教育工作者在教学中努力体现"传授知识立足于发展能力，寓能力培养于传授知识之中"，在促进学生能力发展方面积累了不少宝贵的

---

① 许良英、李保恒、赵中立译. 爱因斯坦文集 [M]. 北京：商务印书馆，1977，284.

经验。但由于对科学方法的重要性认识不够，理论上一直不能突破知识中心的禁锢，教学效果仍然难尽如人意。

科学方法与科学知识虽然在本质上是统一的，但严格说来，两者又有不同的特点。科学方法与科学知识不同，它所涉及的不是物质世界本身，而是人类认识物质世界的途径与方式，是高度抽象的。科学方法也不直接由科学知识来表达，而是有它自己独特的表达方式，它往往隐藏在知识的背后，支配着知识的获取和应用。因此，它就具有科学知识所不具有的独特认识功能。

1. 导源功能

科学方法的导源功能是指科学方法作为独立存在的理论体系，对科学理论的形成起开源作用。这即是说，科学研究方法一旦形成就会对科学理论的发展起着决定性的作用。未被发现的科学理论犹如地下矿藏，而科学方法就是探矿的钻机。

杨振宁教授在对爱因斯坦的研究中发现，在狭义相对论建立以前，物理学的发展是由实验到方程、规律乃至整个理论体系，如经典力学、电磁学、热力学等都是遵循这样的发展途径，这是实验归纳的科学方法。在狭义相对论建立以后，这个过程被倒转过来，物理学家们首先是建立方程、理论框架，然后再回到实验，由实验来验证理论的真伪，如狭义相对论、广义相对论、量子力学、粒子物理学等都是这样，这是实验验证的科学方法。这个倒转意味着物理学研究方法的巨大进步，也标志着人类对自然的探索进入了一个新的更深入的层次。可以说，正是爱因斯坦率先采用的实验验证法改变了 20 世纪物理学的面貌，同时也生动地说明科学方法对于物理学的发展起到了导源作用。

2. 突破功能

科学方法具有突破功能。科学发展的历史表明，科学中任何重大的进展和突破，都是在正确的方法论指导下，使用科学方法突破的。物理学发展史上著名的黑体辐射公式的得出很好地说明了科学方法的突破作用。

19 世纪，人们由实验得出了平衡时辐射能量按波长分布的曲线。许多人企图用经典物理学来证明这种能量分布规律，推导与实验结果符合的能量分布公式，但都未成功。这个问题在当时甚至被称为物理学的"紫外灾难"。普朗克在 1900 年通过假设引入了量子概念，并使用内插法得出了与实验结果符合很好的经验公式。普朗克的工作是近代物理的一个里程碑，其重大突破的关键之处在于，他成功地运用了两个科学方法——假设法与内插法。

3. 中介功能

科学方法作为科学认识活动的中介物，是连接知识和现实的纽带，在科学理论的发展中起了桥梁作用。客观现实中的规律只有通过科学方法的参与，才有可能上升为知识形态，才能把科学认识中的概念、判断、推理与经验事实组织起来，形成逻辑严密的认识体系，进而揭示自然界的事实和知识之间内在的、必然的本质联系。可以说，科学方法是感性认识通向理性认识的桥梁。比如，人类对光的本质的认识和光学理论的产生，就是在光学实验的基础上经过长达两三百年光的波动模型与粒子模型的不断竞争、修正、丰富而逐步完善建立起来的。

4. 建构功能

科学方法是科学知识的脉络，它具有把科学知识联系起来并形成结构的功能。这是因为科学方法作为基本的研究途径、方式和方法，与自然科学的概念、规律等一些知识的东西是相平行的，包含在自然科学的范畴之中，而且它是一种比概念、定理、定律、公式这类知识更稳定和更广泛的东西，它纵横交错、贯穿于整个知识领域之中，把不同的知识相互联系起来。如果把科学比喻为一条珍珠项链，科学知识是珍珠，那么科学方法就是连接珍珠的细线。缺少了细线的珍珠项链就不能称之为项链，而是变成了一捧散珠。"牵一发而动全身"，这很好地说明了科学方法的建构功能。

科学的本质是什么？物理学大师、诺贝尔奖获得者费恩曼教授有着独树一帜的见解，对于科学是什么这样一个命题，费恩曼直截了当地说："科学是一种方法，它教导人们：一些事物是如何被了解的，不了解的还有些什么，对于了解的，现在又了解到什么程度（因为任何事物都没有被绝对了解），如何对待疑问和不确定性，依据的法则是什么，如何思考问题并做出判断，如何区别真理与欺骗，真理与虚饰……在对科学的学习中，你学会通过试验和误差来处理问题，养成一种独创精神和自由探索精神，这比科学本身的价值更巨大。还要学会问自己：'有没有更好的办法来做？'"[①] 为什么费恩曼不认为科学是一种知识而认为是一种方法？这是因为，在费恩曼看来，科学的核心或者说全部就是科学方法。换句话说，科学方法比科学知识更重要。

我们目前的科学教育完全没有把科学方法置于特别重要的位置，这表现在《课程标准》、教科书、课堂教学等诸方面。这就使得我们的学生虽然掌握了某一学科的许多知识，却不懂得该门学科的科学方法及其价值，这种现象甚至在大学里也同样存在。

前不久，来自台湾的清华大学教授程曜，在期末考试时向学生提了一个问题："什么是科学方法，物理学和你就读的学科方法有何不同？"令程曜吃惊的是，"竟然有一个生物系的学生回答，物理有很多要背，生物也有很多要背，非常不容易同时记住。"程曜教授感叹："我宁可相信他在和我开玩笑，不然我如何自处，到底是怎么教的。"[②]与程曜教授一样，我们每位教师不妨自问：自己所教学科的独特科学方法是什么？有哪些？恐怕大多数人未必回答得上来。这种情况就很有可能导致我

---

① 约翰·格里宾，玛丽·格里宾. 迷人的科学风采——费恩曼传［M］. 江向东译. 上海：上海科技教育出版社，1999：156.

② 程曜. 除了考试，他们不会推理，不敢提问题，不愿动手［N］. 新华每日电讯，2005，7：10.

们的学生虽然学习了一门学科，但却没有掌握科学方法。因此，这样的科学教育充其量只能说是学生学过了这门学科，而不是掌握了这门学科。

众所周知，许多学生经过多年苦读，学习了大量科学概念、规律，做了许多习题，却不能有效地提高科学素养。他们的科学学习如同开了中药铺子，科学知识都被分散放在药柜上不同的小匣子里，由于缺少科学方法而不能形成一个有机的整体。这导致他们在面临科学问题时不能迅速判断，稍一动笔就错误百出。在理解科学问题的机制方面，他们也是除了简单的分析外，不能准确表达自己的思想，不能完整地解决问题。许多人靠加倍的努力来改善这一状况，结果却是在药柜上开了更多的匣子。

三、科学方法中心论

怎样认识科学知识与科学方法的关系？长期以来，科学教育界一直对这个问题进行深入的探讨并逐渐形成了知识中心教育观。其中，理科课程结构图是一种有代表性的观点，如图2-4。[1]

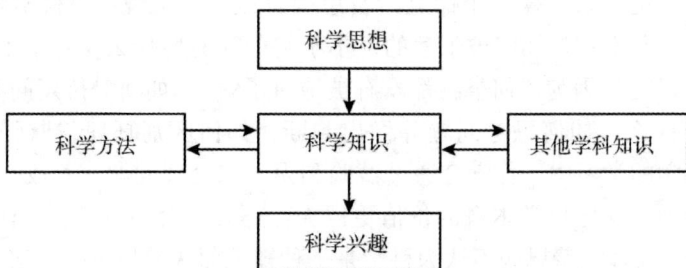

图2-4　理科课程结构图

理科课程结构图形成了上（科学思想）、下（科学兴趣）、左（科学方法）、右（其他学科知识）、中（科学知识）五个区域。这种观点认为，科学知识处于"中心"地位。这里的"中心"，并不是说只强调科学知识而忽视其他，而是说其他要素的落实都要通过科学知识的教与学来进行，而不能另搞一套。[2]

仔细分析理科课程结构图，我们发现这一结构既不符合科学发现认识论的基本法则，又不符合科学教育的逻辑顺序。科学发现认识论认为，现象是科学的根源，在科学发现过程中，科学现象与科学理论并不存在直接关系，科学现象要借助于科学方法的参与才能进一步形成科学理论。同样，科学理论的应用也不是直接完成的，它需要科学方法的介入才能成功解决问题，科学教育同样也是如此。因此，我们建构了基于"科学方法中心"的知识－方法结构图，如图2-5。我们认为这样的结构图才能准确地反映出科学知识与科学方法的关系。

---

①　郑长龙. 国际理科课程改革的思考 [J]. 外国教育研究，2002，6：23-31.
②　郑长龙. 国际理科课程改革的思考 [J]. 外国教育研究，2002，6：23-31.

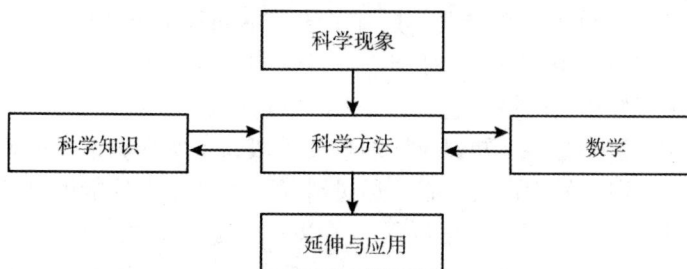

图 2 - 5 知识 - 方法结构图

图 2 - 5 表明,知识—方法结构图主要包括五个部分:科学现象、科学知识、科学方法、数学以及延伸和应用。科学方法处于结构图的中心,分别与其他四个部分相联系。图中的箭头表示了不同部分之间的相互关系,不同部分之间也会发生联系,但这种联系须经由科学方法才能实现,科学方法起到桥梁和纽带的作用。从科学教育的实践来看,科学教育过程主要体现在知识—方法结构的两个认识途径上。

首先,在科学教育中,从科学现象出发,必须经过科学方法的加工整理才能获得科学知识,科学方法是科学现象通达科学知识的必经之路,既不可或缺,也无法逾越。这一认识途径反映了科学知识的获得过程,可以表示为:科学现象→ 科学方法→ 科学知识。这就是说,科学方法是获取科学知识的重要手段,学生只有掌握了科学方法,才能更快捷地获取科学知识。教学中只有借助于科学方法,才能使教学活动得以顺利进行。比如牛顿第二定律的建立,就需要应用实验法、控制变量法、图像法、曲线改直法、比例系数法等科学方法。显然,科学方法与科学知识形成了"源"与"流"的关系。

通过对科学方法的不断了解、积累和熟练,就能使学生形成一种借助于科学方法获取科学知识的心理定势。这样,学生就能够以快捷的速度去获取知识,进而在头脑中形成认知结构,深刻地领会和掌握知识,牢固地记住知识。还可以使学生产生一种对问题的敏感性,并能够用科学方法迅速地抓住问题的要害,找出解决问题的途径。这样一种心理定势,就是学生能力的表现。所以掌握科学方法,与学生能力的发展直接有关。[①] 因此,科学知识只有借助于科学方法才有生命力,才能显示出其内涵、色彩,格调,才能显示出其内在的理由、作用和功能,学习过的知识才能真正活起来,这样才能提高学习效率。

不仅如此,学生要理解科学知识的内容,同样离不开科学方法。比如,许多物理量是通过比值法来定义的,如 $\rho = m/v$。这种定义方法只给出了物理概念之间的量的关系,没有明确这些概念中有哪些因果关系。只有进一步从本质上弄清比值定义法的内涵,才能使学生真正明白密度只决定于物质本身固有特性的性质。不把握好这一点,就容易得出"物质的密度与质量成正比,与体积成反比"的错误理解,这

---

① 高凌飚. 在物理教学中应重视科学方法教育 [J]. 物理教师, 1992, 4: 1 - 4.

是初学物理的学生常犯的一个错误。只有了解了不同科学方法的本质区别与联系，了解了这些方法得以使用的条件，才能弄清科学知识的内涵以及不同层次知识之间的关系，从而形成知识的网络，达到对知识的真正理解。①

其次，科学方法还是科学知识应用的重要手段，是实现科学知识智力价值的桥梁。进一步说，从科学知识出发，必须通过科学方法的中介才能解决实际问题。这一认识途径反映了科学知识的应用过程，可以表示为：科学知识→ 科学方法→ 延伸与应用。仍以牛顿第二定律为例，在应用该定律解决实际问题时，就需要用到整体法、隔离法、正交分解法、图像法等科学方法。

科学教育中的知识应用认识途径表明，科学的概念、定律等知识是人们赖以进行科学思维的基本细胞，没有科学知识，所谓智能活动就成为没有内容的空壳，是不可能存在的。但是，只有知识还不行，还必须有一定的方法或途径，使这些知识与科学的问题相互沟通，对知识进行选择、组合、运用，才能解决问题，形成智力活动。教学中，学生如果没有学会通过科学方法在自己的头脑中把大量的知识编织成一个层次清晰、逻辑严密的结构或网络，就无法不断接收、容纳新的信息，就无法不断完善自己的知识系统。借助于科学方法，当学生解决实际问题时，才能够迅速检索各种各样的认知策略，而无需搜肠刮肚地对照做过的题型，才有可能在处理前一个步骤时就在大脑中预知下一个步骤，根本无需暗暗回忆各种题型再思量其意义。即使学生进行创造性活动，也能凭直觉而非经验去探索正确的解决途径。

最后，科学方法作为科学的思维方式和行为方式，还蕴涵着能力价值。学生一旦将科学方法内化为自己的思维方式和行为方式，就能很好地促进能力的发展。浙江省教育厅教研室从 1989 年开始，积极推动广大教师结合教学实践，开展科学方法教育的研究。经过多年的探索，他们得到的结论是："方法是通向能力的桥梁，能力既依赖于知识，更依赖于方法。在某种意义上，方法本身是能力的一部分。能力培养可以从强化方法教育入手。"②上海市总结 20 世纪 90 年代以来课程改革经验得出的结论是："能力与方法是密切联系的。一般地说，人们完成某方面任务能力的强弱，是与掌握方法的自觉程度与熟练程度密切相关的。可以认为，方法是能力的'核心'，是对能力起决定性作用的因素。"③ 这充分说明了科学方法在科学教育中处于中心地位。

综上所述，把知识本身作为教学目标，还是把知识作为工具和手段以掌握科学方法作为教学目标，这体现了两种完全不同的教育思想和教育结果。按照现代教育观，作为人类认识结果的知识固然重要，但探求结果的科学方法更加重要。因此，现代教育更关心怎样使传授知识的过程成为掌握科学方法、开发学生智慧的过程。④

---

① 高凌飚. 在物理教学中应重视科学方法教育 [J]. 物理教师，1992，4：1 - 4.

② 浙江省教育学会中学物理教学分会. 高中物理方法教育研究 [M]. 杭州：浙江教育出版社，1995：2.

③ 张民生. 中学物理教育学 [M]. 上海：上海教育出版社，1999：32.

④ 袁振国. 反思科学教育 [J]. 中小学教育，1999，12：2 - 4.

因此，从知识中心向方法中心转变，是科学教育理论与实践发展的必由之路。

四、科学方法教育的实施

如何在科学教育中实施科学方法教育？我们提出如下建议。

1．课程标准应当把科学方法作为课程内容

课程标准是编写教材的指导性文件。在制定中，除了要考虑科学的基本概念、基本规律、基本实验以外，还应当把科学方法作为课程内容之一，把科学方法放到重要的地位。这既是科学教育规律的必然要求，同时也是课程标准制定中课程目的与课程内容相互对应的逻辑体现。

科学方法虽然与科学知识相互依存，但又有一定程度的相对独立性。科学方法与科学的概念、规律等科学知识一样具有独立的体系。因此，科学方法是客观存在的，具有客观实在性，也就毋庸置疑地成为科学课程内容。

科学方法教育既需要潜移默化地熏陶，又需要进行着意训练。在当前科学教育普遍忽视科学方法的情形下，尤其应当给予科学方法以特别的重视，在制订知识教学目标的同时，制订出相应的科学方法教育目标。要明确不同阶段科学方法教育的重点、难点，对于不同的科学方法，提出不同的要求并结合学生的认知水平和具体的教学内容，制订出可操作的培养计划。

2．教材编写应当显化科学方法

教材作为一个教学基本内容的书面材料系统，对于安排教学过程以形成学生的认知结构、能力结构和品格结构具有知识载体、教学指导和实用参考的作用。可以说，教材体系以什么为核心，在最基础的层次上决定着教育的质量。

受到科学知识中心论的影响，长期以来我国的科学教材通常对科学知识采用显性处理，而对科学知识的内在关系和科学方法采用隐性处理，即不在课文中写明。这种处理方式的出发点是让学生在学习过程中自己去感悟，但实际上由于科学方法的隐蔽性特点，很多教师尚且不能充分了解教材中科学方法的全貌，更何况处于学习阶段的学生。因此，教材的隐性处理方式就造成了科学方法教育的放任自流，从而影响了科学方法教育的效果。

教材编写显化科学方法，并不是说脱离开具体的知识而只讲方法，而是说应当强调、突出科学方法，按照科学方法所展示的路子去编写教材。采用科学方法的显化方式来编写教材，逻辑明确，脉络清晰，容易使学生在学习中建立良好的认知结构，并形成有序的知识结构。这样培养出来的学生往往具有很强的分析问题和解决问题的能力，这正是素质教育所追求的目标。

3．按照科学方法的逻辑设计教学程序

我们目前的教学，往往是从传授知识的角度来设计教学的程序。这样做虽然也能使学生从中学到一些科学的方法，但学生对科学方法的理解往往是表面的、肤浅

的并且是零星的、不连续的，收效甚微。

如果按照科学方法的逻辑去组织教材，安排教学进程，即把方法教育作为教学活动的核心，则情况就大不一样。比如，"欧姆定律"的教学可以这样设计：如何研究问题（实验法）→ 如何实验（控制变量法）→如何分析实验数据（图像法）→如何得出定律的表达式（经验公式法）。显然，科学方法贯穿于整个教学的过程。

这样来进行"欧姆定律"的教学，把科学方法体现在知识的认知过程中，按照学生的认知模式进行教学，使学生清楚地了解到教学的过程，进而引导学生去经历这一过程，从而使学生真正领略到科学方法和科学知识的内涵，并得到能力的提高。

4. 让学生应用科学方法解决实际科学问题

在科学教育中进行科学方法教育，必须结合实际问题进行。这是因为，科学方法的真正掌握，必须要在探索和发现之中进行，这正是科学方法与科学知识的不同之处。

科学知识既可以运用接受学习模式教学，又可以运用发现学习模式进行教学，而科学方法必须运用发现学习模式才能使学生真正掌握。学生不亲自经历运用科学方法进行发现的探索，就很难发现科学方法的关键与要素，更难于体会科学方法某些可以意会、难以言传的奥妙之处。而这种探索的过程，正是学生将科学方法内化为自己认知图式的过程。一旦学生完成这一过程，科学方法便成为学生认知结构中的"信息"单元，就可以随时调用，从而得到能力的发展。

因此，为了使学生掌握科学方法，在科学教育中，必须创设良好的认知情境，让学生主动地观察、讨论、思考、实验，并对学生的探索进行指导，使学生沿着科学的思路与方法去探索，从而在不知不觉之中掌握其中所运用的科学方法。

第二节　课程改革背景下的科学方法教育

科学方法教育，如同物理教学中的其他基本问题一样，总是随着人们对其本质认识的深入而逐步发展的。物理教学的历史表明，人们重视科学方法，正是由于它在物理教学中所具有的独特、甚至是不可取代的重要作用。特别是新一轮物理课程改革把"过程与方法"作为课程目标以来，人们对科学方法给予了更多的关注。然而，尽管这项改革一直在进行，可是人们对于科学方法教育的争论，却未曾止息过。

物理教学中的科学方法教育，可以说是物理教学中不清楚的问题之一。自从伽利略首创实验、科学思维和数学演绎三者巧妙结合的科学方法以来，人们一直把科学方法作为物理学的基础加以研究。但是，在物理教学领域，科学方法的教育价值、科学方法的教育内容以及科学方法的教育方式问题，人们却有意无意地忽略了。这种情况到目前为止，可以说基本上没有什么改变。虽然许多物理教育工作者在这方面做了一些工作，推进了这项研究的发展。然而，还应当清醒地认识到，当前我国物理课程改革的重要基础之一，即科学方法教育问题，依然未能得到很好的解决。

这个研究工作的目的，就是一方面从科学方法教育研究的已有成果出发，去重新审视科学方法教育存在的问题，另一方面，尝试从新的理论视角，去揭示科学方法教育的规律，以期对当前物理课程改革以有益的启示。

一、科学方法的教育价值

为什么要在物理课程改革中强调科学方法教育？对此，普通高中和义务教育《物理课程标准》均并未给出明确的回答。当前，对这一问题的认识，主要体现在《物理课程标准》的有关解读中。

《物理课程标准》解读指出："物理能力是顺利解决物理问题的个体心理特征。物理能力的基本要素是物理知识和物理技能，对知识的深刻理解和对技能的熟练运用从而形成知识和技能的广泛迁移，即成为能力。学习物理学的方法对物理能力的形成具有积极的作用。"[①]显然，这就把科学方法排除在物理能力要素之外，而只是认为对物理能力的形成具有积极作用。应当说，这种观点不仅对科学方法教育价值的理解存在偏差，而且与我国物理教学改革实践所得出的结论也不一致。

科学方法不仅是物理能力的要素，同时还是物理课程的重要内容。科学方法作为人们认识和改造客观世界的实践活动中总结出来的正确的思维方式和行为方式，作为一种基本的研究途径、方式，它与物理学的概念、规律等一些知识的东西是相平行的，包含在物理学的范畴之中。与知识不同的是，科学方法涉及的不是物质世界本身，而是人们认识物质世界的途径与方式，是高度抽象的。因此，科学方法并不直接由物理知识内容来表达，而是有它自己独特的表达方式。可以说，科学方法也是一种"知识"，而且是一种比概念、定理、定律、公式这类知识更加抽象和隐蔽的"知识"。因此，作为与物理知识相平行的"知识"，科学方法就无庸置疑地成为物理课程的内容。

明确把科学方法作为物理课程的内容具有重要意义。既然是物理课程的内容，科学方法就应当有明确的教学目标与教学要求，包括：教什么、教多少、教到什么程度、如何评价教学效果等，这就把科学方法教育引向了深入。

科学方法不仅是物理课程的内容，而且还是获取物理知识的途径和手段，是理解物理知识的纲领和脉络，是应用物理知识的桥梁。从知识结构形成的角度看，科学方法作为一种基本的研究方式，纵横交错、贯穿于整个知识领域之中，把不同的知识相互联系起来从而形成知识结构。从认知结构形成的角度看，只有通过科学方法的参与，才能使客观存在的知识结构转化为学生头脑中的认知结构。通过学生对新知识的加工、组织、简化、记忆、系统化重建及应用等过程，原有的认知结构会演变为更加清晰牢固的新的认知结构。

---

① 廖伯琴等. 中学物理课程改革的目标与实施［M］. 北京：高等教育出版社，2003：53.

所以，在教学中，要让学生学会通过科学方法在自己的头脑中把大量的知识编织成一个层次清晰、逻辑严密的结构或网络，不断接收、容纳新的信息，不断完善自己的知识结构。因此，物理教学效果的好坏，在很大程度上取决于是否使学生学到了物理学的思想和方法。

按照现代教育观，作为人类认识结果的知识固然重要，但探求结果的科学方法更加重要。因此，现代教育更关心怎样使传授知识的过程成为掌握科学方法、开发学生智慧的过程。如果学生学习了一门学科，但没有掌握科学方法，那么，充其量只能说他们学过了这门学科，而不是掌握了这门学科。

二、科学方法的教育内容

科学方法的教育内容，是当前物理课程改革中被忽视的另一个重要问题。

物理课程整体上是由物理知识和科学方法组成的。也就是说，物理知识与科学方法在物理课程体系中的表现形式应当是一致的。然而，《物理课程标准》对于物理知识与科学方法的处理却并不如此。比如，高中《物理课程标准》中有 174 个知识点，初中《物理课程标准》中有 114 个知识点，不仅数量清楚，而且内容与要求一目了然。但初、高中《物理课程标准》中却没有科学方法的相关内容。

为了进一步研究这个问题，我们分析了高中《物理课程标准》，其"过程与方法"的课程目标是：

（1）经历科学探究过程，认识科学探究的意义，尝试应用科学探究的方法研究物理问题，验证物理规律。

（2）通过物理概念和规律的学习过程，了解物理学的研究方法，认识物理实验、物理模型和数学工具在物理学发展过程中的作用。

（3）能计划并调控自己的学习过程，通过自己的努力能解决学习中遇到的一些物理问题，有一定的自主学习能力。

（4）参加一些科学实践活动，尝试经过思考发表自己的见解，尝试运用物理原理和研究方法解决一些与生产和生活相关的实际问题。

（5）具有一定的质疑能力，信息收集和处理能力，分析、解决问题能力和交流、合作能力。[①]

进一步，在《物理课程标准》的内容中，也只有知识而无科学方法。以高中物理共同必修模块的物理 1 "相互作用与运动规律"的内容标准为例：

通过实验，探究加速度与物体质量、物体受力的关系。理解牛顿运动定律，用牛顿运动定律解释生活中的有关问题。通过实验认识超重和失重现象。通过实验测量加速度、力、质量，分别做出表示加速度与力、加速度与质量的关系图像，根据

---

① 中华人民共和国教育部. 全日制普通高级中学物理课程标准（试验修订版）[M]. 北京：人民教育出版社，2000：9.

图像写出加速度与力、质量的关系式。体会探究过程中所用的科学方法。①

"探究过程中所用的科学方法"是什么？显然，《物理课程标准》并未给出。这种对科学方法的处理方式在《物理课程标准》中比比皆是。

这种情况就导致长期以来我国物理教材一直对物理知识采用显处理，即明确表达出来；而对科学方法则采用隐处理，即不明确表达出来。因此，教师在科学方法教育中更多地采用隐性方式。即不明确指出科学方法的名称，不明确揭示科学方法的内涵，不明确展开科学方法的过程。由于隐性教育不能使学生获得对科学方法的理性认识，不能使学生有意识地学习科学方法，不能让学生自觉地以科学方法为指导来加深对知识的理解，因此，就容易使"过程与方法"维度虚化并导致科学方法教育的方式不甚明朗。

我们认为，产生这种现象的根本原因就在于科学方法的隐性教育方式。虽然《物理课程标准》把科学方法作为课程目标加以确定，但在《物理课程标准》中却并无科学方法的内容与要求。这种情况就导致科学方法教育成为"无源之水，无本之木"，从而影响了科学方法教育的效果。

由于科学方法往往隐藏在物理知识背后，支配着物理知识的获取。因此，每一个物理概念、规律的得出，都离不开科学方法的参与。换句话说，科学方法是"因"，而物理知识则是"果"。所以，科学方法与物理知识之间就客观存在着一种"对应"关系。正是基于这种"对应"，才使得我们可以把科学方法教育内容"显化"。

"对应"原则的基本思想是：由物理知识合乎逻辑地分析出相应的科学方法。即物理知识→科学方法。根据对应原则，我们把高中《物理课程标准》中所涉及的主要科学方法加以统计，结果表明，应用次数较多的科学方法有如下8种，如表2－2所示。

表2－2　高中《物理课程标准》所涉及的主要科学方法

序号	科学方法	频数	序号	科学方法	频数
1	演绎推理法	36	5	控制变量法	10
2	实验归纳法	24	6	乘积定义法	10
3	理想化方法	16	7	比例系数法	5
4	比值定义法	13	8	近似方法	2

表2－2中的科学方法是高中物理教学中的主要科学方法。显然，教学中应该着重加强这些方法的教育。需要指出的是，表2－2中的方法只是科学方法教育内容的一部分，还有另一类科学方法并未涉及。

---

① 中华人民共和国教育部. 全日制普通高级中学物理课程标准（试验修订版）[M]. 北京：人民教育出版社，2000：13.

长期以来，对于科学方法，人们往往把强认知方法（strong cognitive methods）与弱认知方法（weak cognitive methods）混为一体。强认知方法是特定专业领域的独特认知方法，往往与专业知识紧密结合，不容易区分。弱认知方法是可以被运用到各种问题解决过程中的一般策略和方法。这种情况就造成了科学方法分类的混乱，使科学方法教育内容问题迟迟得不到解决。比如，《物理课程标准》的解读提出：物理课程中经常涉及的物理方法有：观察方法、实验方法；比较与分类方法、分析与综合方法、抽象与概括方法、归纳与演绎方法；类比方法、理想化方法、对称方法；数学方法；公理化方法、假设方法等。[①] 显然，这就把强认知方法与弱认知方法混淆起来了。

我们认为，在物理教学中，强认知方法就是物理方法（如表 2－2 中的方法），这类科学方法往往需要通过传授才能使学生掌握。而弱认知方法就是思维方法（包括分析、综合、抽象、概括、判断、推理、假设、分类等），这类科学方法则需要训练才能使学生掌握。显然，只有从理论上厘清科学方法的不同种类，才能在教学中有针对性地进行科学方法教育。

三、科学方法的教育方式

新一轮物理课程改革为了对学生进行科学方法教育，增加了一些基本的探究实验活动，使学生有更多的机会去经历探究活动以获得对知识的深入理解，掌握解决问题的方法。因此，《物理课程标准》强调通过科学探究，使学生经历基本的科学探究过程，学习科学探究方法，发展初步的科学探究能力，形成尊重事实，探索真理的科学态度。但怎样把科学方法作为物理知识的脉络去组织教材，安排教学进程，让学生在不知不觉中沿着科学的思路去感知、去品味、去体验、去思考科学方法，在不知不觉之中领略到其中所应用的科学方法，大多数物理教师并不清楚。

当然，目前物理课程改革中存在的问题，并不在于根本没有进行科学方法教育，问题在于：①不清楚科学方法的教育价值，导致在物理教学中，教师不能有意识地对学生进行科学方法教育，甚至完全忽略了科学方法。②不清楚科学方法的教育内容，以致教师在教学中不知道应当向学生传授多少科学方法，传授哪些科学方法。③不清楚科学方法的教育方式，致使在物理教学中，科学方法与物理知识经常存在脱节现象。就是说，物理知识本来应当运用科学方法合乎逻辑的推导出来，然而，学生并未能感受到这种逻辑力量。④不清楚科学方法的内涵。例如，很多物理教师不清楚比值定义法的本质。对于为什么要用两个物理量相比来定义一个新的物理量，几乎很少有物理教师能正确回答出来。

我们认为，解决学生科学方法素养低的有效措施就是进行科学方法显性教育。显性教育方式是在进行科学方法教育时，明确指出科学方法的名称，说明科学方法

---

① 廖伯琴，等. 中学物理课程改革的目标与实施［M］. 北京：高等教育出版社，2003：53.

的原理，揭示科学方法的本质与科学方法的操作过程。教师有意识地公开宣称进行科学方法教育，学生处于有意识地接受科学方法的状态。

基于此，我们尝试寻找一种恰当的教育方式，在显化科学方法的同时，进行科学方法教育方式的创新，使学生对科学方法的了解是切中要害的。我们认为，这就是结合科学方法的物理概念与规律教学。

概念与规律既是物理教学的核心，又是学生物理学习的起点。从核心着手贴近教学本质，从起点出发符合认知顺序。事实上，物理知识与科学方法本来就是一种水乳交融的关系，每一个概念与规律的得出，都自始至终贯穿着科学方法。因此，只有通过结合科学方法的物理概念、规律教学，只有使学生在每一个物理概念、规律得出过程中真切体会科学方法的作用，物理知识才能真正被学生所掌握。

在物理概念、规律教学中，把物理知识与科学方法相"结合"从而实施科学方法教育，是科学方法教育方式的创新。由于物理概念与规律的得出不仅与物理方法密切相关，而且与思维方法密切相关，并且两种方法通常交织在一起，因此，这种"结合"就既表现为与物理方法结合，又表现为与思维方法结合。仍以高中物理"相互作用与运动规律"为例，如果进行科学方法的显化教育，则内容标准中就应当既包括物理知识又包括科学方法。

通过实验，探究加速度与物体质量、物体受力的关系（控制变量法）。理解牛顿运动定律，用牛顿运动定律解释生活中的有关问题（隔离体法）。通过实验认识超重和失重现象。通过实验测量加速度、力、质量，分别做出表示加速度与力、加速度与质量的关系图像（做图法，曲线改直法），根据图像写出加速度与力、质量的关系式（经验公式法）。体会探究过程中所用的科学方法。[①]

显然，这种处理方式就使"探究过程中所用的科学方法"从"隐性"变为"显性"。把物理概念和规律与"显化"的科学方法结合在一起，就既凸显了科学方法的内涵、色彩，格调，又凸显了科学方法内在的理由、作用和功能，这样学生学习过的物理概念和规律才能真正活起来。正是在这个意义上，我们认为把物理知识与"显化"的科学方法相结合，不仅能使学生更好地掌握物理知识，而且也能很好地对学生进行科学方法教育。

进一步，教师还要讲授其中所运用的思维方法。包括假设、分析、综合、推理等。因为思维方法是建立在严密的逻辑联系之上的，而逻辑是不能用通常的感觉器官去体验的东西，它是一种特殊的心理体验，通过它可以将新旧经验和新旧知识连接起来，而这种连接往往需要教师讲解才能使学生逐步体会。

在科学方法教育研究中，我们致力于科学方法教育的深化研究，尝试在"能力要素"取向的基础上形成对科学方法教育价值的新认识，在"对应原则"取向的基

---

① 中华人民共和国教育部. 全日制普通高级中学物理课程标准（试验修订版）[M]. 北京：人民教育出版社，2000：13.

础上形成对科学方法教育内容的新认识，在"显化教育"取向的基础上形成对科学方法教育方式的新认识。以关注"知识生成"、回归"方法本质"的方式重新思考和理解科学方法教育，尝试提出物理科学方法教育的理论观点，希望成为物理科学方法教育重要的理论和实践生长点。

第三节　科学方法纳入基础教育课程标准

2001 年教育部颁布《基础教育课程改革纲要（试行）》（下称《纲要》），由此拉开了我国基础教育课程改革的序幕。《纲要》将"知识与技能""过程与方法""情感态度与价值观"作为课程目标，体现了课程改革的理念。但进一步的研究发现，科学方法并没有纳入各学科《课程标准》中，这就使得科学方法仅仅成为课程目标的"标记"而未成为课程内容。

为什么课程改革会出现如此疏漏？造成这种现象的原因是什么？为什么这一问题始终未能得到有效解决？围绕着对这一重大理论问题的追问，就构成了本节所要研究的主旨。

一、科学方法纳入《课程标准》的内禀研究

何谓科学方法？有一种观点认为："过程与方法的含义有 3 条：指某一学科的探究过程与探究方法；指达到教学目的或获得所需结论而必须经历的活动程序；指学生接受知识以及发现问题、分析问题和解决问题的过程。"[1] 细究这种观点，我们发现，这种表述仍然停留在对"过程与方法"的同意反复，未能给出清晰、明确且可操作的界定。

科学方法是人们认识和改造客观世界的实践活动中总结出来的正确的思维方式和行为方式。[2] 作为一种基本的研究途径、方式，科学方法与科学的概念、规律等一些知识性内容是相平行的，包含在科学的范畴之中。与知识不同的是，科学方法涉及的不是物质世界本身，而是人们认识物质世界的途径与方式，是高度抽象的。因此，科学方法并不直接由学科知识内容来表达，而是有它自己独特的表达方式，而且它比概念、定理、定律、公式这类知识更加抽象和隐蔽。[3] 由于科学方法的这些特点，当前对课程目标的研究就不能再停留于一般性的课程论层面或心理学层面，还需要从学科教学的实践出发，给"过程与方法"课程目标以富有实践力的关照。因此，以学科教育的视角审视，科学方法作为基础教育各学科的重要课程内容，理当成为"过程与方法"课程目标的核心内容。

---

① 朱慕菊. 走进新课程：与课程实施者对话 [M]. 北京：北京师范大学出版社，2002：117.

② 涂艳国. 简论科学教育的基本要素 [J]. 教育研究. 1990.（9），63－66.

③ 高凌飚. 中学物理课程论 [M]. 上海：上海教育出版社，1999：138－150.

这是因为，科学的概念、定律等知识是人们赖以进行科学思维的基本细胞，没有科学知识，所谓智能活动就成为没有内容的空壳，是不可能存在的。但是，只有知识仍不足，还必须有一定的方法或途径，通过方法对知识进行选择、组合、运用，使这些知识与科学的问题相互沟通，才能解决问题，形成智力活动。① 在这个意义上，科学方法可谓是人们赖以进行科学思维的神经细胞，是支配科学概念、定律等科学思维基本细胞的"细胞"。在这个意义上，科学方法对于基础教育课程的重要性由此可见一斑。

近年来国际上的研究指出：科学素养作为国际科学教育的核心目标，科学方法是其重要内容。② "Soroka 等认为，科学方法价值是显而易见的，它能引起学生兴趣，激发创造力，让他们更好地理解科学是什么，科学能干什么而又不能干什么。它让学生明了人们如何使用科学来解决问题。教育学生识别迷信等伪科学。但是在科学教育实践中却存在很多不足。③ 科学哲学家皮尔逊认为："科学方法是通向整个知识区域的唯一门径。"他说："科学方法是我们能够藉以达到知识的唯一道路。其他方法可能处处导致像诗人或形而上学家那样的幻想，导致迷信或信仰，但永远不会产生知识。"④ 所以，当今许多国家和地区在制订课程目标时，都将科学方法列为目标之一。

在科学教学中，把知识本身作为目的，还是把知识作为工具和手段以掌握科学方法为目的，这是两种完全不同的教育思想。科学并不是简单地对自然规律的揭示，更重要的是要找到研究自然规律的方法，或者可以说，一门学科如果不能形成自己的科学方法，就不可能称其为科学。不同学科构建符合自身研究对象特性的形式、符号和数学模型的方法，就是这门学科特有的思维方法和工作方法。⑤

我们目前的基础教育完全没有把科学方法放在特别重要的位置，科学方法至今没有纳入各学科《课程标准》中，便是这种现象的典型例证。这种情况就使得我们的学生虽然掌握了某一学科的许多知识，却不懂得该门学科的科学方法和这种方法的价值，这种现象甚至在大学里也同样存在。由此，我们每位教师不妨自问：自己所教学科的独特科学方法是什么？有哪些？如果学生学习了一门学科，却没有掌握这门学科的科学方法，那么，充其量只能说学生学过了这门学科，而不是掌握了这门学科。

按照现代教育观，作为结果的知识固然重要，但探求结果的方法更加重要。知识本身并不是教育的目的，而是建立科学方法的工具和手段。因此，现代教育观更关心的是怎样使传授知识的过程成为掌握科学研究方法、开发学生智慧的过程。

① 高凌飚. 中学物理课程论 [M]. 上海：上海教育出版社，1999：138－150.
② Kosso P. The Large－scale Structure of Scientific Method [J]. Science & Educatian. 2009，(18)：33－42.
③ Soroka Leonard G. The Scientific Method at Face Value [J]. The Science Teacher, 1990，(9)：57，8.
④ 皮尔逊. 科学的规范 [M]. 北京：华夏出版社，1999：25，54.
⑤ 袁振国. 反思科学教育 [J]. 中小学教育，1999 (12)：2－4

早在课改早期，白月桥先生就曾指出："《纲要》明文规定：要使学生掌握适应终身学习的'基本方法'。因此各科《课程标准》也须体现《纲要》的这一规定。然而，某些《课程标准（实验稿）》却没有在课程目标中纳入方法和方法论的内容，这是一个缺漏。笔者认为，方法、方法论以及能力同属于课程目标体系的第二个层面的目标。各学科课程标准实验稿，总体来看大都缺乏有关本门学科的或普通的方法和方法论的条目内容，这很不利于学生能力的培养，应当总结吸纳我国各学科长期以来丰富的教学法研究成果，把学生可接受的方法和方法论纳入课程目标体系之中。"① 我们认为，这一观点是正确的。而本节正是"把学生可接受的方法和方法论纳入课程目标体系之中"思想付诸研究的系列工作。

二、科学方法纳入《课程标准》的分类研究

《课程标准》缺失科学方法的实质是什么？在回答这个问题之前，我们先引用诺贝尔物理奖获得者杨振宁教授讲过的一则寓言，大抵可以说明了《课程标准》缺失科学方法后"过程与方法"课程目标的性质。

杨振宁教授的这则寓言，讲述的是现代数学家和物理学家之间不同思考方式的故事。

一天晚上，一帮人来到一个小镇。他们有许多衣服要洗，于是满街找洗衣房。突然他们见到一扇窗户上有标记："这里是洗衣房"。一个人高声问道："我们可以把衣服留在这儿让你洗吗？"窗内的老板回答说："不，我们不洗衣服。"来人又问道："你们窗户上不是写着是洗衣房吗？"老板又回答说："我们是做洗衣房标记的，不洗衣服。"②

杨振宁教授所讲的故事是一则深刻的寓言，其本意在于说明数学圈外的人对于数学家"只做标记，不洗衣服"的做法是不赞成的。而当用这则寓言来审视《课程标准》缺乏科学方法的状况时，我们发现这则寓言仿佛是为"过程与方法"课程目标量身打造的，因为正如寓言所寓意，目前基础教育"科学方法"课程目标已经成为一种"只做标记，不洗衣服"的"洗衣房"。

为什么基础教育课程改革中各学科《课程标准》均未纳入科学方法？我们认为，造成这一现象的根本原因在于：目前学科教育界始终没有从理论上弄清楚科学方法的分类，从而导致不能确定科学方法内容。比如，《物理课程标准》解读就曾提出：物理课程中经常涉及的物理方法有：观察方法、实验方法；比较与分类方法、分析与综合方法、抽象与概括方法、归纳与演绎方法；类比方法、理想化方法、对称方法；数学方法；公理化方法、假设方法等。③ 显然，这就混淆了不同类型的科学方法。因为分析与综合属于思维方法，而实验则属于物理方法。

---

① 白月桥. 课程标准实验稿课程目标订定的探讨［J］. 课程·教材·教法，2004，09：3-10.

② 杨振宁. 杨振宁文集［M］. 上海：华东师范大学出版社，1998：745.

③ 廖伯琴，等. 中学物理课程改革的目标与实施［M］. 北京：高等教育出版社，2003：53.

当然，目前科学方法研究中已经有了不同的分类形式。例如，一种分类方式把科学方法分为实验观察方法、逻辑思维方法、数学方法以及非常规方法。^①这种分类方法全面，但层次不够明显，例如逻辑思维方法中理想化和假说法与其他逻辑思维方法是不在同一个层面上。另一种方式把科学方法分为两个层次，第一个层次有观察实验法、思维方法及数学方法，第二个层次是对第一个层次中的思维方法的具体化。^②这种分类的长处是层次分明，而且明确了各层次之间的关系，但不足之处在于把数学方法和观察实验法与思维方法排在同一层面是不妥的。总之，已有的科学方法分类共同的不足之处是缺乏明确的分类标准，而科学方法分类的不清就使得科学方法界定混乱，从而给各学科《课程标准》中纳入科学方法造成了无法逾越的障碍。

在明确了科学方法分类的重要性之后，对科学方法进行合理分类就成为在《课程标准》中纳入科学方法的关键环节。我们认为，与其他教育工作一样，科学方法分类也要遵守教育性原则，即无论任何领域的内容、方法、结构一旦被引入教育领域，都应尊重教育的规律、服从教育的目标，经过"教育性"这个筛子的过滤，从而彰显其教育功能。所以，已有依据科学方法内部特点加以分类的方式不宜采用，科学方法的分类需要采取教育性的分类方式。基于以上研究，我们从科学方法的来源出发，把科学方法做了思维方法和学科方法的第一级分类。其中前者是主观的，是大脑的功能，需要训练才能使学生形成与掌握，后者是客观的，不是大脑的功能，需要传授才能使学生习得与掌握。

把科学方法分为思维方法和学科方法与心理学的研究结果是一致的。心理学的研究认为，方法可以分为强认知方法（strong cognitive methods）与弱认知方法（weak cognitive methods）。强认知方法是特定专业领域的独特认知方法，往往与专业知识紧密结合，不容易区分。弱认知方法是可以被运用到各种问题解决过程中的一般策略和方法。^③显然，学科方法就是强认知方法，例如地理学的调查法、历史学的文献法。这类科学方法指的是某学科所特有的、充分体现学科特点的方法，可迁移性弱。思维方法就是弱认知方法，例如分析综合、抽象概括。这类科学方法是大脑的功能，贯穿于各门学科之中，可迁移性强。可见，这种科学方法的分类方式不仅来源清晰，而且与教育方式在逻辑上是自洽的。它有效避免了将思维方法与学科方法混为一体的分类方式，使科学方法教育内容的研究豁然开朗。^④

科学方法的第一级分类解决了科学方法中思维方法与学科方法的混淆问题，而要在《课程标准》中纳入科学方法还需要对其进行第二级分类。根据课堂教学过程

①　张宪魁. 物理科学方法教育［M］. 青岛：中国海洋大学出版社，2000：23-22.
②　张民生. 中学物理教育学［M］. 上海：上海教育出版社，1999：32，138-151.
③　邓铸. 问题解决的表征态理论与实证研究［D］. 南京：南京师范大学，2009：108-109.
④　陈清梅，邢红军，李正福. 论物理课程改革背景下的科学方法教育［J］. 课程·教材·教法. 2009，（8）：52-56.

与科学方法使用的时空条件，学科方法又可分为获得知识的方法和应用知识的方法。思维方法依据其性质，又可分为逻辑思维方法与非逻辑的思维方法两种。按照这一研究思路，我们得到了系统化的科学方法分类结构体系。如图2-6所示。

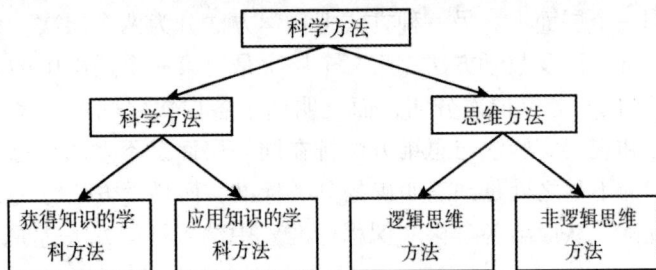

图2-6　科学方法分类结构图

这种分类不仅使科学方法教育内容进一步明确，并且也使科学方法内容的显化顺理成章。

三、科学方法纳入《课程标准》的实证研究

在具体的学科教育层面，正是对科学方法分类的混淆造成了科学方法教育的虚化。尽管如此，学科教育工作者仍在努力践行科学方法纳入《课程标准》的研究工作。比如，有化学教育学者对普通高中化学新《课程标准》必修课程和选修课程模块"内容标准及活动与探究建议"中有关科学方法的内容做了统计和对比，见表2-3。

表2-3　高中化学《课程标准》中常用科学方法运用分模块列表

科学方法	化学1	化学2	化学反应原理	有机化学基础	物质结构基础	化学与生活	化学与技术	实验化学	汇总	占总百分比/%
参观、观察法	2	—	1	4	2	—	6	1	16	9
实验法	11	8	10	10	3	4	3	7	56	29
调查、文献法	6	11	8	2	4	14	8	1	54	28
比较、分类法	3	1	—	4	8				16	9
归纳、演绎法	1	1	2	1	4				10	5
模型法	1	2		1	4				9	5
假说法	1								1	1
常用数学方法	2		1				1	1	5	3
化学学科方法	2	3		4	—	1	2	9	21	11

由表2-3作者分析得出4点结论：①高中化学科学方法教育主要采用参观、观察法，调查文献法及实验；②数学方法采用较少；③化学方法采用偏少；④有利于培养学生创造性思维的科学方法运用较少。

我们认为，作为一种科学方法纳入《课程标准》的探索，上述工作是值得肯定的。但由于其科学方法教育内容体系的建构基于哲学方法、各门科学的一般研究方法、学科特殊的具体的研究方法，这就导致其科学方法的分类不清。同时，表2-3中有关科学方法内容的统计和对比工作也缺乏依据。这将导致"由于科学方法教育的目标和内容体系不确定，实施缺乏计划性、系统性和层次感，使得科学方法教育的随意性和盲目性较大，实效性很差"①。

针对这一现状，我们认为，在已有"两级分类"的基础上，采用恰当的显化原则就可以确定《课程标准》中科学方法的内容。老一辈学科教育家乔际平先生最早提出：科学知识的得出总是与一定的科学方法相联系的。② 我们汲取了这一"对应"思想的内核，针对获得知识的科学方法，提出了方法显化的"对应原则"。即每个知识的获得总是对应于获得过程中使用的一系列物理方法。依据这一思路，我们以初中物理为例，显化了初中《物理课程标准》中获得物理知识的物理方法有8种（表2-4所示）。③

表2-4 初中获得物理知识的主要方法

物理方法	次数	物理方法	次数
直接定义法	30	实验归纳法	14
比值定义法	11	乘积定义法	5
控制变量法	5	等效法	2
演绎推理法	3	理想化方法	2

对于知识应用过程中的科学方法，由于同一种知识可以对应无数问题情境，不同的情境需要用到不同的方法，所以"对应原则"就不再有效。有鉴于此，我们提出了显化应用知识过程中科学方法的"归纳原则"，即通过对应用知识的情境与解决问题所使用的科学方法进行归纳，从而显化科学方法的内容。依据这一研究路径，我们同样以物理课程为例，显化了初中应用物理知识的科学方法14种（表2-5）。④

---

① 濮江，樊敏. 高中化学科学方法教育的内容、现状及实施建议［J］. 教育科学研究，2011，（1）：58-61.
② 乔际平，张宪魁. 初中物理教材的选择与分析［M］. 北京：高等教育出版社，1993：99.
③ 付洪艳. 初中物理科学方法教育内容的研究［D］. 北京：首都师范大学，2009：15-21.
④ 乔通. 初中物理知识应用过程中的物理方法教育内容研究［D］. 北京：首都师范大学，2012：20-25.

表2-5　初中应用物理知识的主要方法

物理方法	次数	物理方法	次数
演绎推理法	30	假设法	7
隔离法	14	等效法	7
理想模型法	13	转换法	6
比例法	9	图示法	5
整体法	8	极值法	3
控制变量法	8	对称法	3
图像法	8	类比推理法	2

根据以上研究，我们以初中物理"声和光"为例，阐述科学方法纳入《课程标准》的具体方式，如表2-6所示。①

表2-6　初中物理"声和光"中科学方法纳入《课程标准》的方式

序号	物理知识	物理方法	
		获得物理知识的方法	应用物理知识的方法
1	声音的发生及传播 乐音及噪声	实验归纳法、直接定义法	控制变量法、转换法
2	光的直线传播 光的反射 光的折射	简单枚举归纳法、实验归纳法	理想模型法、作图法、类比推理法、比例法
3	平面镜成像 透镜对光的作用 凸透镜成像及应用	实验归纳法、几何作图法	理想模型法、作图法、对称法、隔离法

上述研究不仅说明了科学方法教育内容显化的有效性，而且说明在各学科《课程标准》中纳入科学方法教育内容是可行的。如此，就使得"过程与方法"课程目标成为与"知识与技能"课程目标在课程内容上平行的课程目标。这样，就在《课程标准》层面上为科学方法教育提供了理论前提，从而为进一步贯彻落实科学方法教育提供了政策化的保障。

与学科方法不同的是，思维方法往往体现在探索与发现科学知识与学科方法之中，不亲历这种过程，就难于体会其中"只可意会，难以言传"的奥妙之处，而这正是学科方法可以采用传授教学方式，思维方法必须对学生进行训练的道理之所在。由于思维方法是大脑的功能，是生成性的，因此，不宜将学科方法纳入《课程标准》的方式简单地迁移到思维方法上，而需要以一种更加恰当的方式将思维方法纳

①　付洪艳. 初中物理科学方法教育内容的研究［D］. 北京：首都师范大学，2009：15-21.
　　乔通. 初中物理知识应用过程中的物理方法教育内容研究［D］. 北京：首都师范大学，2012：20-25.

入《课程标准》之中。

有学者指出："无论是专门的思维课程还是已有的学科教学，如果要使思维教学得到大规模的推广和普及，尤其是使思维能力的培养真正成为教育教学的核心目标和最终追求，并贯彻落实在课程教学的实施过程中，就必须在国家课程文件中明确培养学生思维的总体目标和阶段性目标，并在各学科的课程目标和教学大纲中详细列出各种思维能力培养和发展的学段和操作性要求。"① 我们认为，这一观点无疑是正确的。

四、科学方法纳入《课程标准》的应用研究

在明确科学方法的教育内容并将科学方法纳入《课程标准》之后，探讨科学方法的教学方式就成了关乎科学方法课程目标能否真正落实的关键问题。以下分别从教材编写、教学模式、教学过程三个层面进行探讨。

1. 科学方法的教材编写

教科书编写是科学方法教育异常重要的层面。教材作为一个教学基本内容的书面材料系统，对于安排教学过程以形成学生的认知结构、能力结构和品格结构，具有知识载体、教学指导和实用参考的作用。基于科学方法的显化理论，我们提出了科学方法融入教材编写的显化观点。②

所谓显化，是指在教材编写时，应当明确指出科学方法的名称，传授科学方法的内容，揭示科学方法的形式，挖掘科学方法的内涵，说明科学方法的使用。亦即把科学方法视为知识的脉络，按照科学方法的逻辑去组织教材内容，形成知识的逻辑链条，进而形成知识结构。这样进行教材编写，才能使学生学会通过科学方法在自己的头脑中把大量的知识编制成一个层次清晰、逻辑严密的结构或网络，才能不断接收、容纳新的信息，从而不断完善自己的知识系统。

我国传统教材编写通常对知识点的逻辑联系采用显处理，而对知识的内在关系和科学方法，特别是对科学方法采用隐处理，即不在课文中写明，而是让学生在学习过程中自己去领悟。③ 但是对于"悟"什么，则语焉不详。

遗憾的是，到目前为止，人们对于教材编写的认识仍然停留在知识中心的层面。这种观点认为：多数教科书都是以知识为线索来规划全书的，章节的设置大都按知识体系编排而成。在一节课中，教学内容的逐步展开，很多情况下也是以知识为线索的。方法则不是针对一个具体事物的，它是从许多同类事物中概括出来的。然而，方法的存在依赖于具体的事物，如果没有具体问题的支持而空谈方法，这些"方法"只能是空洞的条文。因此，我们不能撇开知识，以"方法"作为展开教学的

---

① 郅庭瑾. 国外中小学思维教学研究：争议与启示 [J]. 教育研究. 2010 . (12)：98 – 102.

② 李正福，李春密，邢红军. 从隐性到显性：物理科学方法教育方式的重要变革 [J]. 课程·教材·教法，2010，12：71 –74.

③ 乔际平，续佩君. 物理教育学 [M]. 南昌：江西教育出版社，1992：99.

线索。

教材编写显化科学方法，并非脱开具体的知识而只讲方法，而是说应当强调、突出科学方法，按照科学方法所展示的路子去编写教材。采用科学方法的显化方式来编写教材，逻辑明确，脉络清晰，容易使学生在学习中建立良好的认知结构，并形成有序的知识结构。这不仅有助于培养学生分析问题和解决问题的能力，而且焕发着科学理性的文化意蕴，这正是素质教育所追求的目标。

2. 科学方法的教学模式

教学模式是指在一定教学思想指导下，以实践性为特征，为完成特定的教学目标而围绕着某一主题形成相对稳定且简洁的教学结构及其具体操作的范式。简言之，就是在一定的教学思想指导下建立起来的比较典型和稳定的教学程序或阶段，具有系统功能性与目标指向性两种基本品质。教学模式作为教学理论与教学实践的媒介或桥梁，都是在一定的教学理论指导下，通过教学实践构建起来的。[①] 所以，科学方法教学模式的构建就需要基于科学方法教育理论与教学实践的融合。

依据教学模式建构的路径与逻辑，我们提出了凸显科学方法的"一知多方"与"一方多知"两种教学模式。所谓"一知多方"是指某个知识的获得过程总是经由一系列科学方法的运用。例如，"牛顿第二定律"知识的获得过程，主要使用的方法有：实验验证法、控制变量法、图形图像法、曲线改直法和比例系数法，如图2-7所示。

实验验证法 控制变量法 图形图像法 曲线改直法 比例系数法

图2-7　科学方法"一知多方"教学模式图

按照这种教学模式，在某个知识的教学中，就要按照所用科学方法的次序合理、明确地导出所教知识。同时阐明所用科学方法的名称、内涵、使用条件。这样，知识就不再是孤立的散点，而是发挥了"知识线"的作用，将科学方法贯穿起来，既使学生明确了各种科学方法的来源与内涵，更有利于牢固地把握知识。[②]

"一方多知"教学模式则体现了科学方法中心的观点。所谓"一方多知"意即一种科学方法可能在多个知识的得出或应用过程中使用。例如物理学中的比值定义法，就在如密度、速度、加速度、压强等多个概念的导出中使用，如图2-8所示。

密度　　压强　　速度　　加速度　　电场强度

图2-8　科学方法"一方多知"教学模式图

① 赵艳波. 主体参与型物理教学模式的研究［D］. 北京：首都师范大学，2006：26-28.
管建祥. 对物理教学模式构建的理性思考［J］. 通化师范学院学报，2007，04：87-89.
② 陈清梅. 论物理科学方法教育的教学模式［J］. 中国现代教育装备，2011，24：75-76.

这种模式使得科学方法发挥了"方法线"的功能，将各个知识点用科学方法的逻辑归结起来。① 该模式首先要求教学必须同时呈现两个以上的知识情境。并且科学方法的概括性越高，越要提供更多的例子。其次，还要提供变式练习的机会并注意层次性，避免机械重复。因为要使认知结构充分优化，必须具有足够数量的变式。但是，变式并不是重复，要着眼于例子的变化精心设计。其中，体现科学方法须有正确的依据，要避免追求繁琐的、旁门左道式的技巧；情境性则要从抽象到生态化逐步过渡。

3. 科学方法的教学过程

在教学中，学科方法的传授与思维方法的训练总是交织在一起的。研究指出，科学方法教育具有明显的智力发展价值。"科学思维是科学活动中特定的思维，它虽然也遵循人类的思维的一般规律，要经过分析、综合、比较、抽象等基本过程，但是它却表现出高度的创造性，代表了人类思维的最高水平，集中体现了思维的各种优秀品质。"② 因此，正确处理学科方法与思维方法教学的统一关系，是科学方法教育得以深入下去的重要环节。

学科方法是由思维方法所操纵的。所以习得、使用学科方法过程本身也是对思维方法的有效训练。没有思维方法的参与，学生就无法将客观的学科结构内化为认知结构。因此，学科方法的教学不仅要点明学科方法的内涵、步骤，更要讲明每个步骤的过程，讲明学科方法的本质。换言之，只有在讲授学科方法的同时积极调动思维方法的参与，才能实现有意义教学，从而避免学科方法成为一堆散乱的步骤而失之琐碎与功利。例如比值定义法的教学，就不能仅仅停留于"选取相同标准""两者相比"的步骤叙述，而是还要介入比较、分析、综合等思维方法，这样才能触及比值定义法的科学方法本质。

因此，思维方法的教学就需要一种特殊的时空次序，这种"时空次序"则常常被表达为"教学的逻辑"。它不仅包括教学语言的逻辑性，教师的教学设计、举手投足、演示的节奏、板书的结构、活动的安排等都是教学的逻辑。目的都是使学生生成对思维方法的心理体验，并在此基础上体会到一种微妙的逻辑感。由此，思维方法的教学才能实至名归。然而，目前我们对于思维方法内涵的关注还很不够，在很多情况下还没有充分认识到，思维方法作为一种特殊的心理体验与可以传授的学科方法有很大的不同，所以常常在教学中有意无意地忽视了思维方法的训练。2011年温家宝总理在农村教师大会上的讲话中指出："提起中学教育，我前年在北京三十五中听了半天课，我发现老师对当前的逻辑教育重视很不够。其实逻辑思维对一个学生的成长非常重要，为什么孩子们有的听了教师一个报告，能够很快地把它概

① 陈清梅. 论物理科学方法教育的教学模式 [J]. 中国现代教育装备，2011，24：75 - 76.
② 王文青. 国外科学教育期刊中科学方法教育研究现状的统计与分析 [D]. 重庆：重庆师范大学，2010：49.

括出来，看到一件事物，能够很快地、深刻地分析出来，并且表达出来。我说这就是逻辑思维。"① 细究温总理的论述，所谓"逻辑教育"指的就是"教学的逻辑"，更进一步地说，表现为教师教学过程中对学生思维体验的关注与训练。

综上所述，科学方法作为"过程与方法"维度的课程目标，是基础教育课程的重要内容之一，具有重要的课程价值与教育价值。通过对科学方法进行正确分类，把"学生可接受的方法和方法论纳入课程目标体系之中"是可行的，进一步通过在教科书编写中显化科学方法，在教学中恰当选择教学模式，细化教学过程，从而可以把"过程与方法"课程目标真正落到实处。

第四节　物理教学中的科学方法显化教育

我国在物理教学中开展科学方法教育已有多年历史，但教学效果至今依然难以令人满意。产生这一现象的原因有很多，我们认为，其根本原因在于科学方法的隐性教育方式。本节通过分析科学方法隐性教育的缺陷，提出科学方法显性教育的观点，以期给物理教学中的科学方法教育以有益的启示。

一、物理科学方法隐性教育的不足

所谓科学方法隐性教育，就是在教学中隐蔽地发挥科学方法的导向作用，使学生在学习过程中受到潜移默化的熏陶；教学过程中一般不出现科学方法的名称，教师也不对科学方法进行解释。由于科学方法隐性教育存在这些特点，在物理教学实践中，科学方法隐性教育存在以下不足。

1. 教学目标不明确

隐性教育观认为，科学方法隐藏在知识背后，学生难以理解和把握，因此不宜在教学中展开讨论；科学方法教育应该在对概念和规律的教学中创设一种反映科学方法的情景，让学生受到科学方法的熏陶；按照科学方法隐性教育方式组织教学，就能使学生感受科学探究的过程，得到科学方法的启蒙，达到科学方法教学的目的。而实际上，诸如启蒙、感受等词汇，本身是模糊和主观的，将它们作为教学要求，既难以准确操作，也无法客观评价。这就导致物理科学方法教育缺乏明确的教学目标，由此产生的后果是，一方面物理教师不清楚应该追求什么样的教育结果，不确定学生应该达到怎样的科学方法水平，另一方面学生意识不到物理教学中的科学方法，找不到学习物理科学方法的突破口。所以，科学方法隐性教育方式使得学生在物理科学方法教育中无所适从，从而羁绊了物理科学方法教育的开展。

---

① 温家宝. 一定要把农村教育办得更好——在农村教师大会上的讲话［EB/OL］. http：//www. moe. edu. cn/publicfiles/business/htmlfiles/moe/moe_ 176/201109/124042. html 2011－8－28.

2. 教学内容不确定

受隐性教育观的影响，科学方法教育内容在《物理课程标准》和物理教材中没有明确显现出来，需要教师在教学中自己挖掘。由于大部分物理教师对科学方法教育的认识不够全面，很少注意到教材中的科学方法教育因素，缺乏对科学方法教育内容进行挖掘，即使少部分教师虽然意识到科学方法的重要性，又由于理解不同且缺乏客观标准，对应于同一物理知识挖掘出来的科学方法也存在较大差异。以《物体的相互作用》为例，一种判定结果是：演绎推理，守恒思想，隔离法，比较方法；① 而另一种分析结果是：实验方法，守恒原理，隔离法，比较，矢量运算，近似法，② 这就造成了物理科学方法教育内容的缺失或不统一。有的教师挖掘出的科学方法数量多，有的教师认定的少；有的教师认为某种方法重要、教学要求高一些好，有的教师却持不同看法。教育内容的不明确严重影响了物理科学方法教育的开展。国际科学教育研究者认为，无论采用哪一种形式，都必须明确地加以讲述，若非如此，从隐含的印象中得出的认识将是混乱不清和一堆零散的概念。③ 这充分说明了科学方法教育内容显性化的重要性。

3. 教学效果不显著

隐性教育观认为，物理教材大都是按照知识顺序编排的，科学方法隐藏在知识背后，不像知识那样明了，不便于直接讲解，而且又比较深奥，学生理解起来有困难，所以应该进行隐性教育，通过知识教学的渗透，反映出科学方法的特点，让学生自己体会和揣摩。其实，这样做不仅没有降低学习科学方法的难度，反而增加了学生的学习负担。因为对科学方法进行隐性处理，缺少引发注意的线索，学生很难意识到科学方法的存在，更不会对科学方法做出思考，这就使得科学方法学习缺失外部条件；教师不讲解科学方法的步骤，使得学生学习科学方法的内部条件不充分，从而影响了学生对于科学方法的习得和教学效果。

总之，由于隐性教育不能使学生有意识地学习科学方法，不能使学生获得对科学方法的理性认识，不能让学生自觉地以科学方法为指导来加深对知识的理解，因而容易使"过程与方法"维度虚化并导致科学方法教育的效果欠佳。

二、物理科学方法显性教育的理论建构

在物理教学中进行科学方法显性教育，其理论思路至关重要。这种理论思路，主要是指整个科学方法显性教育的理论出发点和基本路线。从物理学知能结构理论出发，可以对此问题做出较为圆满的诠释。

---

① 张宪魁. 物理科学方法教育 ［M］. 青岛：中国海洋大学出版社，2000：28.

② 浙江省教育学会中学物理教学分会. 高中物理方法教育研究 ［M］. 杭州：浙江教育出版社，1995：8.

③ Bell R L，Lederman N G，Abd－El－Khalick F. Implicit versus explicit nature of science instruction：An explicit response to Palmquist and Finley ［J］. Journal of research in science teaching，1998. 35：1057－1061.

一般认为，物理学科的基本结构包括物理学的基本概念、基本原理（包括基本定律和基本理论）、基本方法以及它们之间的相互联系。大量事实和研究表明，科学方法作为物理认识活动的中介，是连接物理现象与物理知识的纽带，在物理理论的发展中起着桥梁作用。也就是说，物理概念和规律只有通过科学方法的参与，才有可能上升为知识形态。不仅如此，物理理论的应用同样需要科学方法的参与。以科学方法为中心的物理学知能结构理论认为，以科学方法作为物理认识活动的中介，可以展现出物理知识与科学方法的相互关系，如图2-9所示。[①]

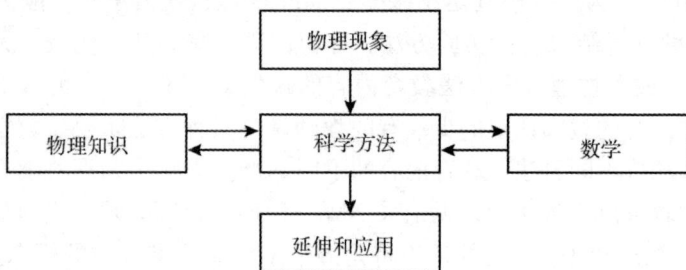

图2-9 物理学知能结构图

从图2-9中可以看出，物理学知能结构主要包括五个部分：物理现象、物理知识、科学方法、数学以及物理学的延伸和应用。图中的箭头表明不同部分之间的相互关系。科学方法处于物理学知能结构图的中心，分别与其他四个部分相连，发生着单向或者双向作用。不同部分之间也会发生联系，但这种联系须经由科学方法才可以实现，科学方法起到桥梁和纽带的作用。

科学方法处于物理学知能结构的中心，因此，抓住了科学方法就等于抓住了物理教学的核心。而物理学不同部分之间发生相互作用的途径和机制，则为科学方法显性教育的实施提供了参考和依据。从物理教学实践来看，科学方法教育主要体现在物理学知能结构的两个路径上。

（1）物理现象→科学方法→物理知识。这一路径反映了物理知识的获得过程。杨振宁指出，"绝大部分物理学是从现象中来的，现象是物理学的根源。"[②] 然而，从物理现象出发并不能直接得到物理知识，而需要借助于科学方法。现代科学哲学认为，科学就是人类对物质世界的解释，物理知识并非外在物质世界的翻版，它是富含人类智慧的，需要经过思考、创造与想象等过程。从物理现象出发，人们必须经过科学方法的加工整理才能获得物理知识，科学方法是物理现象通达物理知识的必经之路，既不可或缺，也无法逾越。因此，在知识教学中必须进行科学方法显性教育，必须讲清楚科学方法，才能使学生掌握科学方法。例如，牛顿第二定律的建立，就应用了实验法、控制变量法、图像法、化曲为直法、比例系数法等科学方法。

---

① 邢红军，陈清梅. 论中学物理教学中的科学方法教育 [J]. 中国教育学刊，2005，08：33-36.

② 杨振宁. 读书教学再十年 [M]. 台北：时报文化出版企业有限公司，1995：9.

显然，物理教学应该进行这些科学方法的显性教育。

（2）物理知识→科学方法→延伸和应用。这一路径反映了物理知识的应用过程。显然，从物理知识出发，必须通过科学方法这一中介才能解决物理问题。物理知识的应用是一个思维加工和信息处理的过程，问题的分析、知识的选择及其施用都离不开科学方法的参与。这就要求物理练习教学必须重视科学方法教育，要将解决物理问题中使用的科学方法显化出来，引导学生掌握这些方法。仍以牛顿第二定律为例，在应用该定律解决实际问题时，就需要用到整体法、隔离法、正交分解法及图像法等科学方法。因此，物理教学中应该进行科学方法显性教育，让学生得到这些方法的训练。

明确了科学方法在物理学知能结构中的核心地位，清楚了科学方法发挥作用的途径和方式，就为物理教学开展科学方法显性教育奠定了基础并提供了思路。首先，科学方法具有知识加工、获取和建构等功能，所以，进行科学方法教育需要与知识教学相结合，"应将方法视为比知识更重要的东西，视为知识的脉络，按照科学方法所展示的路子，去组织教材，安排教学进程"[①]。其次，科学方法支配着知识的演化和发展，是隐藏在知识背后的一只无形的手，物理教学不仅要按照科学方法的逻辑组织教学，还应该将这种逻辑显现出来，使学生既能体会到逻辑的力量，又能掌握这种逻辑发生的条件和步骤。第三，科学方法决定了知识的应用和发展，知识的应用和发展离不开科学方法，只有通过科学方法组织起来的知识才会形成清晰、严密、灵活的认知结构，才能不断地接收、包容新的知识，人们也只有随着掌握和熟练科学方法，才能迅速准确地解决实际问题，进行创造性的活动。

三、物理科学方法显性教育的意义

所谓科学方法显性教育，是指教师有意识地公开进行科学方法教育，学生有意识地学习科学方法，以达到理解知识、掌握方法和形成科学态度的目的。其主要做法是，进行科学方法教育时，明确指出科学方法的名称，揭示方法的形式，挖掘科学方法的内涵，说明科学方法的使用条件，强化科学方法的训练。在物理教学中进行科学方法显性教育，具有以下教育意义。

1. 明确教学目标，使科学方法教育有的放矢

当前，科学方法教育的一个重要问题就是物理教师对科学方法教育的意识不够清楚。表现为在教学实践中，要么没有进行科学方法教育，要么认识有限而讲解不到位。另一方面，学生需要具备学习科学方法的意识，因为明确科学方法的学习任务和目标会有利于对知识的思考和掌握，特别是像科学方法这样比较抽象的内容，通过认真思考可以更好地掌握。教师在确定知识教学目标的同时，应该同时制订物理科学方法教育的目标，明确不同阶段物理科学方法教育的重点，制订与教学内容

---

① 高凌飚. 在物理教学中应重视科学方法的教育 [J]. 物理教师，1992，04：1-4.

相匹配的目标计划，使科学方法的教育更具有针对性，最大限度地发挥教材的作用，调动学生的学习积极性。

2. 确定教育内容，使科学方法教育有据可依

教育内容决定教育方式，因此，进行科学方法显性教育必须确定科学方法教育内容。从某种意义上说，全部课程的问题就是内容问题，课程的设计、课程的目的、课程的评价以及课程的实施都可以理解为围绕着课程内容的安排及其结果展开的。① 中学物理科学方法教育需要解决三个方面的问题：教什么、教到何种程度、在哪个年级教、也就是科学方法的内容标准、学生表现标准和各年级衔接的问题。

现代物理教育认为，物理科学方法的教育内容已经不再局限于智力开发，而是关注科学教育与人文教育的融合，不仅关注智力的发展也关注知识的价值。我们认为，物理科学方法教育至少包括三个方面的内容，即思维方法、物理方法和科学方法观。思维方法是人的大脑的功能，是进行各种学习和探索的基础，在认知心理学中划为弱认知方法的范畴，适用于解决各种普遍问题。物理方法是物理知识与思维方法相结合而产生的方法，是物理学特有的方法，在解决物理问题时具有强大的功能。人们重视科学方法不仅由于它具有智育价值，也由于人们认识到它的社会价值和人文价值，科学方法观将两个领域连接起来，使得科学与人文走到一起。只有兼顾了这三个方面的教育，才能真正实现中学物理科学方法教育的目的，提高学生的科学素养。

3. 构建教学策略，提供科学方法学习的条件

教育方式与教育内容联系最为紧密，内容决定方式，方式为内容服务。科学方法教育不仅要采用显性的教育方式，而且依照目标分类学的思想，教学策略还应该与教育内容相匹配。② 如前所述，物理科学方法的三个部分由于学习条件存在差异，所以教学中必须根据各自的特点，采用不同的教学策略。思维方法作为人脑的功能，主要通过训练来学习和发展，如概括，就必须通过对各种物理现象的剖析而发现其本质特征，在这一过程中训练概括的方法。物理方法与物理知识联系密切，物理知识的建立离不开物理方法，结合物理知识讲授物理方法，按照物理方法的逻辑推导出物理知识，是教授物理方法的主要方式，如比值定义法、控制变量法等方法。科学方法观的教学，侧重于观念的传播和内化，需要教师在教学中讲清楚科学方法观的价值取向、内涵以及现实意义，并组织学生结合具体事例进行讨论，以引发学生感悟、加深理解，如"科学方法并不能解决一切问题"这一观点就需要讲解、讨论、感悟。根据科学方法教学内容的特点，将教学内容与教学策略相对应，不同的教学内容采用对应的教学策略，使得不同的科学方法教学都能取得实效，才能将科学方法教育真正落实在教学过程中。

---

① 丛立新. 课程论问题［M］. 北京：教育科学出版社，2007：286.
② 盛群力，等. 21 世纪教育目标分类学［M］. 杭州：浙江教育出版社，2008：2.

第五节　物理科学方法的显性教育方式

本节在吸收和借鉴国际科学教育研究成果的基础上，对物理科学方法教育方式进行梳理，分析不同教育方式的内涵及其产生的原因，提出科学方法显性教育的观点，以期对物理科学方法教育以有益的启示。

一、隐性教育方式——重在"渗透"

采取何种方式进行科学方法教育，与人们对科学方法属性的定位密切相关，对科学方法属性的认识不同，选取的教育方式就存在差异。通常人们认为，科学方法与一般的物理知识不同，它所涉及的不是物质世界本身，而是人类认识物质世界的途径和方式，是隐藏在知识背后的东西，是高度抽象的。同时，科学方法支配着物理知识的获得和应用，是形成知识结构的纲领和脉络。基于这些认识，物理科学方法教育逐渐形成了隐性教育方式。

所谓隐性教育方式，就是在科学方法教育过程中，隐蔽地发挥科学方法的导向作用，使学生受到科学方法的熏陶，一般在教学过程中不出现科学方法的名称，也不对科学方法的内容进行解释。其主要特点是通过知识教学渗透科学方法，也就是在知识教学过程中，同时渗透研究问题的方法，或按照研究问题的方法、思路展开知识教学，使科学方法教育和知识教学有机结合在一起，以达到整体优化的目的。①在这种教育方式指导下，物理教学中出现了许多科学方法教育的具体途径，比如结合物理概念、规律进行科学方法教育，通过物理学史渗透科学方法教育，挖掘物理实验中的科学方法因素等。可以说，科学方法隐性教育方式的提出，客观上促进了物理科学方法教育的推广。

虽然科学方法隐性教育考虑到学生的知识基础，强调渗透和铺垫，追求学生在潜移默化的熏陶中，水到渠成地体会和领悟科学方法。然而，隐性教育方式在物理教学实践中并没有取得理想的效果。其原因在于，从理论上看，教育的一个主要特点就是有意识、有目的地影响人，而隐性教育恰恰忽视了这一点。对学生而言，多年的学习已经习惯于教师讲什么就学什么，教师强调什么就注意什么，教师没有明确强调的内容就不去思考，形成了紧跟考试大纲的意识。在这种情况下，期望学生能够意识到隐藏在知识背后的科学方法、体会到教师良苦用心渗透的科学方法，只是一种一厢情愿的想法。从学习规律上看，学生没有意识到的内容根本无从谈及思维的积极加工。进一步，由于科学方法隐藏在知识背后，比知识更难以理解，知识教学尚需显化，需要详尽地讲解、练习、巩固，科学方法教学如若含而不露、点而

---

① 周国强. 物理方法教育与物理教材改革［J］. 课程·教材·教法，1996（6）：10-14.

不破的话，结果可能是徒增科学方法教学的难度，降低科学方法教育的效果。

受隐性教育观点的影响，一些科学方法教育的基本理论问题没能得到深入探讨。这导致在教学实践中，很多物理教师对科学方法了解甚少，不清楚科学方法的教育内容，不知道科学方法的内涵和意义，不懂得科学方法的使用条件和步骤。教学中要么蜻蜓点水般简单掠过，要么根本就没有进行科学方法教育。

对于科学方法的隐性教育，国际科学教育研究得到的结论是：从隐含的印象中得出的认识将是混乱不清和一堆零散的概念。[1] 从这种观点出发，我们认为，隐性教育方式对于教学可能起积极影响，也可能起消极影响。事实上，认识和理解科学方法的关键一步就是"显性化"，只有认识到这一点才能够对目前物理教育中的科学方法教育方式加以检讨、修正或应用。实际上，从教学论的观点看，一方面教学过程是传递、掌握和批判显性知识的过程；另一方面，教学过程也可以说就是一个使缄默知识显性化并得到检讨、修正和应用的过程。[2] 由此看来，隐性教育不仅在科学方法的教育效果上表现不佳，在理论上也缺乏坚实的基础。希望通过隐性教育方式来进行物理科学方法教育，其效果在很大程度上是事倍功半的。

二、隐性—显性方式—追求"融合"

针对隐性教育方式的不足，并考虑到物理科学方法教育的特殊内容和目的，一种隐性－显性教育的教学方式逐渐形成。所谓隐性—显性教育方式，就是在教学过程中对科学方法先隐性渗透，后显性提出。具体来说，就是教师按照一定的教学程序进行知识教学，把科学方法隐藏在知识背后而不明确宣讲其逻辑结构，在知识教学之后，提出所用科学方法的名称，引导学生体味和反思科学方法。

隐性—显性教育方式不同于隐性教育方式的最大特点就是渗透科学方法之后追求显化，追求多个角度、多个层面的"融合"。"融合"在这里有多层含义，一是方法与知识的融合，知识在方法的操作下得出，方法在知识的推导中得以体现，科学方法教育要与知识教学相结合；二是科学方法之间的融合，任何一个定律或者理论的得出都是多个科学方法共同作用的结果，各个环节的科学方法要相互照应，不同层面的科学方法之间也要相互支撑；第三层意思就是隐性和显性各有所长，在教学中需要将两者融合起来，在不同阶段采取不同的教育方式，发挥各自的优势，使学生能够真正理解科学方法。教学实践中，隐性—显性教育方式主要有两种：一种是隐性为主，显性为辅，显性教育的关键是隐性渗透，只有在教学过程中把隐性教育的文章做深、做透，才能在最后显性教育时水到渠成、顺理成章，才能使学生真正理解其实质；[3] 另一种是将科学方法教育分为隐性化学习阶段和显性化教学阶段，

---

① Bell R L, Lederman N G, Abd－El－Khalick F Implicit versus explicit nature of science instruction: An explicit response to Palmquist and Finley [J]. Journal of research in science teaching, 1998, 35: 1057－1061.

② 石中英. 知识转型与教育改革 [M]. 北京：教育科学出版社, 2005: 259.

③ 刘力. 新课程理念下的物理教学论 [M]. 北京：科学出版社, 2007: 187.

前一阶段学生运用了所要学习的特定方法，但学生处于无意识状态，后一阶段引导学生发现该方法的表现形式及相应的运用条件，并结合自己的实际运用经历，增强对科学方法的理解。[①] 隐性—显性教育方式，试图将科学方法的渗透和明了结合起来，既重视引导学生做好准备和铺垫，又强调讲清楚科学方法的内涵、意义、特点和步骤，应当承认，这在一定程度上促进了学生对科学方法的理解和掌握。

虽然隐性—显性教育方式关注到隐性教育的不足，并试图将科学方法的显性教育与之融合，但从根本上说，这种脱胎于隐性教育的方式，其本质上依旧是隐性教育。隐性—显性教育方式强调隐性教育的铺垫和渗透，视隐性教育为科学方法教育的关键，追求隐性教育之"水"达成到显性教育之"渠"，仍然将科学方法教育的重点放在隐性教育上。而显化阶段，只是在隐性阶段"做足"后，才总结出科学方法的名称，反思科学方法的特点，这样的处理更多的是让学生记住一些科学方法的名称，却无法使学生深刻理解科学方法。比如在高中电场强度的教学中，教材虽然明确提到了用电场力 F 和电荷量 q 的比值定义电场强度 E，甚至给出了比值定义法的名称，但由于不能显性化地进行科学方法教育，结果学生仍不明白为什么要用两个物理量相比来定义电场强度。这样看来，在隐性教育之后添加某种程度显化的做法充其量只能算是隐性教育的一种延伸，一种变通，隐性教育的思路从根本上并没有多少实质性地改变。

隐性—显性教育不仅体现在教育方式上倚重隐性，而且在科学方法教育内容上表现为缺乏明确的教学内容和教学要求。这就导致了以下后果：①长期以来，人们对科学方法教育缺乏系统深入的研究，表现之一就是《物理课程标准》至今没有明确的科学方法教育内容；②在进行科学方法教育时，教师不清楚该教哪些科学方法、教到何种程度，甚至没有进行科学方法教育，学生也不清楚怎样去学习科学方法；③对许多科学方法教育方式的研究往往脱离教育内容而展开，由于教育方式应当与教育内容相匹配，因此，这样的研究往往是空中楼阁，一般经不起推敲。

当然，如果以发展的眼光看待隐性—显性教育方式，把它视为一种沿着显性方向继续前行的过渡，那么科学方法教育的显性方式就应运而生。

三、显性教育方式——强调"明了"

针对物理科学方法隐性教育的不足，我们提出，物理科学方法教育应当采用显性方式。所谓显性教育，是指进行科学方法教育时，明确指出这种科学方法的名称，传授有关该方法的知识，揭示方法的形式，挖掘方法的内涵，说明方法的使用条件。也就是说，教学中教师公开进行科学方法教育，学生有意识地接受科学方法训练，方法教育的形式是外显的，所以称为显性教育方式。

科学方法的显性教育明显区别于隐性教育。隐性教育重视渗透，显性教育强调

---

① 陈刚，舒信隆. 新编物理教学论 [M]. 上海：华东师范大学出版社，2006：101.

明了。显性教育针对以往科学方法教育中存在的模糊、随意等弊端，旗帜鲜明地要求科学方法的名称、形式、内涵、条件、步骤等都必须明确地传授给学生。这种教育方式认为进行真正的科学方法教育，就必须按照方法教学和方法训练的要求，在教学内容与方式、教学准备与条件、学习发生与熟练等方面开展明确、系统、细致的教学，让学生一开始就明确学习任务、清楚学习过程，围绕方法内容展开学习，在练习和应用中不断加深对科学方法的理解和认识。

教育内容决定教育方式，因此，进行显性教育必须确定教育内容。从某种意义上来说，全部课程的问题就是内容问题，课程的设计、课程的目的、课程的评价以及课程的实施，都可以理解为围绕着课程内容的安排及其结果展开的。①

基于此，我们提出，物理科学方法的教育内容主要包括三部分：思维方法、物理方法和科学方法观。思维方法是物理智力活动的核心，主导着科学思考，在物理知识中具有较强的逻辑力量，成为组织教学过程和构建物理知识网络的经脉。物理方法是物理知识建构中特有的方法，如比值定义法、理想模型法等，这类方法具有较强的加工功能，是物理教学历来重视的内容。科学方法观是人们对于科学方法的一些认识，在提高人们的科学素养方面具有重要的意义。这三部分内容关注科学方法教育的不同侧面，都是科学方法教育应该包含的内容，它们的特点各异，因此，显性教育的具体方式也就有所不同。以下分别进行阐述。

1. 训练思维方法，培养思维能力

思维方法是在人脑内进行的操作过程和方式，主要包括抽象、概括、判断、推理、比较、分析、综合等方法。思维是大脑的功能，思维方法在头脑中对研究对象进行加工和处理，是大脑的功能的表现。由于思维方法应用广泛，不需要特定的知识，所以思维方法属于弱认知方法。

由于思维方法的生理基础是人的大脑，因此思维方法的掌握必须通过训练来得到强化。事实上，无论是物理现象的观察、物理数据的测量、物理模型的抽象、物理概念的形成、物理理论的建立，还是应用物理理论解决实际问题，都离不开思维方法。这就充分说明在物理教学中训练思维方法，离不开物理知识的发现和建构，思维方法的训练要与物理知识相结合，要在各种物理活动中促进思维方法的发展。比如解决"人骑自行车转弯需要倾斜多大角度"问题，就需要学生通过分析、综合、抽象、概括等思维活动建构物理模型，同时需要结合力矩平衡原理、圆周运动公式等物理知识才能顺利解决问题。

在物理教学中进行思维方法的显化教育，就是要进行公开的、系统的训练。要深刻理解思维方法的内涵，而不是局限于思维方法的肤浅表面；要深入挖掘物理知识蕴涵的思维方法，而不是将两者剥离开来；要将思维方法的训练与物理知识的建构联系起来，而不是抛开思维方法只顾物理知识的构建。唯有如此，才能将思维方法显化教育落在物理教学的实处，才能使学生的物理能力得到真正的发展。

---

① 丛立新. 课程论问题［M］. 北京：教育科学出版社，2007：286.

2. 传授物理方法，发展物理能力

物理方法是思维方法与物理知识相结合而产生的物理学特有的研究方法，属于强认知方法。强认知方法的学习与弱认知方法不同，它需要更多的专业知识，这就需要外部信息的直接输入和大量存储，即需要传授。

一般来说，物理方法具有一定的逻辑顺序，转化为操作就是较为固定的步骤，按照这些步骤不仅可以获得正确的知识，而且可以体验到知识背后的逻辑力量。传授物理方法，就是要将思维方法和物理知识相结合，按照一定的逻辑顺序，采取一定的步骤，对物理知识进行加工，在获得知识的过程中，展示物理方法的内涵、意义、条件、步骤，并逐步引导学生发现、体会、掌握物理方法。比如牛顿第二定律的建立，就需要应用控制变量法、化曲为直法、比例系数法等科学方法。显然，教学中教师应该向学生进行这些科学方法的显性教育。

在应用物理知识教学中进行物理方法教育，同样要突出物理方法的显化，务必讲清楚应用物理方法的条件、步骤和意义，引导学生深刻理解应用物理方法的每一个环节，把握住每一步骤的操作要领，使学生能够从头脑中提取出物理方法，运用于物理问题解决中，真正获得物理能力的提升。仍以牛顿第二定律的教学为例，在应用该定律解决问题时，就需要用到另外一类物理方法——隔离法、整体法等科学方法。教学中教师应当明确向学生讲清楚这些方法的特点与使用范围，从而让学生得到这些科学方法的训练。

3. 积淀科学观念，形成科学素养

科学方法观是人们对科学方法的一些观念和认识。与科学方法其他教育内容不同，科学方法观关注更多的是科学方法的哲学思考，而不是如何探索自然界本身。科学方法是科学本质的核心，有效的教育必须恰当地集中精力，针对具体的受众，要直接明了地提出，不能是隐晦和含糊的。① 所以，科学方法观的显化方式，与思维方法和物理方法不同，主要采用教师引领的方式，并组织学生进行讨论。

物理学史和社会生活中存在着许多大事件，有些事例对自然科学产生过重大的影响，其中蕴含着丰富的科学方法观，都是进行科学方法观教育的鲜活素材和绝佳途径。教师在教学中要明确地宣讲相关的科学方法观，讲清楚它们的价值取向、内涵以及现实意义，并组织学生结合具体事例进行讨论，以引发感悟、加深理解，引导他们形成正确的科学方法观。

物理科学方法显性教育，着眼于学生科学素养的形成，植根于方法教育内容的确定，落脚于学生科学方法的掌握。这就使得显化教育成为一种理论上自洽，实践上可行的科学方法教育方式。因此，有理由相信，随着科学方法教育研究的不断深入，显性教育将会得到越来越多的共鸣，将会在物理教育实践中发挥越来越大的作用。

---

① Hugh G，Gauch Jr. 科学方法实践 ［M］. 王义豹，译. 北京：清华大学出版社，2006：304.

第六节　科学教育中的模型方法教育

模型及模型方法自从诞生以来，就一直在科学发展中占据着重要的地位。这是因为，现代科学技术的迅速发展，不仅需要人们运用高度的抽象思维能力进行理论上的分析、演算，而且还要充分运用形象思维把抽象的理论具体化，从而克服研究对象日益非直观化所带来的认识上的困难。

然而，如何在科学教育（指自然科学教育）中进行模型方法教育，却始终困扰着许多科学教育工作者。即使在科学教育蓬勃发展的今天，模型及模型方法的科学教育之路也始终艰难曲折，长期落后的文化以及对科学教育认识的不足，导致我们对模型及其方法始终缺乏全面的认识，缺乏科学的观念。只知道模型在科学研究中的作用，而不清楚模型本身的教育价值。尽管模型及其方法已深入到科学的每一个角落，但模型并没有真正在广大科学教育工作者心中扎根。

这种倾向反映在科学教育中，表现为我们与模型方法若即若离。比如在中学物理教学大纲中，1986 年的大纲明确写道："在物理教学过程中，应该通过概念的形成，规律的得出，模型的建立，知识的应用……培养学生的分析、概括、抽象、推理、想象等思维能力。"时间仅仅过去了 10 年，1996 年的新大纲中已不见模型的踪影。表面看来，这只是一个教学问题。然而从更深层次来思索，我们认为它是一个教育问题。它反映了一种教育方法、教育思想与教育观点。模型及其方法只是一滴露珠，但它折射出我国科学教育的不足。因此，在我国科学教育发展的今天，深入探讨模型及其方法的认识功能与教育功能，加强这方面的研究，就显得尤为重要。

一、模型的认识功能

模型，中文原意即规范。按照钱学森的观点："模型就是通过我们对问题的分析，利用我们考察来的机理，吸收一切主要因素，略去一切不主要因素所创造出来的一幅图画。"[①] 因此，模型方法就是把研究对象（原型）的一些次要的细节、非本质的联系舍去，从而以简化和理想化的形式去再现原型的各种复杂结构、功能和联系的一种科学方法。

作为一种现代科学认识手段和思维方法，模型具有两方面的含义：一是抽象化，二是具体化，如图 2－10 所示。

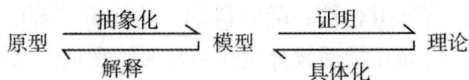

图 2－10　模型的含义

---

① 钱学森. 论科学技术［J］. 科学画报，1957，（4）：99.

一方面，在模型思维中，我们可以从原型出发，根据某一特定目的，抓住原型的本质特征，对原型进行抽象，把复杂的原型客体加以简化和纯化，建构一个能反映原型本质联系的模型，进而通过对模型的研究获取原型的信息，为形成理论建立基础。

另一方面，高度抽象化的科学概念、假说和理论要正确体现其认识功能，又必须具体化为某个特定的模型，才能发挥理论指导实践的作用，所以，模型作为一种认识手段和思维方式，是科学认识过程中抽象化与具体化的辩证统一。

模型具有以下四个方面的认识功能。

1. 解释功能

辩证唯物主义认识论认为，解释某种现象就意味着发现它的本质。具体说来，"'解释'对自然科学来说就是要发现一种秩序，就是要发现一种能使人们进行预见的关系"。[1]

模型是原型简化了的映象，是对原型的属性进行科学抽象而形成的能再现原型本质特征的一种类似物。因此。模型可以对客观对象的因果联系、结构与功能属性以及起源和发展做出一定的合理说明，起到科学解释的作用。譬如，我国第一颗人造卫星的运载火箭"长征一号"在 1966 年 6 月下旬，在为解决滑行段喷管控制问题而进行的滑行段晃动半实物仿真实验中，出现了晃动幅值达几十米的异常现象。钱学森亲临现象，在讨论中认定：此现象在近于失重状态下产生，原晃动模型已不成立，此时流体已呈粉末状态，晃动力很小，不影响飞行。后来多次飞行试验证明，这个结论是正确的。[2]

2. 预见功能

模型的预见功能是指根据模型可以做出有关原型的未知属性、事实的推测。由于模型是为便于研究以文字、符号（包括图像）而建立起来的一种高度抽象的理解客体的模式，它突出地反映了客观事物的某一主要特征或主要矛盾，贮存有原型的信息。因此在形成科学概念、建立科学理论的过程中，运用模型可以充分发挥思维的力量，指引研究方向，做出科学预见，导致科学发现。

通过对模型的研究做出科学预见的精彩实例是海王星的发现。

自 1781 年发现天王星后，人们发现它总是"出轨"。这引起了许多天文学家的思考，法国天文学家勒维烈根据牛顿引力理论提出了新模型，德国天文学家伽勒在勒维烈所指出的位置果然发现了海王星。用笔和纸居然发现了肉眼看不见的行星，这正是模型的预见功能。

---

① 让娜帕朗·维亚尔. 自然科学的哲学［M］. 长沙：中南工业大学出版社，1987：105.
② 王寿云. 钱学森传略［J］. 科技导报，1991，9：3-8.

3．发现功能

模型还具有发现功能。即从对模型的研究出发可建立（或证明）理论，从而认识事物中所蕴含的规律，得出符合实际的结果。如伽利略从教堂吊灯的摆动中，抽象出单摆模型后，通过对单摆的研究，发现了单摆振动的等时性规律。后来，荷兰物理学家惠更斯进一步提出了摆的数学理论，导出了单摆的运动定律

$$T = 2\pi \sqrt{\frac{\varphi}{g}}$$

4．启示功能

模型所具有的直观、生动和鲜明的特点，使得在科学认识中模型还具有启示功能。模型可以将许多非直观的东西转化为直观的东西，使极其抽象、深奥的科学概念、假设、理论准确具体地表达出来，便于我们正确理解其科学意义，从而加深我们对其所反映的原型的性质和规律的认识。当代著名化学家鲍林创建的杂化轨道理论巧妙地运用了杂化轨道这类具有图像的思想模型，非常有效地解决了一般分子乃至生命物质复杂的化学结构，从而荣获了1954年的诺贝尔化学奖。

二、模型的教育功能

模型不仅在科学发展中有重要的作用，同时，在科学教育中，模型及其方法也有着独特的，甚至是不可替代的重要作用。

1．模型教学能促进学生认知水平的发展

教学要符合儿童的发展阶段，是日内瓦学派的基本观点。以皮亚杰为首的日内瓦学派经过长期研究，确定了儿童的认知发展一般要经历以下四个阶段：感知运动（0～2岁）、前运算（2～7岁）、具体运算（7～12岁）、形式运算（12～15岁）。儿童的智慧发展就是这种认知阶段的进化。

科学教育应当促进学生认知水平的发展，这种观点已为科学教育工作者所接受，但具体实施的方式方法还是一个正在探讨的问题。我们认为，促进学生认知水平的发展，主要还是将学生的认知水平从具体运算提高到形式运算水平，也即使学生逐步从具体向抽象过渡，能对抽象的假设或命题进行逻辑转换。这一过程当然离不开从具体到抽象的过渡训练，而这种既能联系具体又能联系抽象的性质，正是模型所特有的。模型一方面提供了这种教学的情境，另一方面又使学生在这种从具体到抽象的认识过程中发生认知冲突，从而促进认知水平的发展。

2．模型教学能使学生更好地掌握科学知识

模型方法的特点及其重要性，决定了模型在促进学生学习科学知识过程中的重要作用。首先，模型是学生学习科学知识的重要手段，学生掌握了模型方法能更透彻地理解科学知识。其次，模型方法作为思维方法和行为方式，蕴涵着很高的认知价值。学生一旦将模型方法内化为自己的认知图式，就能获得认知水平的发展。最

后，模型方法教育还有助于培养学生的创造性思维能力。

然而，在模型方法教育中，寄希望于把模型方法的要素概括出来，形成系统的方法学知识向学生讲授是不现实的。因为模型方法的精髓，乃是体现在探索与发现之中，不亲身经历这种探索，很难发现其中的要素与关键之所在，也根本无法体会其中"只可意会、难于言传"的奥妙之处。[1]

因此，对学生进行模型方法教育，就是要让学生置身于探索科学现象、发现科学规律的活动中，在建立模型的过程中，学会观察的方法、实验的方法、归纳与演绎的方法、假设的方法、近似的方法等。这样，学生就会主动地去思考、探索，顺着科学的思路与方法去感知、去思索。这样，在不知不觉之中，就领略到了科学知识的真谛。

3. 模型教学能培养学生的研究能力

模型方法教育对于学生研究能力的培养有着独特的作用。

模型的建立要根据研究的任务、目的抽象出被研究对象的本质特征，舍去许多次要的细节和非本质的属性，把要研究的现象、问题从纷繁复杂的交错关系中明确、清晰地显示出来，使问题得以简化和明确化，并制订出解决问题的程序，从而充分地发挥思维的能动作用，达到认识原型的目的。

因此，建立模型的过程就是一个科学研究过程。在这一过程中，需要学生自己确定研究对象，设置已知量与未知量，运用科学规律，选择研究方法，检验模型是否与实际相一致，这对学生研究能力的培养有着很好的作用。

4. 模型教学能培养学生的科学精神

科学精神与科学知识、科学方法一样，都是科学教育的基本要素。模型教育对于学生科学精神的培养尤为重要。

模型建立的实质就是要在原型背后揭示出所包含的科学规律。然而，这种规律往往隐藏在现象的背后，并被纷繁复杂的非本质的、无关的因素所掩盖。这样，模型的建立过程就必然是一个艰苦的探索、发现的过程。它来不得半点虚假，需要有严谨、诚实的科学态度。模型的得来也绝非"一蹴而就"，往往要使认识主体经历一个"苦其心志，劳其筋骨"的认识过程，需要有坚韧不拔的意志。因此，模型的建立既培养了学生的科学态度，又培养了学生的科学作风。

模型教育不仅可以使学生体验到理论知识的作用，而且会使他们产生跃跃欲试的兴趣，并使他们对探究活动成功后的喜悦感、自豪感产生稳定的需要，形成稳定的学习兴趣，进而产生良好的学习动机。

模型方法还能使学生得到辩证唯物主义思想教育。借助于模型进行研究时，应当充分认识到模型的局限性。通过不断积累新的资料，通过解释和重新解释实验结

---

[1] 邢红军. 物理教学心理学 [M]. 成都：成都科技大学出版社，1994：200.

果，通过争鸣和讨论，模型总会得到修正。可以从小修小补到动大手术。在这个过程中，要求充分考虑模型建立过程中产生出来的新经验和新思想对模型建立的启示。只有如此才能在模型的修正或扩充时，既能纠正原有模型之不足，又不至于"同时把小孩与洗澡水一起从浴盆里泼出去"。无论提出怎样的模型，都必须确保它具有解释、预见、发现和启示的功能，并且符合模型的简洁、优美和有说服力的审美标准。①

三、模型方法教育对科学教育的启示

深入地探讨模型的认识功能与教育功能，其意义决不仅仅局限于模型本身，而是还有着更为深刻的、极其深远的寓义。我们的目的在于：通过对模型方法教育的研究，给我国的科学教育以有益的启示。

1. 加强模型方法教育的研究有助于更新科学教育观念

多年来我国的科学教育一直是"应试教育"而非素质教育。在这种模式下，科学教育也就呈现出我国的特点。一个人所共知的事实是：我国学生擅长做题，尤其擅长考试，却不善于做研究工作。这种情况从中学到大学概莫能外。既使是在CUSPEA（中国赴美物理研究生考试）这样国内最高水平的选拔中，也是这种状况。赵凯华教授指出："CUSPEA 试题中，有些问题从物理概念来分析并不复杂，属于学生已学过的范围，但是不少学生常常感到无从下手。"

分析这种现象产生的原因，赵凯教授认为："在我们的教学中，同一问题，既可以把原始的物理问题提交给学生（有时可以同时给一些提示，或通过一系列的问题引导学生去思考整个解决问题的途径）：也可以由教师把物理问题分解或抽象成一定的数学模型后再提交给学生。习惯于解后一类问题的学生，在遇到前一类问题时，往往会不知所措"。②

怎样改变传统的教育观念？杨振宁教授认为"这涉及整个社会风气，因而是件困难的事。这件事如果做成功，也是一种革命。这是个比在一门学问里面创造出新的学问还要困难的事，这是根深蒂固的事，不是一两天能改过来的"。③

更新科学教育观念，应该扎实实地去探索有关的突破口，而模型作为科学教育活动的中介，它是连接理论与实践的中介，在科学教育活动中起了桥梁作用。正是由于模型是把理论与实践紧密联系起来的中介，所以在科学教育中认识主体建构模型的目的就不只是停留在模型本身的结构与性质的探索上，而是为了通过模型研究来获得科学能力的发展。

---

① 邢红军. 中学物理论文写作教程［M］. 郑州：河南科学技术出版社，1993：247.

② 林纯镇，吴崇试. 我国赴美物理研究生考试（CUSPEA）历届试题集解［M］. 北京：高等教育出版社，1985.

③ 宁平治、唐贤民、张庆华主编：杨振宁演讲集［M］. 天津：南开大学出版社，1989 年：130.

2. 加强模型方法教育的研究有助于改革教学方法

我国传统的科学教育方法，一般都是接受学习模式，"题海战术"的普通运用便是这种教学模式的一个缩影。

我国目前的习题教学，是接受学习的一种具体方式，按照教育心理学理论，在接受学习中，要学习的全部内容是以定论形式呈现给学习者的。这种学习不涉及学生任何独立的发展，只需将要学习的内容内化，以便日后的某个时刻再现并运用，这种学习方式的主要缺点在于学生的学习是被动的，他们不明白学习内容的用处，因而这种学习的结果常常不能迁移。

其实，会解习题并不意味着掌握了模型方法，1986年，一个外国教育代表团到北京一所重点中学参观，他们对我国中学生的物理水平特别是解题能力给予了高度评价，但也发现我国中学生不善于解答有多余条件的问题，他们出了3道题，每题有十几个数据，但解题只用其中三四个数据即可很快完成，请5位学生来做，结果没有一个人做对。学生们认为，只有把所有数据用上才行，因此不敢下手去做。若能对题设条件去粗取精并具体化形成模型，便可简捷获解。问题的症结在于我国学生擅长的是习题而非模型。

目前的习题教学的缺陷在于：每一道习题都是从现象中抽象而来，已经把研究对象（原型）的一些次要细节，非本质的联系舍去，也即是说，这些本应由学生去体验的"去伪存真"的工作被"越组代疱"了，学生在习题教学中所进行的工作就只需"按图索骥"。这样，就必然缺乏部分的（但却是必不可少的）认识过程，其结果是割裂了主体与客体的联系，使学生的思维能力出现了缺陷。

模型教学则属于发现学习方式的范畴，发现学习的基本特征是：学习的主要内容不是给予的，在学生内化它以前，必须由他们自己去发现，杨振宁教授认为，"仅仅读很多的书，从教师那里学到很多知识，做很多习题，只能是训练独立思考能力的一半，而另一半的方法是复杂的，这个方法是靠自己去摸索、去创造"。[①] 可以认为，模型方法就是杨振宁所说的另一半方法的重要组成部分，无论是在教育活动中，还是在科学研究活动中，模型方法都是非常重要的方法。

3. 加强模型方法教育的研究有助于改革科学教育教材

科学教育中的教材是科学教育的基本依据，是连接学生与教师，课内与课外，知识与发展的纽带，也是一个国家科学教育水平的标志，而模型对于科学教育教材的编写有着重要的启示作用。

科学教育材料的结构，一般包括三个部分：科学知识结构、思维逻辑结构和科学实验结构。在三种结构中，知识结构是最主要的，科学知识结构，是指科学教材中所包含的知识点的位置、层次和相互关系。

---

① 宁平治、唐贤民、张庆华主编：杨振宁演讲集［M］．天津：南开大学出版社，1989：143.

思维逻辑结构，是指科学知识点之间的逻辑关系和知识之间的内在关系，以及教材中内含的思维方法的研究方法的内容与训练安排。

科学实验结构，是指教材中演示实验和学生实验的内容与分布。

我国 40 多年来的科学教育教材，基本上是以传统知识体系为主线展开，忽视科学思维方法和研究方法的内容与训练安排，科学方法的训练就是习题而非模型。这带有很大的缺陷。

国外科学教材的知识结构可分为两大类：一类与我国类似，另一类则偏重科学研究方法，后一类教材模糊了科学知识点等的体系的界限，突出展开科学研究过程，在学生的认知结构上，强调综合认知，强调联想和发展等思维能力对认知的作用。比如美国的 PSSC 物理教材，它按照两条线索组织教材，一条线索是物质，另一条线索是光，它们在波粒二象性模型上会合起来，而 PSSC 物理教材中的其他概念，一方面不断引申发展自己的体系，另一方面为树立波粒二象性模型服务。PSSC 物理教材的这个特点，在光学内容的编写上表现得淋漓尽致。在光学研究中先确立了光的粒子模型，用它去解解释光的行为，一些现象被合理地解释，而另一些却遇到了困难，甚至矛盾，因此，物理学家面临着两种选择：其一是推翻旧模型，建立新模型；其二是修改旧模型，使它更完善。物理学家做了一种选择：引入波现象，形成波理论，观察一系列光行为（如干涉、衍射、反射、折射），用波理论解释它们，由此建立光的波模型，PSSC 物理教材尽量让学生了解物理学史上的光模型建立过程，帮助学生树立科学探究的方法论和态度。PSSC 物理教材编写中模型化方法的运用，可以给我们以有益的启示。

第三章 高中物理知识获得过程中科学方法教育内容研究

第一节 导 言

一、研究背景

科学日新月异，知识量如爆炸一般迅速增长。在这样知识的海洋里学习，如果仅仅是为了获取知识，将会事倍功半。更为关键的是，掌握各种知识之间的联系，了解了这些联系背后的规律，也就是科学方法，以"一通百通"的姿态来面对浩瀚的知识世界。

但凡在物理学领域有所成就的人，都不会小视物理科学中举足轻重的科学方法，他们甚至将科学方法看作是物理学的核心之一。

因此，物理教学的根本目标，并不是仅限于让学生学会物理知识，还要懂得科学方法。只有掌握了科学方法，学生在深入学习物理的过程中才能更快、更准确地理解科学规律，而不是"只见树木，不见森林"似的学习。

在国外，很早就开始重视对进行学生科学方法教育，将此作为物理学或科学课程的基本目标之一写入课程标准。1999 年，欧洲物理学会在一次国际性的物理教育研讨会上宣读了一篇题为《2000 年后：未来的科学教育》的报告，对为 5 ~ 16 岁的学生设置的新科学课程提出了 10 条推荐性意见，其中包括："科学课程应该向学生提供科学思想和科学方法的认识。在科学历史发展的过程中，人们正是借助于这些思想和方法获得关于自然世界的知识。"①

在我国，虽然很早就注意到了科学方法的重要性，但真正在物理教育中系统地进行科学方法教育的推广，在高中《物理课程标准》中才有一定的体现，科学方法进入物理教科书并在各地推广也是近几年出现的。

---

① Robin millar, Jonathan Osborne. Beyond 2000: Science Education for the Future (A Report with Ten Recommendations) [R]. Robin Millar and Jonathon Osborne, 1998: 20.

二、科学方法教育的现状

1. 教学现状

科学方法教育已在高中《物理课程标准》中明确提出，并将"过程与方法"作为重要的课程维度，但是目前课程改革教学实践表明，科学方法教育并没有得到很好的实施。一是教师对科学方法教育价值不清楚；二是科学方法教育内容尚不明朗，不如科学知识教育那样有迹可循、有章可依；三是科学方法教育目标不明确，教师无从把握科学方法教育的深度；四是科学方法教育的方式不正确，并没有将科学方法教育当成一个有体系的、与科学知识教育相辅相成的环节去实施。这些因素的存在，大大阻碍了科学方法教育的发展。

2. 研究现状

系统而有效地研究科学方法的成果会间接地反映在出版物之中。对目前的期刊及硕博论文库进行搜索，就能看出目前科学方法教育的动态趋势如何。由于期刊数量众多，故选取中学物理教学领域中具有代表性的四种期刊（《物理教师》《中学物理教学参考》《物理通报》和《物理教学探讨》）及硕博论文库进行检索，检出初步符合本研究的论文并统计数量如表3-1所示。

表3-1　当前重点期刊及硕博论文中涉及科学方法教育理论探讨的文章统计

篇数 ＼ 期刊 ＼ 年份	物理教师	中学物理参考	物理通报	物理教学探讨	硕博论文库
1995－2000	7	3	1	0	0
2000－2009	10	1	13	5	15

其中，涉及科学方法教育理论的硕博论文大部分集中在近两三年，并且数量逐年增多。从表3-1可以看出，研究科学方法教育的文献数量呈逐步上升的趋势，也就是说，科学方法教育已经逐渐为物理教学界人士所重视，它的重要性已经凸显。从这些文章的观点来看，科学方法教育已经涉及学生思维、逻辑、意识以及获取知识、分析问题的能力等各个方面。

然而对这些文献仔细分析，可以发现这些文章都只是很零散地对科学方法进行概述，科学方法研究缺乏系统性，也没有很明确的界定，这就对科学方法教学理论的推广与应用产生了不利影响。更重要的，这些文章都缺乏科学方法教育的具体目标，没有具体的教学方式，只有很笼统的教学建议，且这些操作缺乏细致性，在实际教学中缺乏可操作性，难以面向全体中学生进行科学方法教育。

这些文献另一个更为重要的共同点是，作者对于科学方法教育的态度基本都是

"隐性教育为主，显性教育为辅"①，而且作者都在文献中将其列为若干科学方法教育的基本原则之一②③。而事实上，物理教育的重心已经从物理学什么转向怎么学物理，并开始关注过程。由于科学方法比科学知识更加晦涩，更加难以理解，如果不加以明示而只是带领学生进行所谓的感悟，其教学效果大概也只有理论上才能够成立。因此，重视科学方法的显性教育是目前物理科学方法教育迈出的重要一步。

虽然每位研究者对科学方法的理解不同是目前科学方法教育研究不到位的主要原因，但是缺乏系统、全面的研究使得科学方法教育理论积累不足则是这个现状背后更深层次的原因，而这又可以归结为科学方法教育目标的缺乏。这似乎是一个循环论证的悖谬，因此，尽快制订现阶段所能应用的科学方法教育目标就成为时当务之急。

3. 研究的主要问题

物理教师的教学内容首先要依据物理课本，而物理课本中的内容编排首先要依据高中《物理课程标准》。细观高中《物理课程标准》，其中多处提到要进行科学方法教育，比如在"课程基本理念"中有如下叙述："高中物理课程旨在进一步提高学生的科学素养，从知识与技能、过程与方法、情感态度与价值观等三个方面培养学生，为学生终身发展、应对现代社会和未来发展的挑战奠定基础。"④ 在"课程模块说明"中的"共同必修"一节中有如下叙述："在该模块中，学生通过学习运动、相互作用及运动规律、能量等物理学的核心内容，经历一些科学探究活动，初步了解物理学的特点和研究方法……"以及"课程总目标"中："学习科学探究方法，发展自主学习能力，养成良好的思维习惯，能运用物理知识和科学探究方法解决一些问题。"在"课程具体目标"中更有对于"过程和方法"的要求大致说明。这些都使教师在理念上注意到科学方法教育，提醒教师在进行具体教学工作中渗透科学方法。

下面分析目前高中物理科学方法教育不到位的原因。

首先，高中《物理课程标准》中并没有明确回答"物理课程中增加科学方法教育的意义是什么"这个问题。在高中《物理课程标准》解读中，关于这一问题指出："物理能力是顺利解决物理问题的个体心理特征。物理能力的基本要素是物理知识和物理技能，对知识的深刻理解和对技能的熟练运用从而形成知识和技能的广泛迁移，即成为能力。学习物理学的方法对物理能力的形成具有积极的作用。"⑤ 显然，这仅将科学知识看成物理能力的组成部分，却将科学方法看成是附加的"催化剂"的观点，无形中降低了科学方法的教育价值，最终导致教师在教学中不重视科

---

① 蔡志凌. 加强科学方法的培养 [J]. 技术物理教学, 2002, 6: 6 - 7.

② 王文英. 在中学物理教学中开展科学方法教育之实践和探索 [D]. 南昌: 江西师范大学, 2004: 15.

③ 张博. 新课标下中学物理科学方法教育的探究 [D]. 上海: 华东师范大学, 2007: 26.

④ 中华人民共和国教育部. 高中物理课程标准（实验）[S]. 北京: 人民教育出版社, 2003.

⑤ 廖伯琴，等. 中学物理课程改革的目标与实施 [M]. 北京: 高等教育出版社, 2003: 73.

学方法教育。

其次，虽然在高中《物理课程标准》中，明确了三维课程目标，包括"知识与技能""过程与方法""情感、态度和价值观"，但相较于"知识与技能"有详细的规定，且各个模块都详列了"知识与技能"方面的目标，"过程与方法"却没有对各个模块进行目标的详列。因此，教师即使有心进行科学方法教育，也无从得知科学方法的具体内容，教学也就无从谈起。

再次，由于高中《物理课程标准》缺乏对科学方法的具体详述，教师在实际教学中就难以把握科学方法教育的深度，只能笼统地"一把抓"。科学方法教育缺乏整体协调性，不能体现出科学方法整体结构的逻辑关系，更无法做到针对学生心理特征有条理地进行教学。

本章致力于解决上述问题，对科学方法教育中可能遇到的问题逐一进行分析。首先从哲学、物理学、教育学和心理学等角度分析科学方法教育的必要性，再从科学方法本身的框架出发，分析在高中物理教学中进行科学方法教育的可行性，并制订出理论可行的实施方案，该方案包含科学方法教育内容和教育目标两方面的内容。

第二节　理论基础

一、方法论基础

1. 哲学：方法论与世界观共生

世界观的形成总是伴随着方法论的建立，哲学本身即是一个世界观与方法论的有机结合体，世界观是客观世界在人头脑中的反映，方法论则是关于人们认识世界和改造世界的方法的理论，它给人们提供一套行为理论与方案，使人们可以"照章办事"。脱离方法论的世界观将是狭隘的、不完全的。方法论在不同层次上可以区分为哲学方法论、一般科学方法论和具体科学方法论。具体科学方法论是研究某一具体方法学科，涉及某一具体领域的方法理论；科学方法论是研究各门具体学科，带有一定普遍意义，适用于许多有关领域的方法理论；哲学方法论是具体科学方法论的概括和总结，是最一般的方法论，它对一般科学方法论和具体科学方法论具有指导意义。[1]

杜威实用主义教育思想的核心是：教育即自然生长。[2] 这就是说，教育应当符合人的认知、学习的基本规律。学生学习的过程是学生间接认识世界、学习间接经验的过程，它与人类认识自然的过程有着很多的相似之处，同样是需要将世界观与

---

① 王锐生，冯卓然. 马克思哲学基本原理 [M]. 北京：高等教育出版社，1990：3-4.
② 杜威著，姜文闵. 我们怎样思维·经验与教育 [M]. 北京：人民教育出版社，2005：6.

方法论结合起来，用方法论去指导世界观转化为外在行为，否则，世界观将成为一潭死水，习得的知识也将不成体系，无法应用，毫无生气。

由此可见，学生学习科学方法是与学习科学知识相伴而生的一个过程，并且对科学知识的习得具有促进作用。

2. 物理学：物理学代表着一套方法

"物理学是所有自然科学和工程技术的理论基础，物理学代表着一套获得知识、组织知识和运用知识的有效步骤和方法。把这套方法运用到什么问题上，这问题就变成了物理学。"这句话出自北大物理学教授赵凯华先生，这说明站在高处看物理学的发展，物理学的知识体系离不开方法的支撑。如果把物理学比作一棵大树的话，方法就是那一脉相承的树干，而知识就是随风飘动着的树叶。片片树叶之间以树干相连，一片叶子陨落，只要有树干在，还会有新的树叶冒出来，而一旦树干倒塌，那整个物理学将不再重生。

因此，作为教师，仅传授物理科学知识，而不传授学生物理科学方法，就没有从根本上教会学生物理学的本质，学生习得的物理学只能是静态的、毫无生气的。正所谓"授人以鱼，不如授人以渔"，传授物理科学方法是传承物理学精髓的必然要求。

3. 教育学：教育应着眼于未来

教育要"面向现代化、面向世界、面向未来"，如何让学生适应未来社会的发展？要教会学生学会学习。而学会学习的最直接的体现，就是学会一定的方法，在物理学科中，就是要学生学会知识背后的形成过程以及在这个过程中所用到的科学方法。不教授学生学习科学方法而只重视科学知识的传授，是以偏概全的物理教育。

时至今日，生产力迅猛发展，竞争如此激烈，我们的教育却还停留在科学知识传授的层面，将使得教育与应用严重脱离，失去教育作为"百年大计"的一项重要功用。并且，更多的学生在离开高中阶段之后将不再继续从事与物理学有关的学习、研究或工作，如果学生无法从物理教学中受益，这种教学就彻底地失败了。

4. 心理学：认知发展训练的最佳手段

皮亚杰认知发展理论认为，儿童从出生到成年的认知发展过程可以划分为四个阶段，即感知运算阶段（0~2岁）、前运算阶段（2~7岁）、具体运算阶段（7~12岁）和形式运算阶段（12~15岁）。胡安·帕斯奎尔·莱昂等人将皮亚杰的运算阶段具体细分为早、中、晚等各阶段，并引入了一个"中心计算空间 M"的概念来解释认知发展。M 空间解释为"$e+k$"，其中 e 指贮存有关如何解决问题的一般知识的加工能力，k 是指贮存有关解决问题及具体步骤的知识的能力。e 是不变的，但是 k 随着儿童年龄的增长而有所增加[①]，如表 3-2 所示。

---

① 乔际平，邢红军. 物理教育心理学 [M]. 南宁：广西教育出版社，2002：23.

表 3 – 2　不同发展水平个体的 M 空间

年龄（岁）	皮亚杰的发展阶段	M 空间（e + k）
3 ~ 4	前运算中期	e + 1
5 ~ 6	前运算晚期	e + 2
7 ~ 8	具体运算早期	e + 3
9 ~ 10	具体运算晚期	e + 4
11 ~ 12	形式运算早期	e + 5
13 ~ 14	形式运算中期	e + 6
15 ~ 16	形式运算晚期	e + 7

　　高一物理起步时，中学生的年龄大致处于 14 ~ 16 岁的阶段，恰是形式运算中、晚期的阶段，他们的认知特征是具有初步利用科学方法处理问题的能力，又是发展科学方法思维的最佳时期。但是对目前中学生的认知水平模糊判别却发现，"我国高中学生多数物理思维没有进入到形式运算阶段"[1]，偏离正常水平。这也许正是科学方法教育缺乏或隐性化处理的结果，死记硬背物理规律只能让他们的记忆力得到发展，将富有理性与推理的物理学成只记忆表面现象公式，通过大量的机械记忆，把处理较高认知水平的"运用"降低为较低水平的"记忆"。没有真正的"运用"，就不可能实现认识的第二次飞跃。按照这种方法教学，学生只能暂时记住若干物理规律和有关知识组块，并未掌握物理知识的基本结构，使学生利用认知结构生成新知识组块的能力萎缩，使他们学到的物理概念、规律成为封闭的静态的无生命力、孤立的条文。这种缺乏科学方法的教学压抑学生逻辑思维的发展，也错过了使学生的思维水平达到更高层次的思维训练的最佳时机。

　　因此，"毫无疑问，培养学生的形式运算能力应当是物理教育的重要任务之一"[2]。要促进学生认知水平的提高，科学方法的显化教育是一条行之有效的捷径。这需要进行科学方法方面的培养，以最大限度地发展学生的心智，让他们的思维进入更高层次的运算阶段，提高他们的逻辑推理能力。

二、科学方法的含义

1. 对方法的理解

　　对于"方法"的定义，目前尚没有一个明确的解释。汉字词语主要来源于中国古代文学《墨子·天志》："中吾矩者，谓之方；不中吾矩者，谓之不方。是以方与不方，皆可得而知之。此其何故？则方法明也。"随着时代的发展，方法更多地用来表示完成某事的过程。而现在"方法"多解释为："人们为实现达到认识客观世

---

① 乔际平，邢红军. 物理教育心理学 ［M］. 南宁：广西教育出版社，2002：27.
② 乔际平，邢红军. 物理教育心理学 ［M］. 南宁：广西教育出版社，2002：20.

界这一基本目的而采用的手段和途径"[①] 或 "人们在认识和改造客观世界的实践活动中总结出来的正确的思维方式和行为方式"[②]。这种定义的不足之处在于：该定义笼统地使用"手段和途径"进行定义，然而"手段和途径"有宏观与微观之分，如果事无巨细统而概之，这样的定义对于研究而言是不利的。

我们认为，方法有别于具体操作，它首先应该是一类操作的统称。比如从甲地去到乙地，对具体的操作有很多种描述，譬如走路去、乘坐公交车去、自驾车去、开车到某桥然后右转 20 米、开车到某路口左转 60 米等，那么我们可以将"乘坐公交车去""自驾车去"归为一类，并得到取名为"使用交通工具"的方法。当然，从不同的层次看，依然能得到不同的方法，譬如将"开车到某桥然后右转 20 米"和"开车到某路口左转 60 米"合在一起，并得到取名为"自驾车"的方法。我们发现"自驾车"既可以是一个操作，也可以成为一种方法。那么还需要规定"方法"的另一种属性，即"具有推广性"，这使得在遇到一个类似的情境的时候，能够将"方法"迁移到另一个情境中去，这样诸如"开车到某桥然后右转 20 米"的说法就不是一种方法，而是一个具体操作。因为下次再使用它的时候，只能到达乙地，绝不可能去到另一个地方。

将方法的这两种属性添加至原来对"方法"的定义中去，我们可以得到一个相对合理的方法定义："人们为实现达到认识客观世界和改造世界等目的而采用的，并且可以将它应用于其他类似情境中的某一类手段或途径的统称"。

2. 科学方法的含义

科学方法既已定义为"某一类手段或途径的统称"，那么它与使用具体科学理论的操作之间应当有所区别。具体科学理论往往建立在单一模型的基础上，科学理论的规律由这一模型所特有，因此，想要将它运用到别的模型上去时，受限于规律不同，该方法往往很难再次使用。

譬如在伏安法测电阻的实验图 3-1 中，使用了所谓的"伏安法"，然而"伏安法"在使用时有着太多的约束：整个电路系统应当为纯电阻电路，此时要求电路中没有电容、电感元件或可以忽略所有的电容、电感效应；整个电路系统应当为模拟电路而非逻辑电路或集成电路，以便电路元件可以工作在变化的电流条件下；电路系统的电源应当提供稳恒直流，这样，当电路稳定时才有可能"同时"读得某一状态下的电压值和电流值；电路系统中被测电阻应当为线性元件，否则一旦电压（或电流）改变，那么电阻也将不是原来的值，多次重复测量将没有意义（除非只是为了描绘伏安特性曲线，但这已经不能作为测量电阻的方法了）。在这些约束下，我们使用"伏安法"的方法就只能每次都用来测量这一种模型下的具体物理量了，因此它不具有良好的可推广性，不能纳入科学方法范畴内。

---

① 付洪艳. 初中物理科学方法教育内容的研究 [D]. 北京：首都师范大学, 2009, 4：8.
② 陈清梅. 物理教学中科学方法教育的研究 [D]. 北京：首都师范大学, 2003, 6：6.

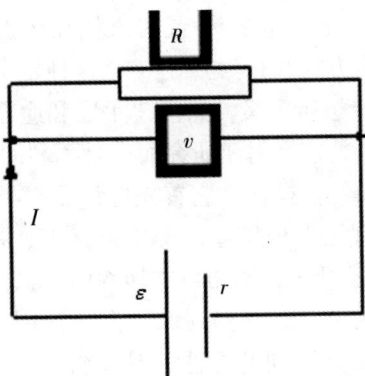

图 3 - 1　　"伏安法"测电阻的电路图

　　某些基于物理学普适规律的具体计算过程和科学方法非常相似，比如使用"能量守恒定律"来计算时，看上去也具有很好的推广性，可是在具体处理问题的时候，我们有更为统一的过程分类方法，因此它通常可以分别计入不同的科学方法范畴内，比如我们应用"能量守恒定律"时，通常会将某个问题进行定性，也就是确定本问题中使用的模型，这是"理想化模型（理想化方法之一）"，在不同的情境中也许满足能量不变的系统可能不一样，因此，我们也需要"整体法"来选取我们的研究对象。这样的分类比所谓"能量守恒定律法"推广性要好得多，操作也相对更加明确，因此，我们并没有将"能量守恒定律法"等基于物理学普适规律的具体过程计入科学方法范畴。

　　在物理学科中，物理研究方法包括两方面的内容，一是学科方法，二是思维方法。有时，学科方法与思维方法也不太容易区分。其中，学科方法与物理学科本身联系紧密，结合了数学物理基础及对应的操作过程，因此具有较强的可操作性，在教学中可以明确地传授给学生，学生亦能够根据学科方法的操作过程具体解决物理问题。而思维方法与物理学科本身的联系相比学科方法来说并不紧密，它只在思维层面上说明了解决问题的基本思路，而没有给出具体的、可操作的步骤，因此它不具有较强的可操作性，在教学中不能很好地传授给学生，也不利于学生利用思维方法解决实际物理问题或物理习题。将这两种方法仔细区分，能更加系统而有针对性地将学科方法传授给学生。

　　例如，很容易混淆的"演绎与归纳"方法和"演绎推理法"（又称数学推演法等）方法。前者是思维方法，主要是从思维的逻辑角度提出来的，演绎是指从大前提到提出小结论的思维过程，归纳是从小结论拓展到大结论的思维过程，但是没有具体的操作行为，在不同的学科有不同的模式；后者是学科方法，主要从物理学科中的知识形成过程角度提出来的，指基于现有物理规律，利用规律的数学表达式，加上一些数学分析的技巧（一般是微积分等高等数学中的内容，这在高中通常降低为初等数学中的特例外加物理学推广），得出另一个适用范围更优的或者使用更方便的结论，这个过程中包含了一种操作，即利用数学手段对物理规律的数学表达式进行变形，当新的关系式具备了另一种更为广泛的，或者更为合适的物理意义的时候，这个新的关系式就可以作为更新的物理规律进行使用。所以"演绎推理法"的可操作性更好，虽然它在等式变形的步骤上隐藏了很多数学细节，但这并不影响我们对于这个操作中相关物理部分的理解。

三、科学方法的层次结构

1. 基本层次结构

科学方法看似纷繁复杂，实则有迹可循。对于科学方法的体系结构，有不少研究者给出了不同的见解。浙江省物理教学分会提出了方法的四个方面：物理方法、数学方法、逻辑方法和哲学方法[1]；张民生建立了一个科学方法内容框架[2]；乔际平先生按照与物理知识相对应的原则总结了五种规律方法：实验归纳法、物理图像法、猜想法、理想实验法和逆向思维法[3]。而张宪魁先生则将物理学研究的重大影响考虑进物理学方法体系，创建了一个庞大的物理学方法体系图表[4]。

理论虽然各有异同，但是也有一个共同的特点，它们都表明，这些科学方法之间具有一定的层次关系。物理学的主要内容有实验、概念、规律以及应用四个方面，每个方面都有一定的操作过程，不同的过程，操作上有很大区别，因此方法上的区别也很明显。根据物理学的四个方面，我们可以划分出方法的五个类别：一般科学方法、实验方法、概念定义方法、规律总结方法和规律应用方法，其中一般物理学方法指在整个物理学中贯穿的物理学方法，一般以一定的物理学思想为基础，并贯穿于物理学的始终。比如理想化方法，它是以哲学中的个性与共性的理论与基础，排除各种物体的细小差异，抓住其主要方面进行研究与规律的应用，再如图形图像法，即是反映了"数理结合"物理学研究思想。

依据这样的分类，我们可以建立关于物理学的科学方法的体系结构如图 3 - 2 所示。

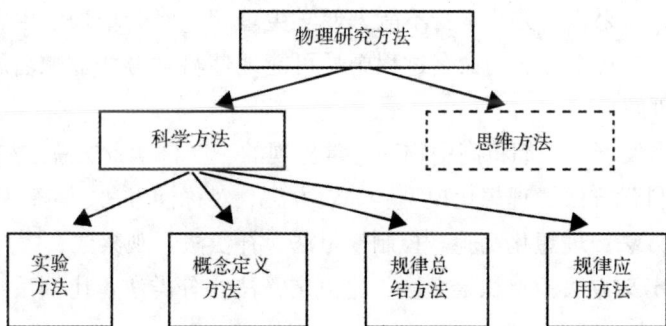

图 3 - 2　科学方法层次结构图

① 浙江省教育学会中学物理教学分会. 高中物理方法教育研究 [M]. 杭州：浙江教育出版社，1995：序 8 - 序 9.

② 张民生. 中学物理教育学 [M]. 上海：上海教育出版社，1999：143 - 144.

③ 乔际平，等. 初中物理教材的选择与分析 [M]. 北京：高等教育出版社，1993：99 - 100.

④ 张宪魁，等. 物理学方法论 [M]. 杭州：浙江教育出版社，2007：3.

2. 具体科学方法内容

在确定了科学方法的层次结构框架的基础上，便可以确定具体科学方法的内容。然而目前对具体科学方法的命名并不统一，因此我们在基本公认的范围内，对科学方法做详细的界定。

界定具体的科学方法的出发点有以下几点：

①应当准确。认定的科学方法中应当避免出现思维方法，并且尽量与使用具体科学知识解决物理问题的方法有所区别。这应当是最基本的原则，不仅有利于科学方法的分类教学，也使得它能够充分发挥物理科学方法的最大功效，让学生学习更加高效。

②需要全面。不能为了尽量避免思维方法而遗漏一部分科学方法，这同样依赖于对科学方法的精确判定。

③互不交叉。即不出现一种具体的操作被归入两个科学方法的情况。由于对科学方法理解目前尚无统一的认识，可能对于某一具体操作过程，不同的人出于对它的不同理解，可能会将它归入不同的科学方法范畴中去。因此，就需要对这些情况有一定的预见性，并详细而弹性地制定科学方法的定义，使得当出现一种操作过程的时候，可以明确地匹配定义归入某一种科学方法当中去。

④规范定义。不同类别的操作尽量不归为一类。每一类中所包含的各种操作（至少应当包括高中阶段出现的各种操作）的共性越多，对这种方法的描述也将会越多，更方便学生对这种方法的理解。

⑤方便理解。确立科学方法的最终目的是为了能更好地在高中阶段推行科学方法的显化教育，如果科学方法本身不能方便学生理解，将会增加学生学习过程中的接受难度。我们在科学方法的命名过程中尽可能地使科学方法能顾名思义，易于学生理解记忆与理解。

基于以上出发点，我们将高中物理经常出现的一些科学方法总结如下：

（1）一般科学方法：理想化模型、等效方法、对称性方法、实验验证法等；

（2）实验方法：理想化实验、控制变量法、补偿法、观察法、放大法等；

（3）概念定义方法：乘积定义法、比值定义法、分类法、比例系数法、直接定义法等；

（4）规律总结方法：实验归纳法、演绎推理法、类比法、图形图像法等；

（5）规律应用方法：整体法、近似估算法、极限法等。

这样，我们便确立了高中物理科学方法的总体结构。

四、科学方法研究范围的界定

在显化科学方法之前需要明确所研究的科学方法包含的范围。由于科学方法的外显操作非常明确，所以可以很方便地确定物理方法的教学要求，这对于确定科学方法教学内容是非常有利的，也使得在物理课程标准中加入科学方法的明确要求不仅必要，也是可行的。

在学习科学的过程中，学生需要经过输入和输出，即内化学习与外显应用两个阶段。与此相对应，教师的教学也分为两类，一类是"实验教学""概念教学"和"规律教学"，这些是针对学生将知识内化所做的策略性引导，在这些教学中，所对应的主要科学方法教学内容应是："一般科学方法""实验方法""概念定义方法"和"规律总结方法"。另一类教师教学是"习题问题教学"，这是针对学生应用知识，解决习题或实际问题所做的策略性引导与强化，在这类教学中，所对应的主要科学方法教学内容应是："一般科学方法""规律应用方法"。

教育部将学生内化学习的教学目标写成高中《物理课程标准》，而将学生外显应用的培养目标写成《考试大纲》，因此，我们对于科学方法的研究也据此分为两部分，对于高中《物理课程标准》的科学方法研究，我们目前仅限定于学生内化学习过程中所遇到的主要科学方法，即："一般科学方法""实验方法""概念定义方法"和"规律总结方法"。

五、教育目标理论

目前流行的教育目标理论，均来源于布卢姆的教育目标分类学理论。布卢姆的理论认为，教学目标可用一个单维度的分类来衡量：知识、领会、应用、分析、综合和评价。但是这个评价标准对科学方法教育目标的制订是不适合的，因为这个单维度的分类主要是面向知识本身的学习的，其第一类别便是"知识"，这里它既作名词解，又作动词解，表意出现歧义。

为了使布卢姆的教育目标分类学能更贴近教育实践，几十年来有很多研究工作者对布卢姆教育目标分类学进行了不同版本的修订。其中最为正规的修订工作是由当代著名课程理论与教育研究专家安德森（Anderson L. W）和曾与布卢姆合作研究教育目标学的克拉斯沃（Krathwohl D. R）共同主持的，由包括著名教育心理学家梅耶（Mayer R. E）和测验评价专家阿莱萨（Airasian P. W）等近10位专家组成的研究团队耗时10年，于2001年打造完成的安德森认知目标分类学。

安德森认知目标分类学将原有的单一维度的分类拆分成了两个维度，不同类别的"知识"单独提出来合成一个"知识维度"，而对于这些知识的不同目标则归为另外的"认知过程维度"，如表3-3和表3-4所示。[①]

---

① 盛群力，等. 21世纪教育目标新分类 [M]. 杭州：浙江教育出版社，2008：7-8.

表 3 – 3　安德森认知目标分类学知识维的框架

序号	知识维	认知要求
1	事实性知识（factual knowledge）	学习者在掌握某一学科或解决问题时必须知道的基本要素
2	概念性知识（conceptual knowledge）	某个整体结构中发挥共同作用的各基本要素之间的关系
3	程序性知识（procedural knowledge）	如何做事的知识；探究的方法；运用技能的准则；算法、技巧和方法的知识 ①具体学科技能和算法的知识 ②具体学科技巧和方法的知识 ③确定何时运用适当程序的知识
4	元认知知识（metacognitive knowledge）	关于一般的认知知识和自我认识的知识

表 3 – 4　安德森认知目标分类学认知过程维的框架

序号	认知过程维	认知要求
1	记忆（remembering）	从长时记忆库中提取相关知识 ①识别（recognizing）、②回忆（recalling）
2	理解（understanding）	能够确定口头的、书面的或图表图形的信息中所表达的意义 ①解释（interpreting）、②举例（examplifying）、③分类（classifying）、④总结（summarizing）、⑤推断（inferring）、⑥比较（comparing）、⑦说明（explaining）
3	应用（applying）	在特定情境中运用某个程序 ①执行（executing）、②实施（implementing）
4	分析（analyze）	将材料分解为各组成部分并且确定这些组成部分是如何相互关联的以及部分同总体之间的联系 ①区分（differentialing）、②组织（organizing）、③归属（attributing）
5	评价（evaluate）	依据准则和标准来做出判断 ①核查（checking）、②评判（critiquing）
6	创造（create）	将要素整合为一个内在一致、功能统一的整体或形成一个原创的产品 ①生成（generating）、②计划（planning）、③贯彻（producing）

　　在安德森认知目标分类学知识维的框架中，根据"程序性知识"的子类的描述可以看出，对于物理学科，这就是指物理学科方法与思维方法。具体说来，"具体学科技能和算法的知识"就是利用物理学科的具体科学知识和数学工具解决问题的能力与过程，"具体学科技巧和方法的知识"则正对应于物理学中的学科方法，而"确定何时运用适当程序的知识"则相对应于物理学中所体现出的思维方法。因此，将安德森的目标分类学用于科学方法的教育目标分类的制定，是比较合理的。

第三节　高中物理知识获得过程中科学方法的教育内容

一、科学方法教育内容的确立

1. 对应原则

我们在已经建立起来的科学方法体系上，通过与高中物理学知识点的联系，从而可以将科学方法从高中《物理课程标准》中显化出来。倘若我们对高中《物理课程标准》中的每一个知识点做一次对应的话，理论上可以发现概念或规律所对应的所有科学方法，因而也就可以将高中《物理课程标准》中隐含的所有科学方法显化出来。

例如，要将"牛顿第二定律"中的科学方法进行显化，则我们需要对这部分内容的前后知识结构的逻辑关系进行回顾。从牛顿第一定律出发，物体产生加速度的条件是物体所受合外力不为零，因此，我们可以猜想加速度与物体所受合外力以及物体的内禀属性质量有关，然后我们需要设计一些定量的实验以验证些猜想，这是实验验证法。在实验中有三个相互关联的物理量，因此，需要先控制住质量研究加速度与合外力之间的关系，再控制住合外力研究加速度与质量之间的关系，这是控制变量法。实验得出的数据需要经过处理才能验证猜想，最简单、最直观的方法是图形图像法，通过做出两个物理量之间的变化图像得出函数的变化趋势。将两者综合起来，得出的关系式，并在国际单位制中取值，最终得到了表达式，这就应用了比例系数法。可见这一部分中主要使用的方法有四种：实验验证法、控制变量法、图形图像法和比例系数法，因此我们确定"牛顿第二定律"与实验验证法、控制变量法、图形图像法和比例系数法相对应。

2. 科学方法教学内容

我们将高中《物理课程标准》中各个模块中对物理学知识的描述概括出知识点，并且根据对应原则，将各个知识点所对应的科学方法显化出来。表3－5～表3－16是高中《物理课程标准》中所有模块中的科学内容以及与之相对应的主要科学方法一览，其中水平一栏指课标中对于该知识点所要求的目标，由低到高分为四大类：了解、认识、理解和应用。[①]

[①]　表中课标描述一栏指的是高中《物理课程标准》中相对应的知识叙述，由于篇幅等原因，不再将高中《物理课程标准》中的有关叙述引述进来，而只写序号，读者可以参照课标对应来看。

表5　课标中物理必修1模块所对应的科学方法

内容	课标描述	对应知识点	水平	一般科学方法	特殊科学方法
一、运动的描述	(1)	—	—	—	—
	(2)	质点	认识	理想化模型	直接定义法
	(3)	位移 速度 加速度 匀变速直线运动的规律	理解 理解 理解 了解	图形图像法 图形图像法 图形图像法 图形图像法、实验验证法直接定义法	比值定义法 比值定义法 演绎推理法、实验归纳法
	(4)	图像认识图形图像法	—	—	—
二、相互作用与运动规律	(1)	滑动摩擦、静摩擦 动摩擦因数	认识 理解	—	分类法、实验归纳法 比例系数法
	(2)	形变 弹性 胡克定律	了解 了解 了解	理想化模型	直接定义法、放大法 实验归纳法 比例系数法
	(3)	力的合成与分解 共点力平衡条件 矢量与标量	理解 了解 理解	等效法、图形图像法、实验验证法 理想化模型	演绎推理法 分类法
	(4)	牛顿第一定律 牛顿第二定律 牛顿第三定律 超重、失重	理解 理解 理解 认识	理想化实验 实验验证法	实验归纳法 实验归纳法、控制变量法、比例系数法 实验归纳法 观察法、演绎推理法
	(5)	力学单位制	认识	—	演绎推理法

表3-6　课标中物理必修2模块所对应的科学方法

内容	课标描述	对应知识点	水平	一般科学方法	特殊科学方法
一、运动的描述	(1)	功 功率	理解 理解	理想化模型	乘积定义法 比值定义法
	(2)	动能 动能定理	理解 理解	实验归纳法	分类法 演绎推理法
	(3)	重力势能 重力势能的变化与做功的关系	理解 了解	实验验证法	分类法 演绎推理法

续表

内容	课标描述	对应知识点	水平	一般科学方法	特殊科学方法
一、运动的描述	(4)	机械能守恒定律	应用	实验验证法	实验归纳法
	(5)	能量守恒定律	了解	实验验证法	实验归纳法
	(6)	—	—	—	—
二、抛体运动与圆周运动	(1)	运动的合成与分解	理解	等效法、图形图像法	图形图像法、类比法
	(2)	匀速圆周运动 向心加速度	了解 了解	理想化模型 等效法	图形图像法 分类法
	(3)	离心现像	理解	实验验证法	观察法
	(4)	—	—	—	—
三、经典力学的成就与局限性	(1)	万有引力定律	了解	实验验证法	实验归纳法
	(2)	第一宇宙速度 第二宇宙速度 第三宇宙速度	理解 了解 了解	理想化模型、实验验证法 理想化模型、实验验证法 理想化模型、实验验证法	演绎推理法 演绎推理法 演绎推理法
	(3)	相对论时空观	了解	理想化实验、实验验证法	演绎推理法
	(4)	量子化现像	了解	实验验证法	实验归纳法
	(5)	—	—	—	—
	(6)	—	—	—	—

表3-7　课标中物理选修1-1模块所对应的科学方法

内容	课标描述	对应知识点	水平	一般科学方法	特殊科学方法
一、电磁现象与规律	(1)	电荷守恒定律 物质微观模型 静电现象及其解释 点电荷间相互作用规律	理解 理解 理解	理想化模型 理想化模型 理想化模型 理想化模型	实验归纳法 观察法、演绎推理法 实验归纳法、演绎推理法
	(2)	电场 电场线 电场强度 磁场 磁感线 磁感应强度 磁通量	认识 了解 了解 认识 了解 了解 了解	理想化模型 理想化模型	直接定义法 类比法 比值定义法 直接定义法 类比法 比值定义法

内容	课标描述	对应知识点	水平	一般科学方法	特殊科学方法
一、电磁现象与规律	(3)	安培力 左手定则	了解 了解	理想化模型	实验归纳法、控制变量法 实验归纳法
	(4)	洛仑兹力 带电粒子在磁场中的偏转	了解 了解	理想化模型 理想化模型	实验归纳法、控制变量法 演绎推理法
	(5)	电磁感应定律	了解	—	比值定义法、实验归纳法
	(6)	麦克斯韦电磁场理论 场是物质存在形式之一	了解	—	—
二、电磁技术与社会发展	(1)	—	—	—	—
	(2)	发电机 电动机	了解 了解	—	—
	(3)	传感器	了解	—	—
	(4)	—	—	—	—
	(5)	—	—	—	—
三、家用电器与日常生活	(1)	常见家电基本工作原理	了解	—	—
	(2)	家用电器技术参数	了解	—	—
	(3)	电阻器、电容器、电感器	了解		分类法
	(4)	安全用电	了解		

表 3－8　课标中物理选修 1－2 模块所对应的科学方法

内容	课标描述	对应知识点	水平	一般科学方法	特殊科学方法
一、热现象与规律	(1)	分子运动理论 温度 气体压强 内能	了解 认识 认识 认识	理想化模型、实验验证法	演绎推理法 直接定义法 直接定义法
	(2)	热力学第一定律 能量守恒定律	了解 了解	—	实验归纳法 实验归纳法

续表

内容	课标描述	对应知识点	水平	一般科学方法	特殊科学方法
一、热现象与规律	(3)	热力学第二定律 熵	了解 了解	—	实验归纳法
	(4)	—	—	—	—
二、热与生活	(1)	—	—	—	—
	(2)	热机	了解	—	—
	(3)	制冷设备	了解	—	—
三、能源与社会发展	(1)	—	—	—	—
	(2)	—	—	—	—
	(3)	放射现象 质能方程 裂变反应和聚变反应	了解 了解 了解	理想化模型	实验归纳法 演绎推理法 分类法
	(4)	—	—	—	—

表 3－9　课标中物理选修 2－1 模块所对应的科学方法

内容	课标描述	对应知识点	水平	一般科学方法	特殊科学方法
一、电路与电工	(1)	闭合电路欧姆定律 电源电动势 电源内阻	了解 了解 了解	理想化模型 等效法	演绎推理法 比值定义法
	(2)	多用电表的原理与使用	理解	—	演绎推理法
	(3)	电场 电场强度 电容器	了解 了解 了解	—	直接定义法 比值定义法 分类法
	(4)	磁场 磁感应强度 磁通量 安培力 左手定则	了解 了解 了解 认识 理解	等效法	直接定义法 比值定义法 乘积定义法 实验归纳法、控制变量法、乘积定义法 实验归纳法
	(5)	洛仑兹力 带电粒子在磁场中的偏转	认识 了解	理想化模型	实验归纳法 演绎推理法

续表

内容	课标描述	对应知识点	水平	一般科学方法	特殊科学方法
一、电路与电工	(6)	感应电动势 感应电流的方向	认识 理解	等效法 等效法	实验归纳法 演绎推理法
	(7)	交变电流 变压器的电压和匝数的关系 远距离输电	了解 理解	理想化模型	演绎推理法 演绎推理法
	(8)	—	—	—	—
二、电磁波与信息技术	(1)	电磁波 电磁波的发射、传播和接收 光的电磁本性 电磁波谱	了解 了解 了解 理解	—	演绎推理法 演绎推理法 演绎推理法 分类法
	(2)	移动通信的工作模式	了解	—	—
	(3)	传感器	了解	—	—
	(4)	集成电路	了解	—	—
	(5)	电视、广播和电视机的工作模式 电视机的主要结构	了解 了解	—	—
	(6)	家用电脑的组成	了解	—	—
	(7)	模拟信号和数字信号的区别	了解	—	—

表 3-10 课标中物理选修 2-2 模块所对应的科学方法

内容	课标描述	对应知识点	水平	一般科学方法	特殊科学方法
一、力与机械	(1)	平动和转动 转动的描述 传动装置及其作用	理解 了解 了解	理想化模型	分类法
	(2)	共点力平衡条件	认识	—	演绎推理法
	(3)	弹性和范性	了解		分类法
	(4)	刚体的平衡条件	认识	理想化模型	演绎推理法
	(5)	承重结构及其特点 稳度	认识 了解		直接定义法
	(6)	—			

续表

内容	课标描述	对应知识点	水平	一般科学方法	特殊科学方法
二、热与热机	(1)	内燃机、气轮机、喷气发动机的工作原理	了解	—	—
	(2)	热机	了解	理想化模型	演绎推理法
	(3)	电冰箱的组成和结构	了解	理想化模型	演绎推理法
		空调机的组成和结构	了解		
		制冷原理	了解		
	(4)	—	—	—	—
	(5)	—	—	—	—

表 3-11　课标中物理选修 2-3 模块所对应的科学方法

内容	课标描述	对应知识点	水平	一般科学方法	特殊科学方法
一、光与光学仪器	(1)	光的折射定律折射率	理解	—	实验归纳法比值定义法
	(2)	光的全反射现象光纤	认识了解	—	实验归纳法
	(3)	透镜成像规律凸透镜焦距的测定	理解	—	实验归纳法
	(4)	照相机、显微镜、望远镜	了解	—	—
	(5)	光的干涉	认识	理想化模型、等效法	类比法、实验归纳法
		光的衍射	认识	理想化模型	类比法、实验归纳法
		光的偏振	认识	理想化模型	类比法、实验归纳法
	(6)	激光	了解	—	—
		固体和气体激光器原理	了解		
	(7)	新型电光源	了解	—	—
二、原子结构与核技术	(1)	原子的结构	了解		实验归纳法
		原子核的结构	了解	理想化模型	实验归纳法
		衰变	了解	理想化模型	实验归纳法
		半衰期	应用		实验归纳法

续表

内容	课标描述	对应知识点	水平	一般科学方法	特殊科学方法
二、原子结构与核技术	(2)	射线及其特性	了解	—	实验归纳法
	(3)	放射性同位素	了解	—	分类法
	(4)	核裂变 链式反应 核反应堆 核电站的工作模式 核武器	了解 了解 了解 了解 了解	—	分类法
	(5)	核聚变	了解	—	分类法
	(6)	—	—	—	—

表 3 – 12　课标中物理选修 3 – 1 模块所对应的科学方法

内容	课标描述	对应知识点	水平	一般科学方法	特殊科学方法
一、电场	(1)	电荷守恒定律 物质微观模型 静电现象	了解 了解 理解	理想化模型	实验归纳法 实验归纳法、演绎推理法
	(2)	点电荷 点电荷间相互作用规律	了解 了解	理想化模型	实验归纳法、演绎推理法、类比法
	(3)	静电场 电场强度 电场线	了解 理解 了解	理想化模型、图形图象法	直接定义法 比值定义法 类比法
	(4)	电势能 电势 电势差	了解 了解 了解	—	比值定义法
	(5)	电容器 电容	了解 了解	—	分类法 比值定义法
二、电路	(1)	电器元件 电路	了解 了解	理想化模型	—
	(2)	多用电表	了解	—	演绎推理法
	(3)	电阻 电阻定律	了解 了解	—	比值定义法 实验归纳法、控制变量法

续表

内容	课标描述	对应知识点	水平	一般科学方法	特殊科学方法
一、电路	(4)	电源电动势 电源内阻 闭合电路欧姆定律	了解 了解 理解	等效法	比值定义法 演绎推理法
	(5)	—	—		—
	(6)	焦耳定律	了解		演绎推理法
	(7)	门电路	了解	—	—
	(8)	集成电路	了解	—	—
三、磁场	(1)	磁现象	了解	—	观察法
	(2)	磁场 磁感应强度 磁通量 磁感线	了解 了解 了解 了解	等效法 理想化模型、图形图象法	直接定义法 比值定义法 乘积定义法 类比法
	(3)	安培定则	理解	—	实验归纳法
	(4)	安培力 左手定则	认识 理解	—	实验归纳法、控制变量法、乘积定义法
	(5)	洛仑兹力 带电粒子在磁场中的运动	认识 了解	—	实验归纳法 演绎推理法
	(6)	—	—	—	—

表 3-13　课标中物理选修 3-2 模块所对应的科学方法

内容	课标描述	对应知识点	水平	一般科学方法	特殊科学方法
一、电磁感应	(1)	电磁感应现象	了解	—	观察法
	(2)	感应电流产生条件	理解		实验归纳法
	(3)	楞次定律 法拉弟电磁感应定律	理解 理解		实验归纳法 实验归纳法、乘积定义法、比值定义法
	(4)	自感现象 涡流现象	了解 了解		演绎推理法 演绎推理法

续表

内容	课标描述	对应知识点	水平	一般科学方法	特殊科学方法
二、交变电流	(1)	交变电流	了解	—	演绎推理法
	(2)	电容器和电感器对交变电流的导通和阻碍作用	了解	理想化模型	实验归纳法
	(3)	变压器电压与匝数的关系	了解	理想化模型	演绎推理法
	(4)	远距离输电	了解	—	—
三、传感器	(1)	—	—	—	—
	(2)	传感器工作原理	了解	—	—
	(3)	—	—	—	—

表 3-14　课标中物理选修 3-3 模块所对应的科学方法

内容	课标描述	对应知识点	水平	一般科学方法	特殊科学方法
一、分子动理论与统计思想	(1)	分子运动理论 阿伏加德罗常数	认识 了解	理想化模型、实验验证法	演绎推理法
	(2)	分子运动速率的统计分布 温度是分子平均动能的标志 内能	了解 认识 理解	理想化模型	演绎推理法
	(3)	气体压强的微观解释	理解	理想化模型	演绎推理法
	(4)	—	—	—	—
二、固体、液体与气体	(1)	固体的微观结构 晶体和非晶体	了解 理解	理想化模型 理想化模型	分类法
	(2)	—	—	—	—
	(3)	液晶的微观结构 液晶的性质	了解 了解	理想化模型	实验归纳法
	(4)	液体表面张力	理解	—	—
	(5)	气体实验定律	了解	—	实验归纳法、控制变量法

续表

内容	课标描述	对应知识点	水平	一般科学方法	特殊科学方法
二、固体、液体与气体	(6)	饱和汽和未饱和汽 饱和气压 相对湿度	了解 了解 了解	—	分类法 比值定义法
三、热力学定律与能量守恒	(1)	—	—	—	—
	(2)	热力学第一定律 能量守恒定律	认识 理解	—	实验归纳法 实验归纳法
	(3)	热力学第二定律 熵	了解 了解	—	实验归纳法
四、能源与可持续发展	(1)	能源和环境	了解	—	—
	(2)	—	—	—	—
	(3)	—	—	—	—

表3－15 课标中物理选修3－4模块所对应的科学方法

内容	课标描述	对应知识点	水平	一般科学方法	特殊科学方法
一、机械振动与机械波	(1)	简谐振动	理解	理想化模型	—
	(2)	单摆	了解	理想化模型	—
	(3)	单摆周期与摆长、重力加速度的关系	了解	—	控制变量法、实验归纳法
	(4)	受迫振动	认识	—	—
	(5)	波 横波和纵波 波速、波长和频率之间的关系	认识 理解 理解	理想化模型、图形图像法	分类法 实验归纳法、类比法
	(6)	惠更斯原理	了解	—	演绎推理法
	(7)	波的干涉现象 波的衍射现象	认识 认识	等效法	实验归纳法 实验归纳法
	(8)	多普勒效应	理解	—	实验归纳法

内容	课标描述	对应知识点	水平	一般科学方法	特殊科学方法
二、电磁振荡和电磁波	(1)	麦克斯韦电磁场理论	了解	—	演绎推理法
	(2)	电磁波的产生	了解	—	演绎推理法
	(3)	电磁波的发射、传播和接收	了解	—	演绎推理法
	(4)	电磁波谱	认识	—	分类法
	(5)	电磁波的应用	了解	—	—
三、光	(1)	光的折射定律	理解	—	实验归纳法
	(2)	折射率的测定		—	—
	(3)	光的全反射现象	认识	—	实验归纳法
	(4)	光的干涉、衍射和偏振现象 用双缝干涉实验测定光的波长	了解 了解	等效法	实验归纳法、类比法
	(5)	激光 全息照相的观察	了解 了解	—	—
四、相对论	(1)	狭义相对论	了解	—	实验归纳法、演绎推理法
	(2)	相对论时空观	了解	—	类比法、演绎推理法
	(3)	广义相对论	了解	—	实验归纳法、演绎推理法
	(4)	—	—	—	—

表 3-16　课标中物理选修 3-5 模块所对应的科学方法

内容	课标描述	对应知识点	水平	一般科学方法	特殊科学方法
一、碰撞与动量守恒	(1)	弹性碰撞、非弹性碰撞	了解		分类法
	(2)	动量 动量守恒定律	理解 理解		乘积定义法 实验归纳法
	(3)	—	—		—

续表

内容	课标描述	对应知识点	水平	一般科学方法	特殊科学方法
二、原子结构	(1)	原子结构模型	了解	理想化模型	实验归纳法
	(2)	氢原子光谱 原子的能级结构	了解 了解	—	实验归纳法
三、原子核	(1)	原子核的组成 放射性 原子核、衰变 半衰期	了解 了解 了解 了解	理想化模型	实验归纳法 实验归纳法 实验归纳法 实验归纳法
	(2)	放射性同位素	了解	—	分类法
	(3)	核力 核反应方程	了解 了解		分类法 类比法
	(4)	原子核的结合能 裂变反应和聚变反应	认识 了解	理想化模型	类比法、演绎推理法 分类法
	(5)	链式反应 裂变反应堆	了解 了解	—	—
	(6)	核能的利用	—		
	(7)	恒星的演化 粒子物理学	了解 了解	—	观察法
四、波粒二象性	(1)	量子化现象	了解	—	实验归纳法
	(2)	光电效应现象 光电效应方程	了解 了解	—	实验归纳法 类比法、演绎推理法
	(3)	康普顿效应	了解	—	实验归纳法
	(4)	光的波粒二象性	了解	—	实验归纳法
	(5)	实物粒子的波动性 电子云 不确定性关系	了解 了解 了解	理想化模型	类比法 演绎推理法
	(6)	—			

二、科学方法教育内容的统计与分析

在表3~5表3~16中列出了科学知识所对应的主要科学方法进行分模块统计，据此我们可以得到表3－17中的统计数据。

表 3 – 17　课标所对应的科学方法分模块统计

科学方法	必修一	必修二	选修1–1	选修1–2	选修2–1	选修2–2	选修2–3	选修3–1	选修3–2	选修3–3	选修3–4	选修3–5
理想化模型	4	5	9	2	3	4	5	5	2	6	3	4
理想化实验	1	1	0	0	0	0	0	0	0	0	0	0
等效法	1	2	0	0	4	0	1	0	1	0	2	0
对称法	0	0	0	0	0	0	0	0	0	0	0	0
实验验证法	2	10	0	1	0	0	0	0	0	1	0	0
控制变量法	1	0	2	0	1	0	0	2	0	1	1	0
补偿法	0	0	0	0	0	0	0	0	0	0	0	0
观察法	1	1	1	0	0	0	0	0	1	0	0	1
放大法	1	0	0	0	0	0	0	0	0	0	0	0
乘积定义法	0	1	0	0	2	0	0	2	1	0	0	1
比值定义法	2	1	3	0	3	0	1	2	1	1	0	0
分类法	2	3	1	1	2	2	3	1	0	2	2	4
比例系数法	3	0	0	0	0	0	0	0	0	0	0	0
直接定义法	3	0	2	2	2	1	0	2	0	0	0	0
实验归纳法	6	5	6	4	4	0	11	7	4	5	10	11
演绎推理法	4	6	3	2	9	4	0	6	4	3	7	3
类比法	0	1	2	0	0	0	3	3	0	0	3	4
图形图像法	6	3	0	0	0	0	0	2	0	0	1	0

　　根据高中《物理课程标准》的教学安排，高中实行必修与选修结合的方式，在共同必修（必修1和必修2）完成后，再在选修1系列（选修1–1和选修1–2）、选修课2系列（选修2–1、选修2–2和选修2–3）及选修3系列（选修3–1、选修3–2、选修3–3、选修3–4和选修3–5）中任选一个系列，完成该部分所规定的学习任务即可。为了能区分修习不同选修系列的学生需要学习的科学方法内容情况，我们进而将这些统计数据按照共同必修和各个选修系列进行汇总，得到如表3–18所示的数据。

表 3 – 18　课标所对应的科学方法的分系列统计

科学方法	共同必修	选修1系列	选修2系列	选修3系列	总计
理想化模型	9	11	12	20	52
理想化实验	2	0	0	0	2
等效法	3	0	5	4	12
对称法	0	0	0	0	0

续表

科学方法	共同必修	选修 1 系列	选修 2 系列	选修 3 系列	总计
实验验证法	12	1	0	1	14
控制变量法	1	2	1	4	8
补偿法	0	0	0	0	0
观察法	2	1	0	3	6
放大法	1	0	0	0	1
乘积定义法	1	0	2	4	7
比值定义法	3	3	4	8	18
分类法	5	2	7	9	23
比例系数法	3	0	0	0	3
直接定义法	3	4	3	2	12
实验归纳法	11	10	15	37	73
演绎推理法	10	5	13	23	51
类比法	1	2	3	10	16
图形图像法	9	0	0	3	12

根据以上表格中的数据，我们发现，在这些科学方法中，"对称法""补偿法"两种科学方法的总计数为 0，我们将该两项从高中物理所涉及的科学方法中剔除，将剩余的科学方法再次按照总计数[1]排序，并用 A_0、A_1、A_2、A_3 分别来表示该种科学方法在共同必修、选修 1 系列、选修 2 系列及选修 3 系列中所涉及的次数，绘出如表 3 - 19 所示的统计表格和如图 3 - 3 所示的统计图。

表 3 - 19　课标所对应的科学方法分系列统计（已排序）

科学方法	A_0	A_1	A_2	A_3	总计
放大法	1	0	0	0	1
理想化实验	2	0	0	0	2
比例系数法	3	0	0	0	3
观察法	2	1	0	3	6
乘积定义法	1	0	2	4	7
控制变量法	1	2	1	4	8
图形图像法	9	0	0	3	12
等效法	3	0	5	4	12
直接定义法	3	4	3	2	12

---

① "总计数"特指某种科学方法在所有系列中所涉及次数之和，即表中的 A 值。

科学方法	共同必修	选修 1 系列	选修 2 系列	选修 3 系列	总计
实验验证法	12	1	0	1	14
类比法	1	2	3	10	16
比值定义法	3	3	4	8	18
分类法	5	2	7	9	23
演绎推理法	10	5	13	23	51
理想化模型	9	11	12	20	52
实验归纳法	11	10	15	37	73

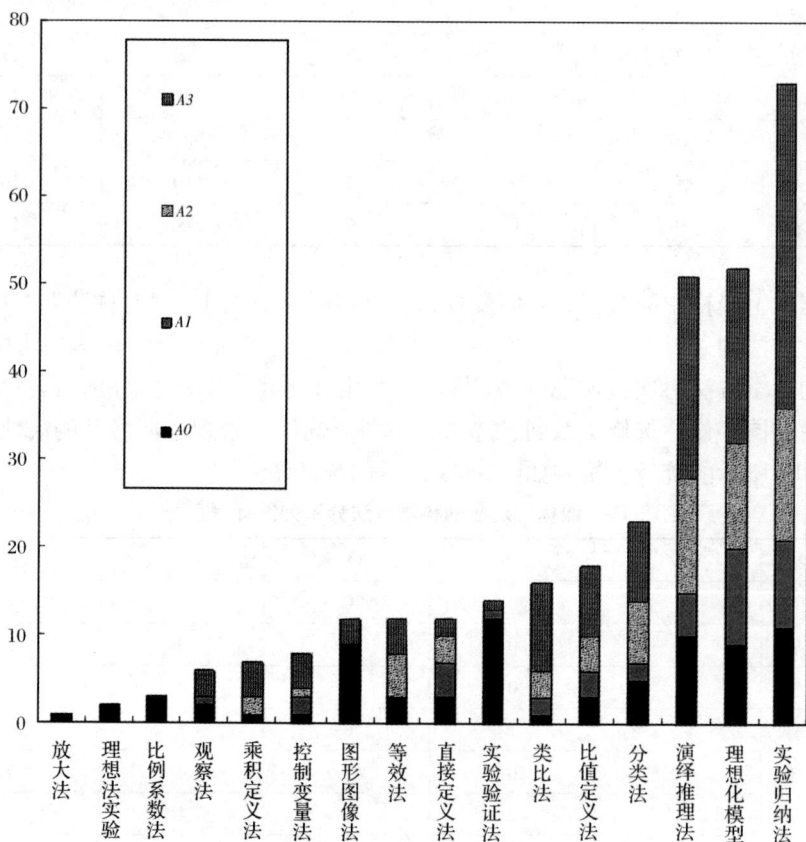

图 3 - 3　课标所对应的科学方法分系列统计（已排序）

在表 3 - 19、图 3 - 3 中共计列出 16 种科学方法，合计数①为 310 次。

----

① 下文将使用"合计数"特指所有科学方法在所有系列中出现次数之和，依照本文数据，此数即为 310。

第四节 高中物理知识获得过程中科学方法的教育目标

一、科学方法教育目标的确立

与科学知识的教育一样，物理科学方法的教育不是一蹴而就的，根据学生、教师、教材和科学知识教育目标的具体情况，需要经历由浅入深、由低级到高级的不断深化的过程，而且根据科学方法的不同，对学生会有不同的要求；根据学习阶段的不同，进行科学方法教育的目标也应当是不一样的。

根据安德森认知目标分类学，科学方法属于程序性知识的一部分，符合其认知目标分类学认知过程维框架的研究对象范围，我们参照安德森认知目标分类学认知过程维框架给出的六类要求，从物理科学方法教育的实际现状与目前高中生的认知水平出发，讨论我国高中《物理课程标准》适用的科学方法教育目标。

由于安德森等人对认知过程维中的六个分类及子类的描述过于笼统，在应用于具体科学方法教育时，首先应对其做必要的调整。结合当前物理科学方法显化教育的具体内容，我们将安德森认知目标分类学认知过程维的六类目标进行一次调整，使各个目标分类更加适合我们物理教育的国情和当前物理科学方法教育中的要求。如表 3－20 所示。

表 3－20　安德森认知目标分类学认知过程维框架在物理科学方法中的应用

序号	知识维	认知要求
1	记忆	根据已呈现的信息或某个已给定的提示，能够识别或回忆出具体使用的科学方法的名称、内容、适用条件等信息
2	理解	能够确定具体科学方法的内涵，能够解释并总结各种科学方法，并能进行比较与分类，能举例来说明或准确区分
3	应用	面对熟悉的任务，可以独立完成，面对不熟悉的任务，应可以根据程序（操作步骤）尝试完成
4	分析	辨析科学方法的框架结构中各部分的关系，理解科学方法在框架结构中的地位
5	评价	根据一定的标准，能够判断某一科学方法是否具有内在的一致性
6	创造	表征科学方法的具体操作步骤的实质，并能优化操作，或提出（策划）该科学方法框架下的一种新的解决方案

高中《物理课程标准》中涉及的科学方法都是概念规律在形成过程中所体现出的科学方法，相对比较稳定与统一，"评价"与"创造"涉及的可能性很小。而且对于高中学生来讲，科学方法框架尚未明了，要做到"分析""评价"与"创造"

相对于他们目前的认知水平是比较困难的任务。因此，我们取该目标分类的前三项："记忆""理解"与"应用"作为高中《物理课程标准》的科学方法教育目标的三级层次，在推广应用上应该是具有可行性的。

二、科学方法教育目标的对应

在对科学方法教育内容的统计中，我们已经发现了所有 16 种科学方法的四种不同特点。通过定量的划分，就可以将这 16 种科学方法明确地归入不同的类别中，为此，我们做如下定义：

仅在共同必修中少量出现，不足合计数的 1%，而在选修系列中并未涉及的科学方法，称为 I 类科学方法，数学表述为：$\dfrac{A}{\sum A} > 50\%$。主要集中在共同必修及选修 1 系列中出现，即在共同必修及选修系列中出现次数和占总计数的 50% 以上，称为 II 类科学方法，数学表述为：$\dfrac{A_0 + A_1}{A} > 50\%$。主要集中在选修 3 中出现，即在选修 3 系列中出现次数的总计数占合计数的 1/3 以上，并在共同必修之中少量涉及的科学方法，称为 III 类科学方法，数学表述为：$\dfrac{A_3}{A} > 33\%$。大量应用于各个系列中，总计数超过合计数的 10% 的科学方法，称为 IV 类科学方法，即 $\dfrac{A}{\sum A} > 10\%$。

按照以上定义可以明确地将高中《物理课程标准》中涉及的 16 种科学方法归入不同的类别中，如表 3 – 21 所示。

表 3 – 21　根据出现次数的不同将科学方法进行的分类

科学方法	$\dfrac{A}{\sum A}/\%$	$\dfrac{A_0 + A_1}{A}/\%$	$\dfrac{A_3}{A}/\%$	类别
放大法	0.32	0	0	I
理想实验法	0.65	0	0	I
比例系数法	0.97	0	0	I
观察法	1.94	50	50	III
乘积定义法	2.26	14	57	III
控制变量法	2.58	38	50	III
图形图像法	3.87	75	25	II
等效法	3.87	25	33	III
直接定义法	3.87	58	17	II
实验验证法	4.52	93	7	II
类比法	5.16	19	63	III
比值定义法	5.81	33	44	III

续表

科学方法	$\dfrac{A}{\sum A}/\%$	$\dfrac{A_0 + A_1}{A}/\%$	$\dfrac{A_3}{A}/\%$	类别
分类法	7.42	30	39	Ⅲ
演绎推理法	16.45	0	0	Ⅳ
理想化模型	16.77	0	0	Ⅳ
实验归纳法	23.55	0	0	Ⅳ

根据表 3-21 中的分类，放大法、理想化实验、比例系数法为Ⅰ类科学方法，由于主要在共同必修中出现且出现次数较少，故目标要求为"记忆"，在第一学年内[1]完成。图形图像法、直接定义法、实验验证法为Ⅱ类科学方法，由于主要在共同必修及选修 1 系列中，且相对Ⅰ类科学方法要多，因此将它们的目标要求定为"理解"层次，并且在均在第一学年内完成，在后续的学习中遇到时加以必要的强化训练，但目标要求仍为"理解"层次不变。观察法、乘积法、控制变量法、等效法、类比法、比值定义法、分类法为Ⅲ类科学方法，由于主要在选修课 3 系列中较多出现，而在共同必修中较少出现，因此可在第一学年将目标要求设定为"理解"层次，部分学生在选修 3 系列的学习过程中，该目标即提高至"应用"层次。演绎推理法、理想化模型、实验归纳法为Ⅳ类科学方法，由于这类科学方法大量应用于高中物理学中各学习阶段，因此这类科学方法可在第一学年将目标要求设定为"理解"层次，所有学生在后续选修系列的学习过程中，该目标即提高至"应用"层次，如表 3-22 所示。

表 3-22　各类科学方法教育目标对应表

时间	Ⅰ类	Ⅱ类	Ⅲ类	Ⅳ类
第一学年	记忆	理解	理解	理解
第二、第三学年	记忆	理解	学理学生：应用 学文学生：理解	应用

按照科学方法出现次数设定教育目标，这符合安德森认知目标分类学的基本思想，也符合目前中学生们认知能力发展的特点和规律的。并且根据这些科学方法出现的不同选修系列制定不同的科学方法教育目标要求也符合高中《物理课程标准》的基本思想与要求，是与高中《物理课程标准》中科学知识的教学进度与要求是一致的。因此，这样制订的科学方法教育目标会更有利于物理学科中科学方法显性教

---

[1]　按照课程标准，第一学年应当完成共同必修的 2 个模块的教学。因此"第一学年"即学习必修系列过程。

育的推广，有利于科学方法教育在高中《物理课程标准》中的规范化，有利于教师在物理教学实践中进行科学方法教学和学生在物理学习过程中学习科学方法。

第五节　研究结论与综合讨论

一、研究结论

高中《物理课程标准》作为高中物理教学的标准，制定了科学方法教育的总体要求，但却没有科学方法教育的具体内容与具体要求。本节致力于研究并解决在新课程理念下物理科学方法教育内容与教学目标，得到以下结论。

1. 确定了科学方法的结构框架

对高中《物理课程标准》中未明确提出的科学方法进行了初步的研究，主要从必要性和可行性方面进行了探讨。

首先，从哲学、物理学、教育学以及心理学等四个方面对高中《物理课程标准》中采用物理科学方法显化教育的必要性做了阐述，发现无论从哲学、物理学或是教育学、心理学的角度看，科学方法对于学生更好地学习物理知识、培养更好的科学素质具有不可替代的作用，而隐性的科学方法教育将在"让学生自行体验"的过程中错失教育良机。

其次，我们对物理学科中的科学方法进行了层次结构的说明，确定了如图 3 - 2 所示的科学方法层次结构图，并根据科学方法的应用范围，将这些科学方法分成两个层次四个大类：一般科学方法、实验方法、概念定义方法、规律总结方法。进一步根据科学方法所满足的特点，明确确立科学方法的出发点：①准确；②全面；③独立；④规范；⑤方便。基于这些出发点，找出了物理教学中主要的科学方法，从科学方法本身的角度阐释了物理科学方法显化教育的可行性。

2. 显化了科学方法教育的内容

在确定了科学方法的结构框架之后，基于"对应原则"将高中《物理课程标准》中的科学知识所对应的科学方法显化出来，以表格的形式呈现。经过统计，我们总结出了高中《物理课程标准》中所有科学知识所涉及的科学方法，共计 16 种：放大法、理想实验法、比例系数法、图形图像法、直接定义法、实验验证法、观察法、乘积定义法、控制变量法、等效法、类比法、比值定义法、分类法、演绎推理法、理想化模型和实验归纳法，并将它们与科学知识进行了对应。

3. 探讨了科学方法教育的目标

经过分模块、分系列的初步统计后，根据安德森的认知目标分类学，初步确定了高中物理科学方法教育目标的三个层次："记忆""理解"和"应用"。然后将这

16 种科学方法逐一进行了教育目标确立的尝试，根据在高中《物理课程标准》中出现的次数，将这 16 种方法按照教育目标归为 4 类：

Ⅰ类：放大法、理想实验法、比例系数法；

Ⅱ类：图形图像法、直接定义法、实验验证法；

Ⅲ类：观察法、乘积定义法、控制变量法、等效法、类比法、比值定义法、分类法；

Ⅳ类：演绎推理法、理想化模型、实验归纳法。

具体各类科学方法的目标要求见表 3 - 22 各类科学方法教育目标对应表。

二、教学建议

根据本研究的结论，将科学方法纳入高中《物理课程标准》，是完全可能而且是必要的，因此教师可以结合自身实际情况，在进行科学方法教育时作为必要的参考。

1. 高中《物理课程标准》应当把科学方法纳入教学内容

高中《物理课程标准》是关于高中物理教学的国家性指导文件，它是高中物理教学的基础，是物理教学的指挥棒，也是所有物理教材编写时应当遵循的指南。对于科学方法教育，体现出新课程标准的物理科学素质教育思想，强化物理学科中的科学方法教育及其教育目标。

本文的研究将高中物理教育中涉及的科学方法确定下来，在此基础上可以与物理知识一一对应。因此，将科学方法纳入物理教学内容在理论上是可行的。

2. 应当有计划、有层次地引导学生学习科学方法

科学方法教育不是一朝一夕的事情，应该是一个融入科学知识教育，贯穿于科学知识教育整个过程中的事情，因此它与科学知识教育一样，也需要一个长远的计划，并且分层次进行教学。

从科学方法在不同的选修系列中的分布可以发现，科学方法的重复率是很高的。有些科学方法在反复使用，这样，教师可以有计划地分步骤来教学。比如理想化方法中的理想化模型方法，几乎贯穿于整个高中物理教学内容的始终，因此，可以在第一次出现时（教材最先出现一般是在介绍"质点"一节）不急于向学生介绍："这是理想化模型方法的产物，理想化模型是理想化方法的一种，另一种理想化方法是理想化实验。模型就是对现实事物去粗存精的结果，将一个复杂事物简单化的过程，通常去除我们不需要的因素，比如在研究质点时，不需要考虑体积……"这样，便把科学方法教育复杂化了，学生高一刚接触物理，就被这样一种复杂的科学方法给唬住了，打击了学生的学习兴趣，亦起不到良好的科学方法的教育效果。

其次，由于不同的科学方法教学目标有所差异，因此教师在进行这些科学方法教育时需要注意到不同科学方法的教育目标，并合理地安排教学。例如某一种方法如果是"理解"层次的教育目标，那么可以花上比教育目标为"记忆"层次的科学

方法更多的时间与精力，而如果后续学习中设置有"应用"层次，那么教师就需要在此时保证大多数学生已经进入"理解"层次，为"应用"层次的科学方法学习做准备，而不需要过多地进入"应用"层次的教学要求。

分层次的另一个含义是在不同的地区与时期，根据本地区的教育环境对学生进行要求，这种要求应当是弹性的。不仅初中与高中的教学紧密联系，在不同地区各个学校之间也会相互交流、沟通，协调各自的教学，如果本地区教学相对落后，没有形成整体的科学方法教育氛围，那么困难还是相当大的。但是教师坚持科学方法的显性教育思路，逐步带动其他学校或其他阶段的教学，共同关注科学方法显化教育，并且将科学方法显化教育逐渐变成常态，也不失为一种可行的办法。

3. 将科学方法教育与科学知识教育相结合

科学方法本身是一个很枯燥乏味的内容，缺少了具体的知识，它就变得毫无生气，犹如缺少了灵魂的躯体。教师在教学时，要注意与科学知识的结合，让学生在学习科学知识的时候，用具体的知识内容去体会科学方法的应用过程，这样学生才更容易理解科学方法。但同时又要避免陷入具体的科学知识当中去，使得学生将科学方法具体化为某一种知识的应用。

另外，还有一些很好的方法，它们打破传统观念的束缚，可以在教学的时候融入科学方法教育，值得借鉴使用。例如，在高中物理教育中除了应用普通习题进行科学方法教育外，还可以引入原始物理问题进行科学方法教育，而且在生态化的原始物理问题中，由于需要建立模型等操作，有时更接近于真实的物理问题研究过程，它对基本模型规律的应用就类似于建立一个更加符合事实的新模型，它的结论就是已有物理规律更小范围的特例。因此它的解决过程比一般物理习题更像规律形成的过程，更加适合规律形成过程中所用科学方法的教学与训练，与本文所列科学方法更加匹配。

4. 教材应当根据课标系统地显化科学方法

教材是教师教学的基本依据，在一程度上影响了教师对教学内容的把握。即使高中《物理课程标准》当中明确提出了科学方法教育的教育内容与目标，但是教材却是以隐性教育为主的处理方式，教学效果仍会大打折扣。反之，即使高中《物理课程标准》中的科学方法教育的教育内容与目标并不是太完善，但是教材编写者根据当地教学的调研结果，结合自身的经验与理解，显性地加入科学方法的相关内容，并形成一定的体系之后，教师也能够在一定程度上把握科学方法教育的基本思路，进行一部分科学方法教育。教材在科学方法教育方面的作用可见一斑。

在高中《物理课程标准》中显现科学方法教育的相关内容之后，教材如能显性地将渗透于科学知识当中的科学方法显化出来，将对教师进行科学方法教育教学提供翔实的文字指导，令高中科学方法教育更有章可循，更关键的是，可以为学生的学习提供良好的帮助，在科学方法教育方面提供一个更好的平台，方便学生掌控自己的学习。

三、本研究的不足

对于科学方法教学内容与目标的研究应是一个长期的、综合的、广泛的研究，既然作为高中《物理课程标准》的一种完善研究，更应经历长期的跟踪调查、广泛地在各地进行调研与试点、综合各方意见而修订。本章作为抛砖引玉的前期工作，至少有以下几点值得在后续研究或他人研究中加以注意。

（1）科学方法教学内容的确定虽然依据对应原则详加分析，但是由于对科学方法的理解各有不同，因此具体的科学方法内容会有不太合理或者不太准确的地方。

（2）缺乏详细的实证研究。在确立高中《物理课程标准》对应的科学方法时候有一些实践尝试，但是不成系统，在成文后没有详细的实践论证部分。

四、研究深入与推广

随着科学方法不断被重视，对其研究不断深入，本章一些研究工作或者研究方法应该能够得到重新利用。

（1）本章建立了科学方法结构的基本框架，基于该框架建立各种科学方法，尽量做到便于使用，同时也更利于使科学方法统一，更容易被接受。如果需要对科学方法的内容进行调整，可以先更改这些基本框架，较易形成统一的结论。

（2）本章对科学方法的制定相对独立。和乔际平先生"对应原则"不同的地方在于，"对应原则"不仅被用来寻找高中《物理课程标准》中涉及的科学方法，还被用来确定科学方法的内容，而本章中的"对应原则"只用来确定高中《物理课程标准》中涉及何种科学方法，而具体科学方法的结构框架依据一些独立的出发点来建立。这样做避免了科学方法内容确立时受到科学知识内容的影响，并且科学方法体系的独立性与稳定性都会更好。

（3）本章在制定科学方法教育目标的时候参考了不同选修系列中科学方法教育内容的统计频数。由于不同的学生会学习不同的选修系列，而不同的选修系列之间有着一定的差异，所以分选修系列进行统计有助于帮助教师针对不同的学生进行不同的科学方法教育，使得科学方法教育更有目的性。

（4）本章在制定科学方法教育内容的同时制定了科学方法教育目标的详细内容，对教师教学做了进一步指导，有利于在相对稳定的条件下重复实验，使得研究结果更为科学。

第四章 高中物理知识应用过程中科学方法教育内容研究

第一节 导 言

一、研究背景

科学的发展呈现出一种两极化的趋势,其一为专业化程度的继续增强,其二为综合化趋势越来越明显。这两方面的发展和彼此交融,对人才提出了更高的要求,同时也对教育提出了新的思考。一方面,它需要我们重新思考学生的知识结构和能力结构,学生不仅需要具有坚实的基础理论知识,也需要具有综合运用知识的能力。达到这些要求,从理论上讲,应该有各种不同的方式。但是,从根本上讲,加强科学方法教育才是最重要的。

20世纪初,美国实用主义教育家杜威对于有效实施科学方法教学的问题进行了探讨。他没有把科学知识摆在科学教育的核心地位,因为在他看来,"知识决不是固定的、永恒的、不变的,作为探究过程的一部分,既作为这个过程的结果,同时又作为另一个探究过程的起点,它始终有待于再观察、再检验、再证实"。而科学方法则不然,它具有永恒的教育价值,它反映或者代表的是儿童的反省思维水平,对于经验的发展和智力的提高是更为根本的东西。因此,有理由"系统地运用科学方法,把它当作对经验中潜在力量进行理智开发与探索的模式和理想"。

受美国实用主义思潮的影响,20世纪20~30年代,我国的一批教育家、科学家如蔡元培、竺可桢、任鸿隽等人就开始呼吁科学方法的重要性。他们认为,中国民族落后、科学落后的重要原因之一就是缺乏科学的方法。蔡元培早就指出:"中国科学之落后,不但是知识和技术贫乏,尤其是思想和方法之落后。"他将科学方法的地位置于科学知识之上,并督促人们要借助科学的方法处理问题。

20世纪80年代,美国科学促进会(AAAS)在考察了美国基础教育的成效后,强烈呼吁:"科学、数学和科学技术教育的改革必须列入美国的头等议事日程。"该组织联合美国科学院、联邦教育部等12个机构,于1985年启动了一项面向21世纪人才培养、致力于中小学课程改革的跨世纪的计划"2061计划",在大量一流的科学家的参与下,经过长期的实验,提出了未来儿童和青少年从小学到高中应该掌握的基础知识框架，包括"面向全体美国人的科学""科学素养的基准""科学教育改革的蓝本""科学素养的导航图""科学素养的设计""科学素养的资源"等内容。1996 年美国国家研究理事会正式颁布了《国家科学教育标准》，这部标准强调，科学教育采用的教学新方法必须能反映科学本身的实际方法，强调把科学探究作为获取知识和认识世界的一种方法。

我国的物理课程改革中，明确指出了三个主要的教学目标："过程与方法""知识与技能""情感态度与价值观"，充分体现了我国对科学方法教学重要性的认识。

二、科学方法教育的现状

1. 实践现状

物理科学方法不仅是科学素养的要素之一，而且是培养物理能力，形成物理思想、提高物理科学品质的基础。在高中物理教学中，结合物理概念、规律的教学，对学生进行科学方法教育，可以帮助学生逐步形成物理思想，形成科学态度和价值观，提高科学素养，培养学生的创造才能。

与科学知识相比，科学方法教育在实践中一直存在以下几个问题：①教育价值认识不清；②教育内容不够系统；③教育目标与方式存在很多盲点。虽然物理课程标准将"科学方法"作为教学目标之一，但在教学实践中物理科学方法教育并没有像物理知识教学那样内容具体、目标明确，而是处于较盲目和随意的状态，完全依赖教师自己的理解去把握。这些因素在一定程度上影响了科学方法教育的发展和推广。

在知识应用过程中的科学方法方面，更是有着明显的不足。作者的研究表明，半数以上的教师认识不到知识应用过程中的科学方法的重要性。大多数教师只在新授课中强调部分常用的科学方法，而在习题课中，很少通过显化的形式进行科学方法的教学，不少学生头脑中存在科学方法只是知识获得过程中采用的方法，而在解决问题过程中存在着科学方法可有可无的片面认识。在被问及解决问题时常用的科学方法时，大多数学生并不能明确作答。由此可见，这种隐性的教学方法并不能有效提高学生对科学方法重要性的认识。

就目前的教学现状而言，在整个高中阶段，习题课和新授课的比例约为 2：1，即学生更多的时间是在解决问题，而不是在获得新知。这就意味着，如果我们利用好习题课，并采取更有效的方法进行科学方法教育，就可以更好地提高学生的科学素养。

为了了解我国高中物理知识应用过程中科学方法教育的现状，笔者就教师对科学方法的熟悉程度、重视程度、教学策略等方面展开了调查。

2. 研究现状

借助中国期刊资源网，我们对数十年来有关科学方法的发表论文进行了统计（表 4 -1）。从表 4 -1 我们可以看到，教育界人士越来越关注科学方法的重要性。从数量上看，自 2000 年来，各大学术刊物关于科学方法的论文大量涌现。从内容上看，科学方法教育已经涉及学生思维、逻辑、意识以及获取知识、分析问题能力等各个方面。

表4-1　当前重点期刊及硕博论文中涉及科学方法教育理论探讨的文章统计

年份	物理教师	中学物理参考	物理通报	物理教学探讨	硕博论文库
1995-2000 年	7	3	1	0	0
2000-2010 年	13	2	14	10	17

然而，我们又从一个侧面看到了隐忧。对科学方法的研究主要停留在理论概述层次，而没有将理论和实践有效结合在一起，这给一线工作者的参考应用带来了一定的困难。

另一方面，这些文章主要研究知识获得过程中的科学方法，而对知识应用过程中的科学方法缺乏足够的重视。就中国的教育现状而言，学生在高中3年里，习题课的数量要远大于新授课的数量，学生更多的时间是在应用知识而不是在获得知识。因此，加强对物理知识应用过程中的研究是很有必要的。

3. 研究的主要问题

物理教学的要义，在于思想与方法，而现在的教学却背向而驰，视方法为无物，视知识为至尊。物理学的发展表明，科学方法的被重视程度和科技成就的发展程度总有一种微妙的对应关系，中国的高等教育，尤其是研究生教育，非常重视物理思想与方法。而在中学教育阶段，广大物理教育工作者却忽视了这一点。这就督促我们应该大力研究、倡导物理科学方法教育。

科学方法教育最具实践意义的问题，就是科学方法的教育内容问题，自从1986年我国国家教育委员会制定的《全日制中学物理教学大纲》中明确规定中学物理教学"要重视科学态度和科学方法的教育"以来，广大物理教育工作者就一直把科学方法的教育作为物理教育的组成部分来加以研究和发展，但是，与中学物理知识相对应的科学方法教育内容的研究却有意无意地被忽略掉了。直到现在，这个问题尚未得到很好的解决。

尤其在知识应用过程中的物理科学方法教育领域，到现在为止，除了部分教学参考资料会零星地罗列一些常见的科学方法外，还没有人对此进行系统研究。参考资料上的陈述往往具有较强的实用性，但同时也缺乏理论性、系统性，不足以有效指导物理教学。这些资料难以帮助教师形成系统的科学方法体系。这种现状在一定程度上影响了教师专业技能的发展，从而间接地影响了学生科学素养的提高。

基于上述认识，本章着重研究以下几个问题：

（1）以教育学、心理学相关理论为基础着重阐述了科学方法的重要性，尤其是知识应用过程中科学方法的重要性。

（2）以教育部颁布的高中《物理课程标准》为纲领，以相关学术论文为依据，以权威参考资料为参考，同时结合在职教师的教学经验，采用对应的方法，制成知识应用过程中的问题内容—科学方法对应表格。对应的目的，就在于为一线教师提供一个科学方法实施的参考，让科学方法教育有据可依，有法可循，将新课程目标的"过程与方法"维度落到实处。

（3）对表格内容进行了一定的探讨，深化了对知识应用过程中的科学方法认识，并提出了相应的教学建议。

第二节 理论基础

一、方法论基础

1. 哲学基础

哲学是关于世界观和方法论的理论体系。方法论是关于人们认识世界和改造世界的方法的理论，方法论需要专门研究和学习。方法论在不同层次上可以区分为哲学方法论、一般科学方法论和具体科学方法论。科学方法论是研究各门具体学科，带有一定普遍意义，适用于多个有关领域的方法理论；具体科学方法论是研究某一具体学科，涉及某一具体领域的方法论。哲学方法论是具体科学方法论的概括和总结，是最一般的方法论，它对一般科学方法论和具体科学方法论具有指导意义。

列宁在《哲学笔配》中摘录过黑格尔《逻辑学》里的一段话："在探索的认识中。方法就是工具，是主观方面的某种手段，主观力图通过这个手段和客体发生关系。"无论是将科学方法比喻为"直达被岸的航船"，还是"攻克堡垒的武器"；或者"通向科学的捷径"，还是"打开科学大门的钥匙"，都从不同侧面形象地表达了科学方法的本质，即能够发挥科学认识主体的自觉能动性、正确反映研究自然界客观规律的主观手段。科学方法具有主体性，它是我们认识主体认识自然界客体所必不可少的工具。

科学方法的特征：

（1）主体性。科学方法的主体性主要表现为以下几个方面：①方法肩负着认识的使命。科学方法是在科学活动中使用的方法和手段，无论是作为经验的方法还是作为思维的方法，都体现了科学活动主体的意志，就像萨顿所说："在科学领域方法至为重要，一部科学史，在很大程度上就是一部工具史。这些工具，无论有形或无形，由一系列人物创造出来，以解决他们遇到的某些问题。每种工具和方法都是人类智慧的结晶。"科学方法是为解决问题产生的，解决问题是个具有目的性的活动，问题解决的结果就是达到了认识事物的目的。显而易见，科学方法肩负着科学认识的使命。②它是人类自觉能动性的体现。科学方法是人们在科学认识活动中创造出来的。没有一定的科学认识，就不会有科学方法。科学研究是一个过程，是一个实践的过程．而实践本身体现着人的能动的创造性本质，所以作为在实践中创造出来的科学方法，从创立伊始就体现着人类的自觉能动性。科学方法的产生和发展，是科学认识主体自觉能动性发展所导致的必然结果。爱因斯坦曾说过："要是没有追求清晰理解的热忱，甚至根本就不会产生科学方法。"

（2）客观性。科学方法是人们在认识活动中总结出来的，而认识活动具有主观性，从这一点看，似乎方法是纯主观自生的或约定性的东西。其实不然，任何一种科学方法都是在人类实践中逐渐形成的。人们在认识世界和改造世界的实践中，在考虑自己的行动方式时，始终要依据客观实际，依据目标和实际情况去选择和确定自己的研究方法。人的认识规律性经过千百次实践中的重复，便在人的意识中以某种模式固定下来。科学方法正是而且只是由于千百次重复才有着先人之见的特征，成为具有普遍性的科学活动方式。

（3）试探性。科学方法是人类在科学实践活动中总结出来的。而人类认识世界和改造世界的实践活动充满着荆棘和险滩。科学方法犹如扫雷用的仪器，慢慢地探索前进的道路。

在研究过程中，我们始终没有离开模型这个概念。由于研究对象的复杂性与关于研究对象的理论的高清晰度不兼容，我们为了研究复杂的对象，就必须把研究对象简化，构建关于研究对象的简化模型。科学中，精确的理论是关于模型的理论。然后，我们从抽象上升到具体，用精确的理论去理解（解释或预言）复杂的实际现象，而科学方法在知识应用过程所具有的不可替代的作用，就体现在问题解决过程中的策略选择上。需要指出的是，由于学生们处理的问题主要是已经"模型化"了的问题。像思维方法一样，我们在科学方法对应中并没有将它们单列出来。

2．教育学基础

建构主义（constructivism）也译作结构主义，是认知心理学派中的一个分支。建构主义理论于20世纪80年代后期兴起并风靡欧洲，以惊人的速度波及各个学科领域，尤其对教育学科领域产生了巨大的冲击力。建构主义学习的特征是：知识不是通过教师传授得到的，而是学习者在一定的情境即社会文化背景下，借助其他人（包括教师和学习伙伴）的帮助，利用必要的学习资料，通过意义建构的方式而获得的。学习是学习者的积极建构，是新旧经验的相互作用，不是学习者单纯的被动接受。学习过程是学习者积极的活动，是学习者主动建构知识的过程，是学习者知识积累的过程，是学习者达到学习目标的过程，是学习者自我诊断和反思的过程。与传统的学习观比较，建构主义的学习观重视学习者的个体经验，主张实现个体经验的合理化；重视学习者的主动参与，主张以学习者为中心；重视学习者之间的对话和沟通，主张在交互、质疑、辩证的过程中完成知识的建构。建构主义学习理论认为"情景""协作""会话"和"意义建构"是学习环境中的四大要素，意义建构是学习过程的最终目标。学生要用探索法、发现法去建构知识的意义。在建构意义的过程中，学生要主动去搜集并分析有关的信息和资料，对所学的问题提出各种假设并努力加以验证。要善于把当前学习内容尽量与自己已有的知识经验联系起来，并对这种联系加以认真思考。联系和思考是意义建构的关键。如果能把联系与思考的过程与协作学习中的协商过程（即交流、讨论的过程）结合起来，则学生建构意义的效率会更高、质量会更好。

建构主义教学的特征是：建构主义提倡在教师指导下的、以学习者为中心的学习。也就是说，既强调学习者的认知主体作用，又不忽视教师的指导作用，教师是意义建构的组织者、帮助者和促进者（教师地位发生了转变），而不是知识的灌输者。教学以学生为中心（学生地位发生了转变），学生是信息加工的主体、是意义的主动建构者，而不是外部刺激的被动接受者和被灌输的对象。教学中利用情景、协作、会话等学习环境要素，充分发挥学生的学习主动性和积极性，有效实现知识的建构（教材和其他媒介的作用发生了转变）。

建构主义不仅促使教师改变过去那种只注重知识传授的传统教学方式，同时也促使学生不再是被动地接受现成的知识，而是通过完善学习方式，转移学习重心，主动培养创新精神和解决实际问题的能力。

而"建构"的必要条件和捷径，就是学生的"科学方法"素养。

科学方法作为物理认识活动的中介，是连接物理现象与物理知识的纽带，在物理理论的发展中起着桥梁作用。也就是说，物理概念、规律只有通过科学方法的参与，才有可能上升为知识形态。不仅如此，物理理论的应用同样需要科学方法的参与。因此，人们普遍认为："与科学知识相比，科学方法具有更大的稳定性和更普遍的适用性。从这个意义上讲，学生掌握科学方法比掌握科学知识更重要。""应把方法视为比知识更重要的东西，视为知识的脉络，按照科学方法所展示的路子，去组织教材，安排教学进程"、"能力与方法是密切联系的。一般地说，人们完成某方面任务能力的强弱，是与人们掌握完成任务方法的自觉程度与熟练程度密切相关的。可以认为，方法是能力的'核心'，是对能力起决定性作用的因素。"基于此，我们提出以科学方法为中心的物理教学理论，其表述形式为新的物理学知能结构图，如图4－1所示。

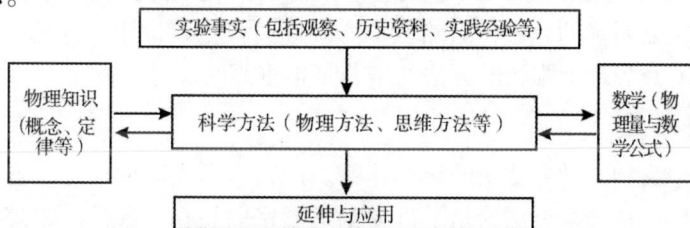

图4－1　新的物理学知能结构图

我们认为，以科学方法为中心的物理学知能结构分析方法，比以知识为中心的结构分析更能反映出物理学的特征，反映出知识、方法和能力的关系。事实上，每一学科的方法就是该学科的逻辑语言或符号规则，是使本学科多种事实与原则互相联系的手段和桥梁。各种方法综合起来就形成了探讨本学科有效途径的方法论。经验证明，学习者掌握某一领域的研究方法，其在该领域内的能力就会按一定规律不断增长。对于物理学来说，其思想和方法就是其发展的灵魂。可以说，物理知识"建构"的好坏，在很大程度上取决于学生是否学到了物理学的思想和方法。

3. 心理学基础

皮亚杰认知发展理论认为，儿童从出生到成年的认知发展过程可以划分为四个阶段，即感知运算阶段（0～2岁）、前运算阶段（2～7岁）、具体运算阶段（7～12岁）和形式运算阶段（12～15岁）。高一物理起步时的中学生的年龄大致处于14～16岁的阶段，恰是形式运算中、晚期的阶段，他们的认知特征是具有初步利用科学方法处理问题的能力，又是发展科学方法思维的最佳时期。但是对目前中学生的认知水平模糊判别却发现，"我国高中学生多数物理思维没有进入形式运算阶段"，偏离正常水平。这也许正是科学方法教育缺乏或隐性化处理的结果，死记硬背物理规律只能让他们的记忆力得到发展，富有理性与推理的物理学作为文科来学习，通过大量的机械记忆，把较高认知水平的"运用"降低为较低水平的"记忆"。没有真正的"运用"，就不可能实现认识的第二次飞跃。按照这种方法教学，学生只能暂时记住若干物理规律和有关知识组块，并未掌握物理知识的基本结构，使学生利用认知结构生成新知识组块的能力萎缩，使他们学到的物理概念、规律成为封闭的静态的无生命力、孤立的条文。这种缺乏科学方法的教学压抑了学生逻辑思维的发展，也失去了使学生的思维水平达到更高层次的思维训练的最佳时机。

因此，"毫无疑问，培养学生的形式运算能力应当是物理教育的重要任务之一"。要促进学生认知水平的提高，科学方法的显化教育是一条行之有效的捷径。这需要进行科学方法方面的培养，最大限度地发展学生的心智，让他们的思维进入更高层次的运算阶段，提高他们的逻辑推理能力。

根据苏联心理学家的调查，如果教师不是有意识地指导学生掌握正确的科学方法，那么即使到了八年级，多数学生对分析、综合、比较、抽象、概括等有关思维方法的概念还缺乏明确的认识，当然也不能准确、自觉地运用。可见，根据心理学理论，教学中有意识地加强科学方法的培养是很重要的。

4. 物理学基础

物理学是包含物理学方法论的科学体系。从物理学发展的历史来看，物理学知识和物理学史以及物理学方法论是不可分割地紧密联系在一起的。物理学方法论的多元化发展，特别是近现代物理研究方法的逐步成熟极大地推动了人类探索物质世界的研究。

科学方法作为组成物理学基本因素的观点在霍尔顿（G. Holton）提出的三维结构模型中得到进一步印证。霍尔顿是美国哈佛物理教材改革计划（HPP）[①]的重要执笔人。他认为，物理学中的任何一部分基本坐标：X—实验（事实）、Y—物理思想［逻辑、方法论等，霍尔顿在书中内容（包括物理量、定律、理论）的结构及其发展都可以分解为三种因素或三个"主题"或"课题"］、Z—数学（表述形式或计量公式）。这可以说是抓住了物理学知识结构的核心，迄今还没有在物理学昨天的历史和今天的发展中发现任何例外。这一普适性的物理学科结构模式也为物理学各分支学科、各章节单元课题的结构及其教学规律指出了道路。

作为物理教师，如何站在物理学发展的角度审视物理教学，能否从物理学方法论的发展中抽取和挖掘出重要的教育要素以培养学生的物理兴趣、启发物理思维、领悟科学方法、提高科学素养都是值得去思考的。

物理学方法论是包括物理教育教学在内的主体内容，它和物理知识处于同等重要的地位。回顾物理学研究方法的演变，可以看出，以变革为存在形式的物理学方法必然要求有与之相适应的物理教学。我们认为在反思以往物理教学的基础上，在以下几方面应当弥补过去工作的不足，做一些富有成效的实践探究：重视物理概念和规律形成中归纳法的运用，注意培养学生非逻辑思维能力，整合物理教学内容，形成系统的物理学结构。

二、科学方法

1. 科学方法的定义

"科学方法"一词是一个宽泛和发展的概念，人们对它的认识还在不断地丰富和深化。"方法"一词来源于古希腊文，原意是指"沿着正确的道路走"，在古希腊的神话中象征着取胜之道。现在我们理解方法为：人们为了达到某种目的，所遵循的程序、途径或使用的方式、手段乃至技巧之总和。藉此，我们这样来定义科学方法：所谓科学方法，是人们在认识世界的实践活动中总结出来的正确的思维方式和操作方式，是人类认识世界的有效手段和工具，是获取科学知识的程序或过程。也意指在特定的学科中所运用的典型手段、模式和途径。

物理学是研究自然界的物质结构以及物质世界最普遍、最基本的运动形式及其规律的科学。揭示自然界各种客体的属性、运动机制、变化规律以及构筑物理学体系的各种途径、方式和手段都属于物理科学方法。

物理科学方法就是研究物理现象、描述物理现象、实施物理实验、总结物理规律、检验物理规律时所应用的各种手段与方法。经过严格的逻辑推理（科学的思维方法与数学方法等），去伪存真，去粗取精，由此及彼，由表及里，找到事物内各

---

① 该书中译本《中学物理教程》（课本及手册）各6册，文化教育出版社已出版。

部分之间及事物与外部环境的相互关系和相互作用，确定由相互作用产生的结构、运动变化和因果关系，形成规律性知识。在此研究的过程中，材料要丰富全面，观察要客观求实，实验要重复可比，结论要逻辑明确。其中研究物质世界的物理规律，构筑物理学体系的方法就是本章所指的物理科学方法。

高中物理科学方法教育，就是运用现代教育思想和教育手段，有目的、有意识、有步骤地传授和渗透物理科学研究的方法，使学生受到科学方法的熏陶和训练，逐步地掌握最基本的、最主要的物理科学方法，达到促进知识学习、增强实践能力和培养创新精神进而提高全体学生科学素养的目的。

2．物理科学方法分类

科学方法是一个复杂的方法论体系，从不同的角度，我们可以给出不同的分类方法。按方法应用的普遍性程度进行分类，我们可以把科学方法分成三个层次。

（1）哲学方法：哲学是系统化、理论化的世界观和方法论，它适用于自然科学、社会科学及思维科学的一切领域，是一切科学的最普遍方法。马克思主义哲学是科学的世界观和方法论，其他哲学也为人们提供相应的世界观和方法论，例如，现代结构主义哲学为人们提供了结构主义的认识方法；现象学哲学方法也被广泛地应用等。

（2）自然科学的一般方法：适用于各门自然科学的方法，是自然科学方法论研究的主要对象，如观察法、实验法、科学抽象、数学方法、假说方法等。

（3）各门具体科学方法：适用于某门具体学科领域的科学方法，如用于研究微观粒子规律的量子力学方法，用于研究机械运动的力学方法等。

我们也可以按科学认识的发展阶段分类，科学发现及其认识过程中存在着两个阶段，一个是感性认识阶段，属经验性层次，一个是理性认识阶段，属理性认识层次，相应于这两个阶段，把科学方法划分为经验性认识方法和理性认识方法。

（1）经验性认识方法：主要包括观察法、实验法等获得第一手材料的方法以及分类统计等对事实进行初步整理和描述的方法。

（2）理性认识方法：主要包括分析、综合、概括等抽象的方法和归纳、假说、演绎、数学等进一步提炼为理论的方法等。在诸种科学方法的分类中，这种分类法是比较普遍的，也有的对此进行变形。如把科学方法划分为搜集经验材料的方法；加工材料的方法，形成科学理论的方法；检验和评价科学理论的方法等。按科学认识的发展阶段进行分类，比较切合科学研究的实际，便于应用，其缺点是分类标准的外在性，科学认识与科学方法毕竟既有联系又有区别。它不直接针对科学方法的本质属性进行分类，而以与科学认识过程的阶段性对比进行分类，由此造成方法分类一定程度上的失真或模糊性。不同的认识阶段可能会运用相同的科学法，同一认识阶段也可运用不同的科学方法。无论是经验认识阶段还是理性认识阶段，都离不开实验方法，也离不开逻辑思维方法，各种不同质的方法分类后，仍纵横交错在一起。

在物理科学方法研究领域，有不少人给出了不同的见解。浙江省物理教学分会提出了方法的四个方面：物理方法、数学方法、逻辑方法和哲学方法；张民生建立了一个科学方法内容框架；乔际平先生按照与物理知识相对应的原则总结了五种规律方法：实验归纳法、物理图像法、猜想法、理想实验法和逆向思维法。而张宪魁先生则将物理学研究的重大影响考虑进物理学方法体系，创建了一个庞大的物理学方法体系图表。

我们这里着重阐述其中一种对科学方法的分类，这种观点将物理学中的科学方法分为三个层次：第一个层次叫作具体方法。在中学物理范畴内，科学方法的具体方法是很多的，比如测定物体重心的方法，就有悬挂法、搁置法。再如试验中的作图法，其中又包括许多具体的科学方法，如曲线改直、内插、外推等。第二个层次是逻辑方法。主要是指抽象、概括、判断、推理、比较、鉴别、分析、综合等思维方法。在中学物理教学中，尤其要重视归纳推理和演绎推理两种科学方法。第三个层次是分析问题、解决问题的方法。这是科学方法的最高层次。在这个层次中，应当包括等效方法、近似处理方法、模型方法等。

结合上述理论基础，综合各家所长，同时又考虑到物理教学实际，我们从学生学习的阶段性出发，将科学方法分为两类，一类是知识获得过程中的科学方法，另外一类是知识应用过程中的方法。而从科学方法的普遍性角度出发，我们又可以把科学方法分为思维方法和物理方法。思维方法是人们通过思维活动为了实现特定思维目的所凭借的途径、手段或办法，也就是思维过程中所运用的工具和手段。思维方法属于思维方式范畴，是思维方式的一个侧面，是思维方式具体而集中的体现。而物理方法是指物理科学知识获得和知识应用过程中所用的具体方法，它是思维方法与物理情景结合的产物。

本章主要研究知识应用过程中的物理科学方法，经过总结与分析，我们最终将这一研究领域的科学方法又分为两类，即具体方法和思想方法。

下面简单介绍几种常见的物理科学方法：

比较是确定研究对象之间差异点和共同点的思维过程和方法。各种物理现象和过程都可以通过比较确定它们的共同点和差异点，比较是抽象与概括的前提。通过比较可以建立物理概念、总结物理规律，利用比较可以进行鉴别和测量。

比较的类型：一般来讲，比较有三种类型：①异中求同的比较；指比较两个或两个以上的对象而找出其共同点。②同中求异的比较；指比较两个或两个以上相似的对象，找出其相异点。③同异综合的比较；指比较两个或两个以上的对象的相同、相异点。

分类法又称归类法。它是根据研究对象的共同点和差异点，将对象区分为不同种类的逻辑方法。对物理学来说，大量的物理现象和物理过程会具有各种各样的同一性和差异性，因此，常常需要以某种同一性做标准，将对象归并为一类。在同一类中，又根据研究对象的差异性，划分为另一层次的较小类。这样，就将物理现象与过程区分为有一定从属关系的不同等级系统，这就是物理学中的分类方法。

分类要以比较为前提。因为没有比较就不可能确定研究对象的共同点和差异点，也就无法进行分类。分类与比较一样，都是以物理现象和物理过程本身所固有的区别和联系作为自己的客观基础的。由于客观的物理事物有多方面的属性，各事物之间有多方面的联系，因而人们可以根据不同的实际需要，依据不同的分类标准，对物理事物进行各种分类，从而得到不同形式的系统网络。例如，对物理学的分类，如果从运动形式来分，有力学、热学、电磁学、光学、原子物理、基本粒子物理等分支科学；如果从研究的对象来分，有地球物理、大气物理、化学物理、生物物理、工程物理等；如果从研究的手段来分，有实验物理、理论物理、计算物理等。

分类要反映物理事物及其运动的内部次序。即研究者在对物理现象着手分类以前，必须要把即将分类的物理事物的本质属性进行比较与鉴别，弄清它们之间的同一性和差异性；遵循分类的穷尽性原则；遵循分类的排他性原则。

数学是进行理论思维的有效手段，是研究物理学不可缺少的工具。随着物理学研究的逐步深入和电子计算机的运用，数学方法正在日益广泛地渗透到物理学的各个领域，促进了各分支的数学化和计量化，成为人们探索物理世界的宝贝。数学是专门研究量的科学，是人们从量的方面去认识客观事物的有效途径。物理学研究中数学方法是解决和说明物理问题时采用的数学理论工具，它要求人们根据物理学研究对象质的特点，分别或综合地运用各个数学分支提供的概念、理论、方法和技巧，对对象进行结构、数量方面的描述、计算和推导，进而做出分析、判断，从而揭示物理对象的运动规律。

作为科学教育的组成要素，科学方法对于科学知识教育具有依赖性。在教育过程中，师生所直接接触的主要是科学知识，科学方法往往是结合科学知识教育而进行的。对这一问题进行深层次的理论思考，要求我们进一步回答在物理教学中进行科学方法教育的必然性和可行性。只有给予一定理论基础之上的科学方法教育才不至于使其在教学实践中成为空中楼阁。

3. 科学方法价值分析

（1）科学方法是学生学习物理知识的重要手段。学生掌握了科学方法，就能透彻地理解物理知识。例如，许多有关电场的概念和规律，不是我们的感官所能直接感受到的，从而使学生感到抽象、不可捉摸。为了更好地理解、掌握场的概念，可以把静电场和已经掌握的、较熟悉的重力场进行类比。如物体在重力场中受到重力作用，电荷在电场中受到电场力作用；重力做功与路径无关，电场做功也与路径无关；重力做功等于重力势能的变化，电场力做功也等于电势能的变化；单位质量的物体在重力场中某点的重力势能由高度决定，单位电荷在电场中某点的电势能由电势决定等。通过这一系列的类比，再结合电场线、等势面对电场的形象描绘，化抽象为直观，就会使学生逐步形成清晰的电场知识脉络，从而加深对电场知识的理解。

（2）科学方法作为一种思维方式和行为方式，又蕴含着极大的智力价值。学生一旦将科学方法内化为自己的思维方式和行为，就能获得智力的发展。

物理学是一门理论和实验高度结合的学科，它特别强调正确有效的研究方法和过程，严谨缜密的推理和归纳。物理科学方法教育是指在物理教学中，有目的、有意识、有步骤地渗透和传授物理科学研究方法，使学生受到科学方法的熏陶和训练，逐步地掌握最基本、最主要的物理科学方法，达到促进知识学习、培养能力和提高科学素质的目的。

学生在物理课程中学到的知识是有限的，但通过物理教学使学生掌握一定的科学方法，即使他们将来不以物理为自己的专业，某些物理知识可能用不上，但他们掌握的物理科学方法却可以使他们终生受益。

（3）科学方法有助于培养学生的创造性才能。与科学知识相比较，科学方法具有更大的稳定性和更普遍的适用性。贝尔纳说："科学中难能可贵的创造性才华，由于方法的拙劣可能被削弱，甚至被扼杀；而良好的方法则会增长、促进这种才华。"比如，第十七届国际物理奥林匹克竞赛银奖获得者林晨，他在学校上课时，有一次老师让同学们比较测电源电动势和内阻的三种方法，分析实验误差，老师还给出了自己的计算结果。但林晨不满足于老师给出的答案，自己探求更简练的分析方法，还用数学方法证明了几种方法的误差对应关系，提出"伏特计法"是最准确的一种方法，用于课本上常用的"伏安法"因为"多一个电表，误差就加大一倍"。林晨创造性地独立解决这个问题，其中所运用的科学方法就是误差分析法。

据调查，一个学生在校学习只能获得他所需知识的10%左右，其余的90%左右都需要在以后的实际工作中通过再学习来获得。如果在校学习期间没有学会学习，没有掌握科学的思维方法，那么他日后就很难有大的长进，也就很难会有创造性的工作。一些物理系毕业生能够更好地胜任其他领域的工作研究也是缘于他们受到过良好的物理科学方法教育。

4．高中物理科学方法教育的方式和途径

（1）基本方式

1）深入显化教材中科学方法因素。当前教材隐含的科学方法因素极其丰富。需要教师有意地挖掘和渗透。隐性起步、适时显化、紧密结合是中学物理科学方法教育的基本模式。

在物理课堂教学中，教师应注重引导学生分析、体会建立物理概念、物理规律的科学方法。在中学物理课本中，用科学方法建立物理概念、探索物理规律的内容是很多的，例如实验观察法（牛顿第二规律、欧姆定律、法拉第电磁感应定律、光

的反射和折射定律的建立）、理想模型法（质点、理想气体、光滑表面、轻绳、轻杆等模型的建立）、数学推导法（动能定理、动量定律、理想气体方程的推导）、等效法（运动的合成与分解、热功当量、交流电有效值）、科学想象法（牛顿第一定律、麦克斯韦电磁理论、原子模型的建立）等。教师在教学中应当自觉挖掘教材中的科学方法因素，对学生进行科学方法教育，培养其科学素质。

2）针对不同的方法采取不同的教学手段教学方法。教无定法，教学方法要体现灵活性和多样性。教师在课堂讲授中，应根据课程结构设置、内容特点、课型特征以及学生的实际和教学环境，采用灵活多变的教学方法和手段，找到不同教学内容和相应科学方法因素教育的最佳结合方式。

探索型课应注重发现法，验证型课应注重实验观察法，论证型课应注重逻辑推理法等。同时教师应结合学生的实际水平，恰当设疑，热情鼓励，积极引导，通过类比、联想等手段，培养学生掌握获取知识方法的灵活性。在解决物理问题过程中，教师应引导学生，从不同角度、不同侧面去分析问题，有目的地对学生进行各种思维训练。如逻辑思维、直觉思维、逆向思维、综合和发散思维、类比和联想思维、局部和整体思维、批判和创新思维等。引导学生挖掘特殊的思维方法技巧，如理想法与估算法、等效法与近似法、对称法与极限法、微元法与整体法等，逐步提高学生的应变能力和思维方法的灵活性。

（2）基本途径

1）在知识讲授中渗透科学方法教育（概念、规律、物理学史）。探究式教学并不是否定讲授法的作用和地位，而应当认识到这种传统方法仍是课堂教学的基本方法和有效手段。况且并不是所有的内容都适合用探究的形式加以处理，即使在探究过程中也要有讲授的部分。下面以概念、规律教学为例，探讨知识教学中渗透科学方法的途径：

①相似概念教学体现比较和对比等方法；②通过概念或规律的建立来说明科学方法的运用；③以方法为中心，总结概括；④以科学方法为线索，组织物理学史材料；⑤在知识复习中总结科学方法。

2）物理实验中渗透观察和实验方法的教育。

3）在科学探究、研究性学习等其他教学形式中训练科学方法。

4）在物理习题教学中渗透科学方法教育。

三、研究内容的确立

在《初中物理教材的选择与分析》一书中，乔际平先生提出了科学方法教育内容选取的思路。即按照与物理知识相对应的原则选取科学方法教育内容。其中总结的方法如表4-2所示。

表 4 – 2　初中物理科学方法教育内容

方法论因素		教材中的素材举例
实验方法	运用实验引入并定义概念、总结规律	全书各章节几乎都用了这种方法
	单因子实验法	第一册第 151 页实验；第二册第 141 页研究 I、R、U 关系；第 65 页磁场对通电导体的作用；第 70 页研究电磁感应现象
	防止简单枚举法	第一册第 70 页及运用实验总结规律时，都非常强调这一点
	编写实验报告法	第一册第 115 页阅读材料
总结规律的方法	实验归纳法	全书重要规律的总结都用了这种方法
	物理图像法	第一册第 69 页萘的溶解图像
	猜想法	第一册第 169 页阿基米德原理；第 203 页热平衡
	理想实验法	第一册第 139 页研究牛顿第一定律
	逆向思维法	第一册第 70 页法拉第研究磁生电
	理论推导法	第一册第 172 页浮力产生的原因；第一册第 49 页、第 52 页研究串、并联电路
	物理公式及公式变形	第一册第 23 页速度公式；第 116 页密度公式；第二册第 43 页欧姆定律公式
	假说方法	第二册第 87 页分子假说

　　研究上述理论我们不难发现，乔际平先生的理论主要研究的是知识获得过程中的科学方法。但是，我们在这里可以借鉴其"对应"的思想内核。按照这个原则，依据高中《物理课程标准》，以模块为单元，随着物理知识应用体系的展开，把其中隐藏的主要科学方法明朗化、显性化，从而提出科学方法教育的内容。然后再对各种方法的出现进行频度分析，这样就使得科学方法教育与物理知识应用过程密切联系起来，使得物理教育工作者在科学方法教育中有据可依，有章可循，让物理科学方法教学理论向教学实践进一步靠拢。

　　"对应"原则的基本思想是：由物理知识合乎逻辑地引导出相应的科学方法。即物理知识→科学方法。

　　下面首先对科学方法内容的选取做一些说明：

　　相同的物理知识，可以从多个不同角度展开应用，这就意味着我们不可能穷尽某一知识内容所有的科学方法。本章科学方法内容的确定，以高考考试大纲（理科）和会考考试大纲（文科）为基础，一方面借鉴了各类权威资料的即成结果，另一方面参考了广大一线教师的意见，本着宁缺勿滥的原则，最终确定下相应某部分知识内容的一种或几种常有科学方法。

按照"对应"的思想，我们把文中《物理课程标准》中所涉及的主要科学方法加以统计，如下节中各表格所示。

第三节　高中物理知识应用过程中科学方法的教育内容

一、教育内容的确立

结合新课标的描述，我们将其中蕴含的知识点提炼出来，然后将知识点对应的主要问题挖掘出来，结合即成研究成果，权威资料的论述，一线教师的经验，专家学者的探讨，深入分析问题下隐藏的科学方法，并将其显化出来，制成表 4 - 3 ~ 表 4 - 14。

在科学方法的寻找上，我们的原则是：

（1）不重复原则：这个原则是针对某一问题类型而言的，若某种方法在某一问题类型中屡次出现，我们只记录一次。

（2）全面原则：我们尽可能地全面阐述高中物理知识应用过程中的科学方法，不同文献资料对同一内容往往有不同的阐述，在这种情况下，我们的做法是，凡是被专家认定为合理的成分，都一并归入表中（不常见的除外）。

（3）重点原则：同一问题内容，牵涉的科学方法往往是非常多的，凡是被专家认定为对于不常用的科学方法，我们一概没有统计到表中。

需要提前说明的是，我们在制订表格的过程中发现，知识应用过程中的科学方法种类虽多，但大致可以分为两大类：其中有一类是物理思想的延伸，这一部分我们称之为思想方法，例如等效法就隶属于此类方法，它是对等效思想的应用。除此之外，还有图像法、极限分析法、微元法、模型法等。还有一部分方法是解决具体知识过程中应用的方法，我们称之为具体方法，比如正交分解法、逐差法等。下面表格的制订就体现了这种分类方法。

表 4 - 3　课标中物理必修 1 模块所对应的科学方法

课标描述	对应知识点	主要问题	思想方法	具体方法
一、运动的描述				
（1）	—	—	—	—
（2）	质点 参考系	质点分析 位置确定	—	—

续表

课标描述	对应知识点	主要问题	思想方法	具体方法
(3) (4)	位移 速度 加速度 匀变速直线运动的规律 图像	位移描述 速度描述 加速度的求解运算 运动情况分析 追及相遇问题 图像分析	图像法、对称法、等效法、讨论法、数学法 讨论法、图像法、数学法、微元法	逐差法 相对运动法、比例法、符号判断法 判别式法 割补法
二、相互作用与运动规律				
(1)	滑动摩擦、静摩擦、动摩擦因数	摩擦力方向的判断	讨论法、数学法	符号判断法
(2)	形变 弹性 重力	弹力有无得判断 重心位置求解	假设法 等效法	放大法 替换法、补偿法
(3)	力的合成与分解 共点力平衡条件 矢量与标量	受力分析 临界问题 重心位置确定 矢量的合成	图像法、讨论法 极端假设法、讨论法、数学法 图像法	矢量三角形法、正交分解法、判别式法 悬挂法 矢量三角形法
(4)	牛顿第一定律 牛顿第二定律 牛顿第三定律 超重、失重	验证牛顿第二定律 连接体问题 一般动力学问题 临界问题 受力分析	等效法 整体法、隔离法 图像法、讨论法 讨论法、极端假设法、数学法 等效法	曲线改直法 正交分解法、矢量三角形法 判别式法
(5)	力学单位制			

表4-4　课标中物理必修二模块所对应的科学方法

课标描述	对应知识点	主要问题	思想方法	具体方法
一、机械能和能源				
(1)	功	重力功问题 变力功的求解	等效法 微元法、等效法	—
(2)	动能 动能定埋	过程分析	整体法、隔离法	—
(3)	重力势能 重力势能的转化与做功的关系	重力功分析	等效法	—

续表

课标描述	对应知识点	主要问题	思想方法	具体方法
(4)	机械能守恒定律	—	—	—
(5)	能量守恒定律	—	—	—
(6)	—	—	—	—

二、抛体运动与圆周运动

课标描述	对应知识点	主要问题	思想方法	具体方法
(1)	运动的合成与分解 平抛运动	运动分析 平抛运动分析 类平抛问题 临界问题	等效法、图像法 图像法 类比法 极端假设法 数学法	正交分解法、运动合成法 判别式法
(2)	圆周运动 向心加速度	周期性问题 加速度分析	讨论法、图像法 微元法	运动合成法 正交分解法
(3)	离心现象	—	—	—
(4)	—	—	—	—

三、经典力学的成就与局限性

课标描述	对应知识点	主要问题	思想方法	具体方法
(1)	万有引力定律	万有引力求解	等效法	割补法
(2)	第一宇宙速度 第二宇宙速度 第三宇宙速度	—	—	—
(3)	相对论时空观	—	—	—
(4)	量子化现象	—	—	—
(5)	—	—	—	—
(6)	—	—	—	—

表 4-5　课标中物理选修 1-1 模块所对应的科学方法

对应知识点	问题	一般科学方法	特殊科学方法	
		一、电磁现象与规律		
(1)	电荷守恒定律 物质微观模型 静电现象及其解释 点电荷间相互作用规律	受力分析	图像法	正交分解法
(2)	电场 电场线 电场强度 磁场 磁感线 磁感应强度 磁通量	电场力分析 电场描述 匀强电场相关问题 电场中带电粒子的运动 磁感线的描述	类比法 图像法 类比法 图像法、类比法、讨论法 图像法 图像法	描迹法

续表

对应知识点	问题	一般科学方法	特殊科学方法	
（3）	安培力左手定则	安培力方向判定	假设法、讨论法	—
（4）	洛仑兹力带电粒子在磁场中的偏转	带电粒子在磁场中的运动 复合场问题	图像法、讨论法 等效法、讨论法	正交分解法
（5）	楞次定律 法拉弟电磁感应定律	感应电流方向判断 感应电动势求解	假设法、讨论法 图像法（$B-T$图像 斜率分析）	—
（6）	麦克斯韦电磁场理论 场是物质存在形式之一	—	—	—
二、电磁技术与社会发展				
（1）	—	—	—	—
（2）	发电机 电动机	—	—	—
（3）	传感器	—	—	—
（4）	—	—	—	—
（5）	—	—	—	—
三、家用电器与日常生活				
（1）	常见家电基本工作原理	—	—	—
（2）	家用电器技术参数	—	—	—
（3）	电阻器、电容器、电感器	—	—	—
（4）	安全用电	—	—	—

表4-6 课标中物理选修1-2模块所对应的科学方法

对应知识点	问题	一般科学方法	特殊科学方法	
一、热现象与规律				
（1）	分子动理论 温度 气体压强 内能	—	数学方法	统计法
（2）	热力学第一定律 能量守恒定律	—	—	—

续表

对应知识点	问题	一般科学方法	特殊科学方法	
(3)	热力学第二定律熵	—	—	—
(4)	—	—	—	—
二、热与生活				
(1)		—	—	—
(2)	热机	—	—	—
(3)	制冷设备	—	—	—
三、能源与社会发展				
(1)		—	—	—
(2)	—	—	—	—
(3)	放射现象 质能方程 裂变反应和聚变反应	—	—	—
(4)	—	—	—	—

4－7 课标中物理选修2－1模块所对应的科学方法

课标描述	对应知识点	问题	思想方法	具体方法
一、电路与电工				
(1)	闭合电路欧姆定律 电源电动势 电源内阻	电动势、内阻阻值求解	图像法	曲线改直法
(2)	多用电表的原理与使用	—	—	—
(3)	静电场 电场强度 电场线 电容器	电场力分析 匀强电场相关问题 电场中带电粒子的运动 电场描述 带电粒子在电容器中的运动情况分析	类比法 类比法 图像法、讨论法 图像法 讨论法 图像法	描迹法
(4)	磁场 磁感应强度 磁通量 磁感线 安培力 左手定则	磁感应强度分析 类比法 图像法 安培力方向判定	假设法、讨论法	叠加法、补偿法

续表

课标描述	对应知识点	问题	思想方法	具体方法
（5）	洛仑兹力 带电粒子在磁场中的运动	带电粒子在磁场中的运动 复合场问题	图想法、讨论法 等效法、讨论法	正交分解法
（6）	楞次定律 法拉弟电磁感应定律	感应电流方向判断 感应电动势求解	假设法、讨论法 图像法（$B-T$图像斜率分析）	—
（7）	交变电流 变压器的电压和匝数的关系 远距离输电			
（8）	—	—	—	—
二、电磁波与信息技术				
（1）	电磁波 电磁波的发射、传播和接收 光的电磁本性 电磁波谱	—	—	—
（2）	移动通信的工作模式	—	—	—
（3）	传感器	—	—	—
（4）	集成电路	—	—	—
（5）	电视、广播和电视机的工作模式 电视机的主要结构	—	—	—
（6）	家用电脑的组成	—	—	—
（7）	模拟信号和数字信号的区别	—	—	—

表 4－8　课标中物理选修 2－2 模块所对应的科学方法

课标描述	对应知识点	问题	思想方法	具体方法
一、力与机械				
（1）	平动和转动 转动的描述 传动装置及其作用	方法运用	图像法	—
（2）	共点力平衡条件	受力分析问题	图像法	—
（3）	弹性和范性	—	—	—

续表

课标描述	对应知识点	问题	思想方法	具体方法
(4)	刚体的平衡条件	力矩平衡分析	图像法	
(5)	承重结构及其特点 稳度	—	—	—
(6)	—			

二、热与热机

课标描述	对应知识点	问题	思想方法	具体方法
(1)	内燃机、气轮机、喷气发动机的工作原理	—	—	—
(2)	热机	—	—	—
(3)	电冰箱的组成和结构 空调机的组成和结构 制冷原理			
(4)	—	—	—	—
(5)				

4−9　课标中物理选修2−3模块所对应的科学方法

课标描述	对应知识点	问题	思想方法	具体方法

一、光与光学仪器

课标描述	对应知识点	问题	思想方法	具体方法
(1)	光的折射定律 折射率	光路分析 折射率测定	图像法 图像法	—
(2)	光的全反射现象 光纤	光路分析	图像法	
(3)	透镜成像规律 凸透镜焦距的测定	光路分析	图像法	
(4)	照相机、显微镜、望远镜	光路分析	图像法	
(5)	光的干涉 光的衍射 光的偏振	光路分析	类比法、图像法	
(6)	激光 固体和气体激光器原理	—	—	—

续表

课标描述	对应知识点	问题	思想方法	具体方法
（7）	新型电光源	—	—	—
二、原子结构与核技术				
（1）	原子的结构 原子核的结构 衰变 半衰期	—	—	—
（2）	射线及其特性	—	—	—
（3）	放射性同位素	—	—	—
（4）	核裂变 链式反应 核反应堆 核电站的工作模式 核武器	—	—	—
（5）	核聚变	—	—	—
（6）	—	—	—	—

表 4－10　课标中物理选修 3－1 模块所对应的科学方法

课标描述	对应知识点	问题	思想方法	具体方法
一、电场				
（1）	电荷守恒定律 物质微观模型 静电现象	—	—	—
（2）	点电荷 点电荷间相互作用规律	受力分析	图像法	正交分解法
（3）	静电场 电场强度 电场线	电场力分析 匀强电场相关问题 复合场问题 电场中带电粒子的运动 电场描述	类比法 类比法 等效法 类比法、讨论法 图像法	描迹法
（4）	电势能 电势 电势差	—	—	—
（5）	电容器 电容	带电粒子在电容器中的运动情况分析	讨论法	—

续表

课标描述	对应知识点	问题	思想方法	具体方法
		二、电路		
(1)	电器元件 电路	—	—	—
(2)	多用电表	—	—	—
(3)	电阻 电阻定律 电流	电阻测量 含滑动变阻器的电路分析 电路图分析 电路故障分析 电流微观表达式分析	图像法、等效法 极限法 假设法	伏安法（内接法、外接法、限流式接法、分压式接法）、补偿法、替代法 等效电路法、等电位法 模型法
(4)	电源电动势、电源内阻 闭合电路欧姆定律	电动势、内阻阻值求解 输出功率最值分析	图像法 数学法	曲线改直法 不等式法
(5)	—	—	—	—
(6)	焦耳定律	—	—	—
(7)	门电路	—	—	—
(8)	集成电路	—	—	—
		三、磁场		
(1)	磁现象	—	—	—
(2)	磁场 磁感应强度 磁通量 磁感线	磁感应强度分析	类比法 图像法	叠加法、补偿法
(3)	安培定则	—	—	—
(4)	安培力 左手定则	安培力方向判定	假设法、讨论法	
(5)	洛仑兹力 带电粒子在磁场中的运动	带电粒子在磁场中的运动 复合场问题	图想法、讨论法 等效法、讨论法	正交分解法
(6)	—	—	—	—

表 4 - 11　课标中物理选修 3 - 2 模块所对应的科学方法

描述	对应知识点	问题	思想方法	具体方法
一、电磁感应				
(1)	电磁感应现象	—	—	—
(2)	感应电流产生条件	—	—	—
(3)	楞次定律 法拉弟电磁感应定律	感应电流方向判断 感应电动势求解	假设法、讨论法 图像法（$B - T$ 图像斜率分析）	—
(4)	自感现象 涡流现象	—	—	—
二、交变电流				
(1)	交变电流	交变电流描述	数学法	三角函数法
(2)	电容器和电感器对交变电流的导通和阻碍作用	—	—	—
(3)	变压器电压与匝数的关系	—	—	—
(4)	远距离输电	—	—	—
三、传感器				
(1)	—	—	—	—
(2)	传感器工作原理	—	—	—
(3)	—	—	—	—

表 4 - 12　课标中物理选修 3 - 3 模块所对应的科学方法

描述	对应知识点	问题	思想方法	具体方法
一、分子动理论与统计思想				
(1)	分子动理论阿弗加德罗常数			
(2)	分子运动速率的统计分布 温度是分子平均动能的标志 内能	—	数学方法	统计法
(3)	理想气体状态方程	相关应用	整体法、隔离法	
(4)	气体压强的微观解释	—	—	—

续表

课标描述	对应知识点	问题	思想方法	具体方法
二、固体、液体与气体			
（1）	固体的微观结构 晶体和非晶体	—	—	—
（2）	—			
（3）	液晶的微观结构 液晶的性质	—	—	—
（4）	液体表面张力	—	—	—
（5）	气体实验定律	—	—	—
（6）	饱和汽和未饱和汽 饱和气压 相对湿度			
三、热力学定律与能量守恒			
（1）	—	—	—	—
（2）	热力学第一定律 能量守恒定律	—	—	—
（3）	热力学第二定律 熵	—	—	—
四、能源与可持续发展			
（1）	能源和环境	—	—	—
（2）	—			
（3）	—	—	—	—

表4－13 课标中物理选修3－4模块所对应的科学方法

课标描述	对应知识点	水平	一般科学方法	特殊科学方法
一、机械振动与机械波			
（1）	简谐振动	振动描绘	图像法、数学法	三角函数法
（2）	单摆	类单摆问题	等效法	—
（3）	单摆周期与摆长、 重力加速度的关系	g 值测量结果偏差 判断	假设法 讨论法	—
（4）	受迫振动	—	—	—
（5）	波 横波和纵波 波速、波长和频率 之间的关系	波的传播方向分析 振动、波动图像描述	讨论法、假设法 图像法	上下坡法、微平移法、 临近点法、特殊点法

续表

课标描述	对应知识点	水平	一般科学方法	特殊科学方法
（6）	惠更斯原理	—	图像法	—
（7）	波的干涉现象 波的衍射现象	—	—	叠加法 叠加法
（8）	多普勒效应	—	—	—
二、电磁振荡和电磁波				
（1）	麦克斯韦电磁场理论	—	—	—
（2）	电磁波的产生	—	—	—
（3）	电磁波的发射、传播和接收	—	—	—
（4）	电磁波谱	—	—	—
（5）	电磁波的应用	—	—	—
三、光				
（1）	光的折射定律	光路分析	图像法	—
（2）	折射率的测定	折射率测定	图像法	插针法
（3）	光的全反射现象	光路分析	图像法	—
（4）	光的干涉、衍射和偏振现象 用双缝干涉实验测定光的波长	—	类比法 图像法	—
（5）	激光 全息照相的观察	—	—	—
四、相对论				
（1）	狭义相对论	—	—	—
（2）	相对论时空观	—	—	—
（3）	广义相对论	—	—	—
（4）	—	—	—	—

表4-14　课标中物理选修3-5模块所对应的科学方法

课标描述	对应知识点	问题	具体方法	思想方法
一、碰撞与动量守恒				
（1）	弹性碰撞、非弹性碰撞	过程分析	等效法	—

续表

课标描述	对应知识点	问题	具体方法	思想方法
(2)	动量 动量守恒定律	规律应用 碰撞后运动可能性分析	讨论法	正交分解法（某方向动量守恒问题）
(3)	—	—	—	—
二、原子结构				
(1)	原子结构模型	—	—	—
(2)	氢原子光谱 原子的能级结构	—	—	—
三、原子核				
(1)	原子核的组成 放射性 原子核、衰变 半衰期	—	—	—
(2)	放射性同位素	—	—	—
(3)	核力 核反应方程	—	—	—
(4)	原子核的结合能 裂变反应和聚变反应	—	—	—
(5)	链式反应 裂变反应堆	—	—	—
(6)	核能的利用	—	—	—
(7)	恒星的演化 粒子物理学	—	—	—
四、波粒二象性				
(1)	量子化现象	—	—	—
(2)	光电效应现象 光电效应方程	—	—	—
(3)	康普顿效应	—	—	—
(4)	光的波粒二象性	—	—	—
(5)	实物粒子的波动性 电子云 不确定性关系			
(6)	—	—	—	—

三、科学方法教育内容的统计与分析

为了更加明晰地阐述知识应用过程中的科学方法（理科）在高中物理中的分布，我们统计了各类思想方法以及具体方法的出现频次。由于出现频次能从一定程度上反映出科学方法在整个高中物理中所占有的含量，于是我们又进一步地对其进行了内容比例分析（表4-15）。虽然这种方法不是绝对客观准确的，但是能从一定程度上反映出某种科学方法在总体中所占的比例（图4-2，图4-3）。

表4-15　科学方法（理科）分布

常用思想方法	频次	比例/%	常用具体方法	频次	比例/%
图像法	20	22.99	正交分解法	7	16.28
讨论法	17	19.54	判别式法	4	9.30
等效法	13	14.94	三角形法	3	6.98
数学法	11	12.64	三角函数法	3	6.98
假设法	9	10.34	叠加法	3	6.98
类比法	6	6.90	曲线改直法	2	4.65
极端假设法	4	4.60	符号判断法	2	4.65
微元法	3	3.45	逐差法	1	2.23
整体法	2	2.30	相对运动法	1	2.23
隔离法	2	2.30	微平移法	1	2.23
			替代法	1	2.23
			特殊点法	1	2.23
			上下坡法	1	2.23
			曲线改直法	1	2.23
			描迹法	1	2.23
			临近点法	1	2.23
			割补法	2	4.65
			伏安法	1	2.23
			放大法	1	2.23
			对称法	1	2.23
			等效电路法	1	2.23
			等电位法	1	2.23
			插针法	1	2.23
			补偿法	1	2.23
			比例法	1	2.23
			统计法	1	2.23

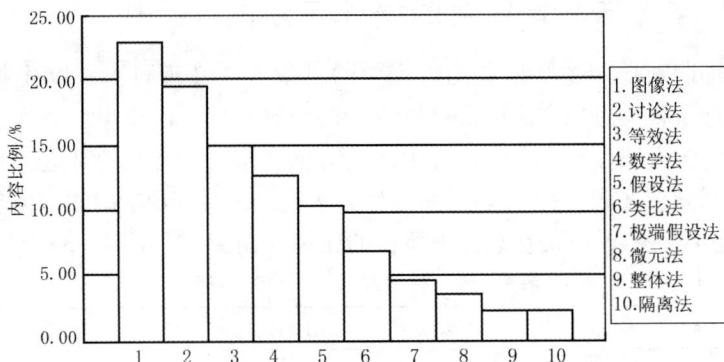

图4-2　高中物理各部分科学方法分布

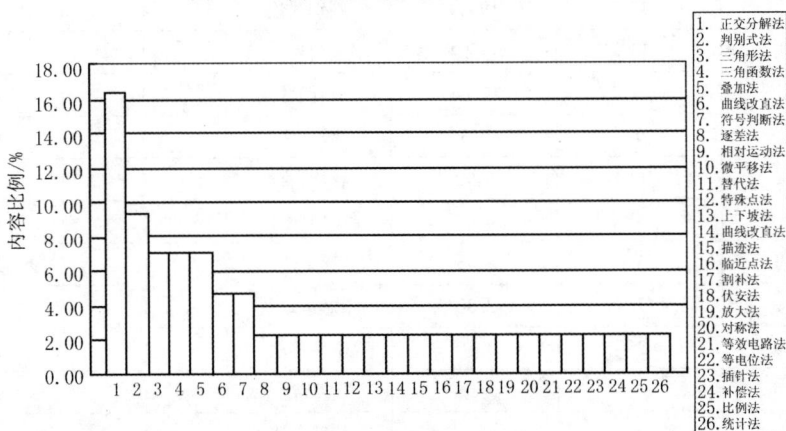

图4-3　高中物理各部分常用工具方法的分布

为了更进一步地阐述科学方法在知识获得过程与知识应用过程中的不同，我们结合《高中物理课程标准中物理方法的显化研究》一文的研究成果，进行了对比分析。

表4-16　《高中物理课程标准中物理方法的显化研究》对科学方法分系列统计

科学方法	共同必修	选修1系列	选修2系列	选修3系列	总计
理想化模型	9	11	12	20	52
理想化实验	2	0	0	0	2
等效法	3	0	5	4	12
对称法	0	0	0	0	0
实验验证法	12	1	0	1	14
控制变量法	1	2	1	4	8
补偿法	0	0	0	0	0
观察法	2	1	0	3	6
放大法	1	0	0	0	1

续表

科学方法	共同必修	选修1系列	选修2系列	选修3系列	总计
乘积定义法	1	0	2	4	7
比值定义法	3	3	4	8	18
分类法	5	2	7	9	23
比例系数法	3	0	0	0	3
直接定义法	3	4	3	2	12
实验归纳法	11	10	15	37	73
演绎推理法	10	5	13	23	51
类比法	1	2	3	10	16
图形图像法	9	0	0	3	12

　　鉴于研究方法、研究角度的不同，作者提炼出表格中的物理方法，并分别进行了频次、内容比例分析。如表4－17和图4－4所示。

表4－17　高中物理中各科学方法的频次、内容比例分析

科学方法	频次	内容比例%	科学方法	频次	内容比例/%	科学方法	频次	内容比例/%	科学方法	频次	内容比例/%
实验归纳法	48	30.57	比值定义法	11	7.01	观察法	5	3.18	理想化实验	2	1.27
理想化模型	29	18.47	类比法	11	7.01	乘积定义法	5	3.18	放大法	1	0.64
实验验证法	13	8.28	等效法	7	4.46	直接定义法	5	3.18	对称法	0	0.00
图形图像法	12	7.64	控制变量法	5	3.18	比例系数法	3	1.91	补偿法	0	0.00

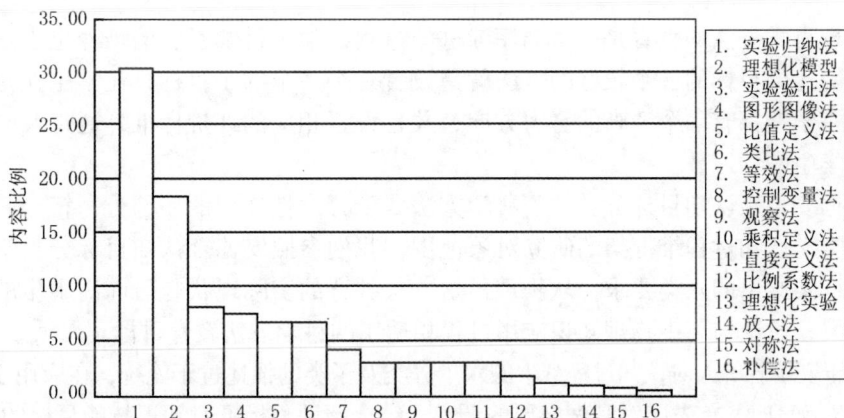

图4－4　高中物理常用各科学方法的内容比例

通过对比知识应用过程中的科学方法和知识获得过程中的科学方法，我们得到以下结论：

（1）知识应用过程中的思想方法与知识获得过程中科学方法有较多的叠加（图4-5）。出现这种现象的原因，主要在于思想方法具有更强的迁移性。

（2）知识应用过程中的具体方法与知识获得过程中科学方法有重合很少，这也体现了具体方法的针对性特点。

（3）从数量上看，知识应用过程中的科学方法更加丰富。

（4）从侧重点来看，两者的侧重点各有不同。比如，知识应用过程中的科学方法更加注重图像法、等效法等的使用，而知识获得过程中的科学方法更加注重实验归纳法、理想化模型法的使用。

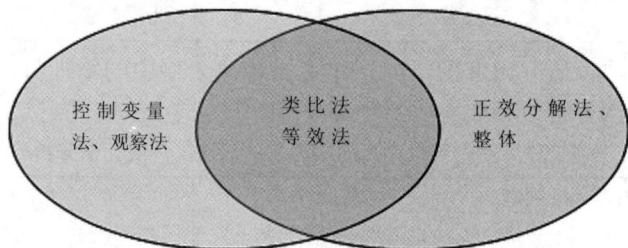

图4-5　科学方法的交叠

第四节　高中物理知识应用过程中科学方法的教育目标

一、科学方法教育目标的确立

物理科学方法的教育是一个循序渐进的过程，学生科学素养的培养也不是一蹴而就的。达到目标的一个较好的方法就是设置一个一个的子目标，让学生在每一学年、每一学期都有一个清晰的努力方向，并且设置相应的评价标准，通过及时的反馈促进学生的学习。

根据安德森认知目标分类学，科学方法属于程序性知识的一部分，符合其认知目标分类学认知过程维框架的研究对象范围，我们参照安德森认知目标分类学认知过程维框架给出的六类要求，从物理科学方法教育的实际现状与目前高中生的认知水平出发，讨论与高中物理知识应用过程相适用的科学方法教育目标。

由于安德森等人对认知过程维中的六个分类及子类的描述过于笼统，在应用于具体科学方法教育时，首先应对其做必要的调整。结合新课程标准对知识技能目标的理解，我们将安德森认知目标分类学认知过程维的六类目标进行一次调整，使各个目标分类更加适合我们物理教育的国情和当前物理科学方法教育中的要求（表4-18）。

表 4 – 18　安德森认知目标分类学认知过程维框架在物理科学方法中的应用

序号	知识维	认知要求
1	记忆	根据已呈现的信息或某个已给定的提示，能够识别或回忆出具体使用的科学方法的名称、内容、适用条件等信息
2	理解	能够确定具体科学方法的内涵，能够解释并总结各种科学方法，并能进行比较与分类，能举例来说明或准确区分
3	应用	面对熟悉的任务，可以独立完成，面对不熟悉的任务，应可以根据程序（操作步骤）尝试完成
4	分析	辨析科学方法的框架结构中各部分的关系，理解科学方法在框架结构中的地位
5	评价	根据一定的标准，能够判断某一科学方法是否具有内在的一致性
6	创造	表征科学方法的具体操作步骤的实质，并能优化操作，或提出（策划）该科学方法框架下的一种新的解决方案

了解：再认或回忆知识；识别、辨认事实或证据；举出例子；描述对象的基本特征。

理解：把握内在逻辑联系；与已有知识建立联系；进行解释、推断、区分、扩展；提供证据；收集、整理信息等。

应用：在新的情境中使用抽象的概念、原则；进行总结、推广；建立不同情境下的合理联系等。

评价：形成相应的科学方法认知结构，能在一定物理情景下对科学方法应用做出自己的价值判断。

我们综合参考各类科学方法在高中物理课程体系中所占的内容比例及物理考试大纲的要求，同时参考一线教师的意见，对各类科学方法的教育目标进行了初步的界定（表 4 – 19）。

表 4 – 19　高中物理各科方法的教育目标

常用思想方法	频次	比例/%	要求	常用具体方法	频次	比例/%	要求
图像法	20	22.99	评价	正交分解法	7	16.28	评价
讨论法	17	19.54	评价	判别式法	4	9.30	应用
等效法	13	14.94	应用	三角形法	3	6.98	应用
数学法	11	12.64	应用	三角函数法	3	6.98	应用
假设法	9	10.34	应用	叠加法	3	6.98	应用
类比法	6	6.90	应用	曲线改直法	2	4.65	理解
极端假设法	4	4.60	应用	符号判断法	2	4.65	应用
微元法	3	3.45	应用	逐差法	1	2.23	应用

续表

常用思想方法	频次	比例%	要求	常用具体方法	频次	比例%	要求
整体法	2	2.30	应用	相对运动法	1	2.23	理解
隔离法	2	2.30	应用	微平移法	1	2.23	理解
				替换法	1	2.23	了解
				特殊点法	1	2.23	理解
				上下坡法	1	2.23	理解
				曲线改直法	1	2.23	理解
				描迹法	1	2.23	了解
				临近点法	1	2.23	了解
				割补法	1	2.23	了解
				伏安法	1	2.23	应用
				放大法	1	2.23	了解
				对称法	1	2.23	理解
				等效电路法	1	2.23	理解
				等电位法	1	2.23	理解
				插针法	1	2.23	了解
				补偿法	1	2.23	了解
				比例法	1	2.23	应用
				统计法	1	2.23	了解

为了更加的明确科学方法在各个教学模块所占得比例，本章进行了统计分析（表4-20）。

表4-20 高中物理各科学方法分模块所占比例

内容板块	内容比例/%
必修1	34.85
必修2	14.39
选修3-1	25.76
选修3-2	3.03
选修3-3	3.03
选修3-4	16.67
选修3-5	2.27

通过表4-20可以看出，科学方法主要集中在必修1和必修2两大板块，约占50%的内容，而在选修3-2（主要是交变电流、传感器内容）、选修3-3（热学部分）以及选修3-5（主要是原子物理部分），科学方法所占的比例较少，应当适当加大对这部分科学方法的含量，以便让学生在整个物理学习过程中都能受到科学方法的熏陶。

二、知识应用过程中的科学方法分类研究

在制订表格的过程中我们发现，知识应用过程中的科学方法种类虽多，但大致可以分为两大类：其中有一类是物理思想的延伸，这一部分我们称之为思想方法，例如等效法就隶属于此类方法，它是对等效思想的应用。除此之外，还有图像法、极限分析法、微元法、模型法等。还有一部分方法是解决具体知识过程中应用的方法，我们称之为具体方法，比如正交分解法、逐差法等。这两种方法具有截然不同的特征，其中思想方法是对物理思想的应用，具有较强的概括性、迁移性，应用十分广泛。而具体方法操作性较强，在具体的问题解决中具有直接的效力。

1. 图像法分类

图像法具有自己独特的优势，它直观、形象，能把复杂的物理过程清楚地展现出来，同时也用于处理实验数据，减小实验误差。

高中知识应用过程中常用的图像法大致可以分为三类：函数关系图像、矢量关系图像、几何关系图像。对于函数关系图像法，比较典型的例子是在匀变速直线运动的学习过程中常用的 $v-t$ 图像。借助图像，将速度和时间之间的函数关系清晰地表达在横纵坐标上，而且还可以借助图像与横纵轴围成的面积来表示位移。这种科学方法，对于解决追及相遇类问题、运动时间比较问题都是非常有帮助的。在电学实验中，我们也经常用这种方法处理问题。比如在"电源内阻、电动势的测量"这一试验中，我们对实验数据的处理过程，就是用了这种方法。

物理知识应用过程中常用的函数关系图像的问题类型如表 4-21 所示。

表 4-21　常用函数关系图像的问题类型

图像	问题类型
$v-t$ 图像等	运动学有关问题
$f-x$ 图像	变力功问题
$p-v$ 图像	气体做功问题
$U-I$ 图像等	稳恒电流的有关问题
$V-u$ 图像	薄透镜成像的有关问题

图像法的第二种类型，是矢量关系图像，例如我们在解决三力平衡问题时常用的矢量图法就是一个典型的例子。矢量三角形所反映出来的，是物体在受力平衡条件下，三个力矢量之间的关系，借助相应的几何关系，我们可以迅捷地解决此类问题。这种方法的应用是十分广泛的，例如我们在学习电磁学的时候，为了清楚地表达电场强度、磁感应强度也常常会使用这种方法。

图像法的第三种类型，是几何关系图像。比如我们在解决追及相遇问题的时候，经常通过这种方法表示不同物体在不同时刻的位置，借此来理清思路，寻找问题解决的突破口。除此之外，我们在解决平抛问题、圆周运动问题时也经常使用这种方法。

2. 讨论法

在解某些物理问题时，常会遇到某个问题过程的多样，状态的重复变化，结果有多种可能性。为了做出正确的判断，需逐一验证结果与题设是否相符，显得繁杂，但此类题可用讨论法求解。所谓讨论法，就是将问题的所有可能情况列表示出，逐一分析、讨论而解决问题的方法。高中物理知识的应用过程常见的讨论法可以分为两类，一类是过程讨论，另外一类是状态讨论。不管是对过程还是对状态的讨论，都要特别注意对临界状态的把握。例如在有空气阻力条件下，分析竖直上抛的物体的运动时，就要特别注意最高点这个临界状态。因为在最高点的前后，空气阻力的方向要发生变化，这种变化进而会影响到加速的表达形式，从而会影响到整个数学运算过程，若不对此加以注意，错误就在所难免了。

3. 等效法

等效法是科学思维的基本方法之一，它是在某种物理意义效果相同的前提下，把复杂的实际问题变换为简单的理想问题来研究的一种常用的科学思维方法。这种方法不仅有利于使问题获得较为简捷的解决方法，也有利于思维的开拓、智力的发展和能力的提高。

等效法主要有五类：作用上的等效、过程上的等效、模型上的等效、现象上的等效和形式上的等效。如果教师在教学时能引导学生在形成物理概念、解答物理习题的过程中运用等效法，使学生明确在分析和解答物理问题时，需要将复杂的问题通过等效法，提炼，简化，找出问题的本质，学生的知识应用能力就会大大提高。等效法应用的一个典型例子就是复合场问题的处理。在处理复合场问题的时候，我们经常把电场、重力场等效为类重力场，将现实情景中的问题等效为虚拟重力场中的问题，从而将问题简化。

第五节　研究结论与综合讨论

一、研究结论

高中《物理课程标准》给定了具体的物理教学知识框架，并且将"方法"作为物理学习三维目标的内容之一，但是，它却没有指明应当在哪些章节具体讲授哪些科学方法，对应各种科学方法应当达到一个怎样的深度。本章致力于研究并解决在新课程理念下知识应用过程中的物理科学方法教育内容与教学目标，得到以下结论。

1. 进一步明确了高中物理知识应用过程中科学方法的结构框架

以高中《物理课程标准》为基础框架，参考历年高考复习大纲及会考说明，借鉴即成研究成果，综合考虑教学实践，我们制订了高中物理知识应用过程中的常用科学方法对应表。

这个表格的主要作用在于，它将与知识内容应用相对应的科学方法显化了出来。

在当前大力推进基础教育课程改革的新形式下，物理教学中科学方法教育的重要作用日益突出。然而，中学物理教学中进行科学方法教育应当"教什么"的问题，并没有得到很好的解决。本文通过对知识应用过程中的科学方法教育内容的研究，从而较好地解决了科学方法教育中"教什么"的问题。

按照与物理知识相对应的原则，选取知识应用过程中的科学方法教育内容。按照这个原则，依据高中《物理课程标准》，随着物理知识应用体系的展开，把其中隐藏的主要科学方法明朗化、显性化；从而提出科学方法教育的内容。然后再对各种方法的出现进行内容比例分析，这样就使得物理知识应用教育与物理科学方法教育密切联系起来，使得物理教育工作者在进行知识应用过程中的科学方法教育时有据可依，同时也使得科学方法教育的内容在一定程度上达到相对统一。

科学方法内容显化能使教师充分利用每一节课落实科学方法教育任务，使科学方法教育长期规划，促使学生有计划、有步骤，由浅入深、有简到繁地掌握科学方法，使学习目标符合学生的认知特点。

2. 进一步深化了高中物理知识应用过程中的科学方法分类研究

结合高中物理知识应用过程中的常用科学方法对应表，我们对科学方法进行了更深层次的分类研究。

研究表明，知识应用过程中的科学方法又可以更进一步分为两大类：其中一类是物理思想的延伸，这一部分我们称之为思想方法，例如等效法就隶属于此类方法，它是对等效思想的应用。还有一部分方法是解决具体知识过程中应用的方法，我们称之为具体方法，比如正交分解法、逐差法等。这两种方法具有截然不同的特征，其中思想方法是对物理思想的应用，具有较强的概括性、迁移性，应用十分广泛。而具体方法操作性较强，在具体的问题解决中具有直接的效力。

这种建立于教学实践基础上的科学方法分类具有较强的实用价值，它一方面方便了教育工作者沟通交流，另一方面有助于学者的科学研究工作，本文对科学方法的教学研究就是建立这种分类基础上的。

3. 初步确定了高中物理知识应用过程中的科学方法教学目标

在安德森认知目标分类学的基础上，结合科学方法本身的特点以及新课标的具体要求，我们将安德森的六类目标进行一次调整，最终确定下四个不同梯度的教育目标，它们分别是：

（1）了解：再认或回忆知识；识别、辨认事实或证据；举出例子；描述对象的基本特征。

（2）理解：把握内在逻辑联系；与已有知识建立联系；进行解释、推断、区分、扩展；提供证据；收集、整理信息等。

（3）应用：在新的情境中使用抽象的概念、原则；进行总结、推广；建立不同情境下的合理联系等。

（4）评价：形成相应的科学方法认知结构，能在一定物理情景下对科学方法应用做出自己的价值判断。

在此基础上，我们综合参考各类科学方法在高中物理课程体系中所占的内容比例以及目前的教学现状，在广泛征集一线教师的意见之后，我们对各类科学方法的教育目标进行了界定。

4. 知识应用过程中的科学方法教学建议

教育科研的最终成果应落实于教学实践当中去。我们在显化知识应用过程中的科学方法的同时，也在考虑如何更好地落实科学方法的教学工作，并初步制定了如下几个知识应用过程中的科学方法教学原则。

（1）显化原则：在知识应用过程中的科学方法教学过程中，"隐性教育"和"显性教育"并不是完全独立的，但核心在于显化。隐性方式重在使学生感受科学方法，受到科学方法的启蒙和熏陶，初步体会到科学研究的方法和策略。这种方式比较适合在对学生进行科学思维方法训练时使用。显性方式重在解决问题中模仿应用科学方法，对科学方法进行操作训练，使学生有意识地掌握科学研究的方法和策略。这种方式适合于在学生对这种科学方法的感性认识较丰富的前提下，有目的有意识地培养学生解决科学问题的能力时使用。

（2）分类原则：由于思想方法和具体方法具有不同的特征，在具体的教学中，我们也应该区别对待。

对于思想方法的教学，应起步于隐性教育，当学生对思想方法的感性认识积累到一定的程度——"呼之欲出"的时候，然后再适时地进行显化。比如等效法的教学，一开始只需要让学生感性认识到等效法的存在，能够模仿例题解决一些简单问题就可以了。经过一段时间的练习，学生对等效法的认识达到了一定的深度，就可以设一个专题，系统的讲解等效法地思想、解题策略等。另外，思想方法教学要特别强调学生对物理思想的理解，如果这种理解达不到一定的深度，学生是不可能真正掌握思想方法的。

对于具体方法，由于它比较直观，同时又有较强的操作性，需要大量的练习才能掌握，因此我们认为，对于具体方法的教学，一开始就应采取显化的形式。比如正交分解法的教学，初次出现的时候，就应明确告诉学生正交分解法的名称、适用对象、适用范围、操作步骤等，为后续的知识应用阶段的学习做准备。另外，具体方法的教学要特别注意练习的重要性，也只有在反复的练习中，学生才能掌握具体方法的适用条件、操作步骤，最终达到熟练化的目的。

（3）循序渐进原则：物理科学方法教育课堂教的宏观模式可以概括为"三部曲"，第一部曲是学习，就是教师在课堂教学中渗透物理科学方法教育，学生通过课堂教学学习教师介绍的物理科学方法的知识，或者通过课外学习有关物理科学方法的基本知识，这是最基础的工作。第二部曲是模仿，就是在教师的指导下，学生将学习过的物理科学方法知识迁移到学习新的知识中去，这个过程可能只是模仿的层次。例如，学习"密度"时使用了比值定义法，在老师的指导下，会应用到"电阻""电场强度"等的学习中去。第三部曲是创新，就是学生将学习过的物理科学方法独立地迁移到学习新的知识中去，或者应用于解决自己遇到的新问题中去。例如，给学生提出一个新情境，让学生自己利用学习的物理科学方法，解决问题，这就属于创新性的工作。

二、教学建议

一般地说，科学方法教育有"隐性"和"显性"两种方式。隐性方式重在使学生感受科学方法，受到科学方法的启蒙和熏陶，初步体会到科学研究的方法和策略。这种方式比较适合在对学生进行科学思维方法训练时使用。显性方式重在解决问题中模仿应用科学方法，对科学方法进行操作训练，使学生有意识地掌握科学研究的方法和策略。这种方式适合于在学生对这种科学方法的感性认识较丰富的前提下，有目的、有意识地培养学生解决科学问题的能力时使用。

物理科学方法教育的教学模式很多，在教学的不同环节，例如，课堂教学、教学评价、课外辅导、课外活动等，应该采用不同的教学模式，作为例子，不同的年级、不同的课型也应该采用不同的教学模式。

作为示例，这里仅介绍物理课堂教学模式，物理课堂教学模式就是指具体的一堂课的教学模式。在课堂教学中，如何体现物理科学方法教育，经过实验，证明以下教学模式是可行的。

物理科学方法教育课堂教学设计的基本程序是在物理教学中实施物理科学方法教育，课堂教学设计可以按照以下程序教学：确定教材的类型→分析挖掘教材中的科学方法因素→确定物理科学方法教育的重点内容→制定物理科学方法教育的教学目标→确定具体的课堂教学程序→形成性教学评价。物理科学方法教育课堂教学的微观模式就是指一堂课的教学模式。在课堂教学中如何体现物理科学方法教育，理论研究与教学实践表明，应该做到以下几点：①根据学生的接受能力，在进行一定时间的物理科学方法的渗透性教学后，要适当提出有关的物理科学方法名词；②除实验法外，每堂课可再突出 1～2 种常用的物理科学方法；③教学过程中，可以根据实际情况，采取隐性的教育或者显性的教育，但是，在总结时一定要进行显性的物理科学方法教育，要明确提出本堂课中，物理科学方法教育的具体内容与要求（包括物理科学方法的简单内涵，应用这种方法的简单步骤等），也就是说，"过程可以隐性，总结一定要显性"。

第五章 高中物理实验教学中科学方法教育内容研究

第一节 导 言

一、研究背景

1. 科学教育强调科学方法教育

当今世界，科学技术的发展突飞猛进，知识更新的速度也越来越快。据联合国教科文组织统计，人类近30年来所积累的科学知识，占有史以来所积累知识总量的90%，而在此前的几千年所积累的科学知识只占10%。英国预测专家詹姆斯·马丁测算人类的知识近10年将以每3年一倍的速度增加。而数字化的信息量每12个月就会翻一番。可见，知识总量在以爆炸式的速度急剧增长，知识更新越来越快。因此，在学校短短的几年时间里我们不可能指望学生学习完有关的知识，更重要的是让学生学会进一步掌握知识的方法。科学史学家朱克曼曾走访41名诺贝尔奖获得者，发现其"科学鉴赏力"和"高超能力"最主要的是得益于从名师那里"学到一种发现科学真理的思想方法和工作方法"，而不是"从导师那儿获得的实际知识"。

2. 公民科学素养提高需要科学方法教育

第八次中国公民科学素养调查结果显示，2010年，我国具备基本科学素养的公民比例为3.27%，相当于日本、加拿大和欧盟等主要发达国家在20世纪80年代末的水平。1992年以来，中国科协在参照国际通用调查题项的同时，结合具体国情，在内地对18~69周岁的公众展开调查，形成了8次公民科学素质调查数据。比较这8次调查结果，尤其是解读2010年的最新数据，能帮助我们更深刻地理解国人的科学素养状况。数据显示，国人普遍崇尚科学精神，但对科学知识和方法的掌握不够。

公民的科学素养水平从三个方面进行测度：公民了解必要的科学知识、掌握基本的科学方法、崇尚科学精神的程度。一个被调查者只有同时通过以上三个方面的测度，才被认定为具备基本的科学素养。

在这三个测量维度中，"公民了解必要的科学知识"与国外的差距较大，在"掌握基本的科学方法"上，我国公民的科学素养提升缓慢。2005年为7.4%，

2007 年为 6.9%，2010 年仅达到 9.8%。有分析指出，这主要源于我们长期以来对科学方法和科学研究过程的教育重视不够。

3. 课程目标呼唤科学方法教育

很多国家和地区在制定课程目标时，都将科学方法列为目标之一。在 1999 年欧洲物理学会举行的一次国际性的物理教育研讨会上，宣读了一篇题为"2000 年后：未来的科学教育"报告，该报告对为 5～16 岁的学生设置的新的科学课程提出了十条推荐性意见，第六条为：科学课程应该向学生提供科学思想和科学方法的认识。在科学历史发展的过程中，人们正是利用这些思想和方法获得关于自然世界的知识。①

20 世纪 90 年代，日本初中物理教育目标中的方法目标为："在有关物质和能量的事物和现象中发现问题，通过科学的考察过程，学会发现规律和说明自然现象的方法"。②美国《国家科学教育标准（草案）》明确指出："科学探究是学生科学学习中利用方法和原则作个人决策""基本的、起支配作用的原则""学会用科学强调学生对科学方法和一般程序的体验"。③ 如今科学方法教育在我国受到越来越多地肯定与重视，新一轮的高中物理课程改革中，高中《物理课程标准》（简称《课标》）明确提出了"知识与技能""过程与方法""情感态度与价值观"的三维课程目标。

二、文献综述

1. 科学方法教育的教学现状分析

新一轮物理课程改革提出的三维课程目标中，"过程与方法"维度被明确提出，昭示着科学方法教育得到了更多的重视与肯定。然而，课程改革教学实践表明，科学方法教育并没有得到有效开展和落实。教师在实际教学中表现为：科学方法教育价值不清楚，科学方法的教育内容不明确，科学方法的教育方式不正确。相应的，学生对科学方法的掌握情况不容乐观。造成这种教学现状的原因归结起来有如下几条：

（1）课标中未具体规定科学方法教育内容。高中《物理课程标准》和物理教材中均没有明确具体显现出科学方法教育内容，这就使得科学方法教育失去了最直接的依据，教师只能凭借自身对科学方法的领会和挖掘来教授，由于大部分物理教师对科学方法教育的认识不够全面，即使部分教师意识到科学方法的重要性，又由于理解不同且缺乏客观标准，对应于同一物理知识挖掘出来的科学方法也存在较大差异，导致了科学方法教育停留在自发无意识的状态，严重影响了物理教学中科学方

① Robin Millar, Jonathan Osborne. Beyond 2000: Scince education for the future (A report with ten recommendations) [R]. Robin Millar and Jonathan Osborne, 1998: 20.

② 陈连松. 从比较的观点看中国与日本的初中物理教育 [J]. 辽宁师范大学学报（自然科学版），1998 (1): 40.

③ 母小勇，李代志. 美国《科学教育标准（草案）》对我国科学教育改革的启示 [J]. 学科教育，1999，(11): 45.

法教育的实施。

（2）缺乏相应的评价机制。目前科学方法教育虽然被新课标明确提出，但是由于高中教学的一个重要的风向标“高考”并未将科学方法作为一个重要测量目标，试题中少有涉及对学生科学方法掌握情况的考察，鉴于“高考”对于高中教学的指示意义，科学方法教育也因此没有得到应有的重视，教师和学生都在很大程度上忽视了科学方法的教学和学习，严重制约了物理教学中科学方法教育的开展。

（3）科学方法自身的隐蔽性。科学方法往往隐藏在知识背后，不像知识那样明了，常常比知识更难理解。在实际教学中，教师不能准确地将隐藏的方法显现出来传授给学生，学生因此没能获得对科学方法的理性认识，更不能自觉地以科学方法为指导来加深对知识的理解，如此就导致了在教学中“过程与方法”维度虚化，严重削减了物理教学中的科学方法教育的效果。

2. 科学方法教育的研究现状分析

为了清晰地了解科学方法教育的研究现状，我们在中国知网上进行搜索，对近20年的研究进行追踪，以期能较为系统地把握科学方法教育研究的动态趋势。下面将从期刊论文和硕士论文两方面对科学方法教育研究的现状进行综述。

期刊是人们交流学术成果的最重要途径，科学方法教育的研究情况如何，很大程度上能够在物理教育杂志中有所体现。我们选取了物理教育领域中具有代表性的四种期刊（《物理教师》《物理通报》《中学物理教学参考》《物理教学探讨》）进行检索，获得与本研究意图相关的文章，统计如表5－1所示。

表5－1　当前几种期刊中涉及科学方法教育理论探讨的文章数量统计

年份	物理教师	中学物理参考	物理通报	物理教学探讨
1995－1999	7	3	1	0
2000－2012	21	5	16	9

综观这些研究，我们看到，随着科学方法教育在中学教学中得到越来越多的重视，有关科学方法的研究也在数量上日益增多，内容上日益充实。特别在新课改提出“过程与方法”目标维度之前就有教师和研究者针对科学方法教育进行了探索，虽然这些研究成果在理论上尚不很成熟，但实属难能可贵。上述文章在内容上涵盖了科学方法的教学内容，教学途径以及教育价值等问题。

比如，李志成在《科学方法在物理教学中的价值》（《物理教师》2009年12期）一文中论述了科学方法是培养学生科学态度，形成正确的人生观、价值观的需要；帮助学生学习物理、整体建构物理知识框架、应用物理规律解决具体问题的需要；是培养学生创新意识、创新精神和创新能力的需要。

缪建忠在《物理教学中实施科学方法教育的途径》（《物理通报》2007年12月）一文中总结出了科学方法教育实施的五种途径：在概念和规律教学中渗透科学方法教育，在实验中渗透科学方法教育，在习题教学应用科学方法，在复习课中巩固科学方法，在自修课上培养自学方法。

廖柳清在《初中物理科学方法教学与评价》（《物理教学探讨》2010 年第 8 期）一文中，对初中物理科学方法教学的评价方式做了初步的探讨，论述了分类方法、控制变量法、枚举归纳法、转化法、比值法和理想模型法等科学方法的测试。

这些文章对科学方法的教育进行了较为细致的分析和探讨，但深入分析这些文章，我们发现在研究方向上，对于科学方法教育的价值、意义、作用研究较多，具体实施研究较少；在科学方法的教学建议上，原则性阐述较多，结合物理教材的深入研究较少；在科学方法的性质上，列举事例较多，而系统分类研究较少。

在为数不多的几篇论述实验教学中科学方法教育的文章，也多是集中于实验教学的价值和作用以及如何在教学中改进等，鲜有具体论述科学方法教育内容的文章，其中李桂福和梁志国发表在《物理通报》2008 年第 5 期的《物理实验中的科学方法教育》，对方法内容进行了探讨，举例分析了几种比较典型的的科学方法包括比较法、控制变量法和转换法。

期刊在一定程度上反映出了某一领域的研究成果，硕博论文则在对于问题的研究上更为深入和系统，下面就在中国知网上检索到的关于中学物理科学方法教育的硕博论文进行概述。

从 2001 年起截至 2012 年年底，在中国知网上搜到的关于中学物理科学方法教育的硕博士论文有 28 篇，这些论文涵盖了科学方法的教育价值、教学目标、教学内容、教学原则、教学模式、教学途径、教学策略和教学评价等一系列内容。单就对科学方法教育内容的研究而言，大多数都提及或简要介绍了方法内容，但仅有少数论文专门对科学方法教育内容展开了系统的研究。

关于物理实验教学中科学方法教育的有《中学物理实验教学中进行科学方法教育的探索》和《初步探讨初中物理探究教学中渗透科学方法的教育》。在《中学物理实验教学中进行科学方法教育的探索》中，作者论述了实验教学中进行科学方法教育的可行性，提出了实验教学中进行科学方法教育的目标、原则、基本途径和基本措施，分类提炼了科学方法的内容；在《初步探讨初中物理探究教学中渗透科学方法的教育》一文中，作者介绍了科学方法的分类，对初中物理探究教学中科学方法教育因素进行了分析，介绍了对初中物理探究教学中渗透科学方法教育的研究情况。这些文章对实验中的物理科学方法教育有一定的意义，但是对实验中具体涉及哪些方法并没有说明，这样就在实际教学中失去了指导意义，不能使科学方法教育在实验教学中真正落到实处。

近年来，首都师范大学邢红军教授以物理学科为范例，展开了系统的科学方法显化教育的理论与实践研究，并在实践中取得显著效果。研究成果荣获第四届北京市基础教育教学成果二等奖。

基于心理学理论，研究首次从理论上解决了科学方法教育中长期悬而未决的科学方法分类问题，以此为突破口，建立了物理科学方法教育内容显化的原则——对应原则和归纳原则。在这一理论指导下完成的硕士论文《初中物理科学方法教育内容的显化研究》一文中，作者依据《初中物理课程标准》，从物理知识与方法相对应的角度，显化了科学方法的教育内容。在《高中物理课程标准中物理方法的显化研究》一文中，作者依据对应原则显化了高中《物理课程标准》中科学方法的教育内容，参照安德森认知目标分类学制定了科学方法的教育目标。在《高中物理知识应用过程中的物理方法内容研究》中，作者采用对应的方法，制成知识应用过程中的科学方法—问题内容对应表格，并辅以实例进行了说明。在《初中物理知识应用过程中的物理方法教育内容研究》一文中，作者依照初中《物理课程标准》，依据归纳原则，对初中物理知识应用过程中的物理方法教育内容做了显化，并在此基础上对知识应用过程中的物理方法教育的实施做了理论探讨。

这些研究理论根基牢固，对所论述问题思路清晰流畅，对教学有直接指向性。为落实新一轮基础教育课程改革"过程与方法"目标做了填补空白的工作，同时为本章的研究奠定了理论基础并指明了研究方向。

三、研究的主要问题

基于上述对物理科学方法的教育实践和理论研究现状的分析，本章主要的研究问题如下：

（1）基于科学方法分类理论，即将科学方法分为物理方法和思维方法，其中物理方法又分为获得知识的物理方法和应用知识的物理方法，通过上文分析发现已有研究多集中于理论层面，对于实验方法显化还未涉及，因此本研究着眼于实验方法教育内容进行探索，在已有的分类理论中补充实验方法内容，使已有理论更加完整和扎实。

本章选取人教版教材中学生分组实验和考试大纲中要求的重要实验总计 17 个，依据乔际平先生提出的"对应原则"，即物理学中科学知识的得出总是与一定的科学方法相联系，对实验操作过程中的物理方法进行显化，使科学方法教育"有据可依"，使"过程与方法"维度真正落到实处。

（2）目前关于实验教学中物理方法的研究多停留在经验层面，处于无意识的状态，对于一些物理方法只知道名称，内涵界定并不明确。因此，界定物理方法的内涵是本章研究的另一个问题。

（3）我们对于本章中显化出来的实验教学中的物理方法在一线教师用采用问卷调查的方法进行认同度的测评。

第二节　理论基础

对科学方法教育进行探索，需要我们首先了解什么是科学方法，它的特点以及功能等问题，即厘清科学方法的内涵。

一、科学方法的内涵

1. 科学方法的定义

"方法"一词起源于古希腊词"μεια"(沿着、顺着的意思)和"οδοσ"(道路的意思),它本来的意义是沿着正确的道路运动。现在我们理解方法为:它指人们为了达到某种目的,所遵循的程序、途径或使用的方式、手段乃至技巧之总和。一种定义认为,科学方法是人们在认识世界的实践活动中总结出来的正确的思维方式和操作方式,是人类认识世界的有效手段和工具,是获取科学知识的程序或过程。[①]

另一种定义是,科学方法是指在学习或研究自然科学问题的过程中为发现问题、提出假设、搜集事实、做出解释论证等所遵循的途径和使用的手段,或者说是思维的方法与程序,是人们正确反映研究对象的客观规律的主观手段,是人们进行研究活动得以顺利完成的程序、方式和规则。概言之,科学方法是科学认识主体为了从实践上和理论上把握科学认识客体(即科学对象)而采用的一般思维手段和操作步骤之总和。[②]

2. 科学方法的特征

(1)科学方法的主体性:科学认识过程是人类自觉能动地认识自然的过程,科学方法是科学工作者用来实现认识目的的手段,它的产生是科学劳动者自觉能动性发挥的结果和体现。如果没有获取科学真理的强烈愿望也就不会去努力寻求和运用获取真理的手段,爱因斯坦曾说过:"要是没有追求清晰理解的热忱,甚至根本就不会产生科学方法。"[③] 科学方法的主体性除了体现在科学家的主观能动性之外,还体现为科学研究的目的性。人类正是为了探索自然界的规律才对自然进行深入细致的观察,为了从自然界中获取自己所期望的事实才从事实验。费尔巴哈说过"一切手段就应当是目的"。目的是手段的本质规定,离开了目的,手段就不成为手段。

(2)科学方法的客观性:从认识改造自然来看,科学方法来源于人的主观,从而给人们一种印象,似乎科学方法是纯粹主观自生的东西。这样科学方法不过是科学家们为了自己的方便而制订的,科学家可以随心所欲地选择或约定自己使用的方法。其实不然,任何一种科学方法都是人类在科学实践中逐渐形成的。人们在认识世界的实践中,始终要根据客观实际,依据目标和实际情况去选择和确定自己的研究方法。正如卡拉汉说:"归根到底,我们判断那种方法更多的是应用它的结果,而不是用它的先验的可靠性。"[④] 人的认识规律性经过千百次的实验检验才在人的意

① 张念宏. 中国教育百科全书 [M]. 北京:海洋出版社,1991:245.

② 李建珊. 科学方法纵横谈 [M]. 郑州:河南人民出版社,2004:14.

③ 爱因斯坦. 爱因斯坦文集(第一卷)[M]. 北京:商务印书馆,1976:397.

④ 李醒民. 科学方法的特点 [J]. 湖南社会科学,2009:136

识中以某种模式固定下来，科学方法因此才具有普遍的客观性。

（3）科学方法的试探性：由于科学劳动总是针对尚未清晰的领域，面对这样的对象，科学活动和其运用的方法必然具有尝试性和探索性的特点。这种探索性来自自然界本身的复杂多样的联系，这种联系使得人类的认识不可能一下子就找到其中的规律，而需要反复的尝试和猜想，并反复将猜想与事实相比较才能发现其中规律，正如开普勒尝试了 70 余次才最终发现了行星运动的椭圆轨道。科学家正是通过无数次的尝试，最后才找到与事实符合的猜想，获得科学成就，而不是轻而易举地就找到那把打开自然秘密的钥匙。

（4）科学方法的历史性：科学方法的发展是与科学的历史发展并驾齐驱的，不同的历史时期都有新方法的涌现和旧方法的消亡。古希腊时期的科学哲学家更关注对自然的整体的理解，因此这个时期的思维方式和探索自然的方法是思辨的、猜测的和玄想的，重视理性而轻视实验，更不会有实验方法的出现。这种对待自然哲学的态度一直持续到中世纪乃至文艺复兴时期。近代，伽利略发明了实验观察和数学推理结合的方法，拉开了近代科学的大幕。现代科学则出现了向理性方法和审美方法的回摆，爱因斯坦的探索性演绎法、逻辑简单原则、准美学原则、形象思维等科学方法就是其集中的体现。进入 20 世纪，方法论手段急剧分化，并经常由科学本身造就出具体形式。在现代科学中，数学、控制论和专门研究方法论的科学部门，起着重要的方法论作用。

3. 科学方法的教育功能

科学方法的教育功能体现在以下几个方面：

（1）获取功能：科学方法是获取科学知识的重要手段，学生只有掌握了科学方法，才能更快捷地获取科学知识。教学中只有借助科学方法才能使教学活动顺利进行，通过对科学方法的不断了解、积累和熟练，能使学生形成一种借助于科学方法获取科学知识的心理定势。

（2）理解功能：学生要理解科学知识的内容，同样离不开科学方法。只有了解了不同科学方法的本质区别与联系，了解了这些方法得以使用的条件，才能弄清科学知识的内涵以及不同层次知识之间的关系，从而形成知识的网络，达到对知识的真正理解。

（3）建构功能：科学方法是知识的脉络，是知识的神经，它具有把科学知识联系起来并形成结构的功能。科学方法作为基本的研究途径、方式和方法，与概念、规律等知识相平行，都包含在自然科学的范畴之中；而且它比概念、定理、定律、公式这类知识更稳定和更广泛。它纵横交错、贯穿于整个知识领域，把不同的知识相互联系起来。

（4）应用功能：科学方法还是实现科学知识智力价值的桥梁。科学的概念、定律等知识，是人们赖以进行科学思维的基本细胞。没有科学知识，所谓智能活动就成为没有内容的空壳，是不可能存在的。但是，只有知识还不行，还必须有一定的方法或途径，使这些知识与科学问题相互沟通，对知识进行选择、组合、运用，才能解决问题，形成智力活动。

二、科学方法教育的理论基础

对科学方法教育问题进行深入的探讨和研究，必须借助相关学科领域的研究成果。哲学作为"人类文明精神的精华"，为我们认识和理解问题指明了方向；教育学以研究如何培养人为第一目的，可以指导我们认识科学方法教育的价值所在；心理学是对于人的学习机制的科学的研究，借助心理学理论，可以使我们看到科学方法教育的必然性；物理学科有其不同于其他学科的特点，借鉴物理学理论可以使我们的科学方法教育研究更具可行性。下面分别从哲学、心理学、教育学和物理学方面展开论述。

1. 哲学基础

科学方法作为比知识更加隐蔽和复杂的内容，必定有其自身固有的特性。在科学方法教育中如何理解和把握这些特性，显然不是通过教学模式或学习方式的研究所能解决的，它需要我们站在比科学方法教学实践更高的层次上，即科学哲学的高度，以一种反思与超越的视角来研究和认识，才能更好地驾驭。因为只有从科学哲学的高度来提升教师对科学方法的认识，才能为教师驾驭科学方法教育奠定一个更加全面的科学哲学基础。这既是实施科学方法教育的基本前提，也是避免科学方法教育泛化和浅化的有效措施，对于超越目前各种科学方法教育理论的纷争、抓住科学方法教育的真谛有着重要的意义。

科学方法论是对作为人类认识活动的自然科学的哲学考察，它考察获得、确立、构造和发展科学知识的原理和方法，旨在为作为真理的自然科学提供坚实的哲学基础，为自然科学家有效地进行认识活动提供指南。

西方自 2000 多年前自然科学在古希腊兴起开始，始终坚持对科学认识活动和科学知识做方法论的反思，这为自然科学的形成和持续发展提供了必要条件。现代西方科学方法论可以说始自逻辑实证主义。逻辑实证主义是一种科学哲学，但它的实质和主体是科学方法论，确切地说，是现代形式逻辑方法论。对方法论的重视是西方文明的一个优秀传统。科学方法是科学精神的集中体现，它洋溢着科学的实证精神、理性精神和审美精神，充盈着科学的怀疑和批判意识，无怪乎英国著名科学家和自由思想家卡尔·皮尔逊（Karl Pearson，1857－1936）把它看作是训练公民的科学心智框架（scientificframe ofmind）的有效手段。

2. 教育学基础

早在 20 世纪 20 ~ 30 年代，我国的文化学者如蔡元培、任鸿隽、胡适等就对科学方法的价值做了高屋建瓴的论述，他们认为，中国民族落后、科学落后的重要原因之一就是缺乏科学方法。蔡元培早就指出："中国科学之落后，不但是知识和技术贫乏，尤其是思想和方法之落后。"任鸿隽指出：科学的本质不在物质，而在方法,"今之物质与数千年前之物质无异也,而今有科学,数千年前无科学,则方法之有无为之耳。诚得其方法,则所见之事实无非科学者。"① 著名哲学家、教育家雅思贝尔斯曾精辟地论述了科学方法教育的意义和价值,他写道:"自然科学的陶冶价值在于精确而实际的理解训练,它的内涵显得并不是那么重要。物理和化学的结果是无足轻重的,但怎样得到这些结果的方法则具有陶冶价值。谁要是只知道结果,而不知道推导的方法,那么他所获得的仅仅是一堆死知识。因此,单纯地了解结果和掌握答案就与精神陶冶的目标背道而驰,这样就会出现把科学当作权威,把科学原理作为迷信的教条。将这种世界观作为教条来信仰,这是最劣等的陶冶价值,但它却又是芸芸众生最容易养成的习惯。"教育家的话真实振聋发聩,如果缺乏科学方法教育,学生只能"把科学原理作为迷信的教条",试问这样的科学教育跟迷信又有多少差别?②

大量事实和研究表明,科学方法作为物理认识活动的中介,是连接物理现象与物理知识的纽带,在物理理论的发展中起着桥梁作用。邢红军教授提出的以科学方法为中心的物理学知能结构理论认为,以科学方法作为物理认识活动的中介,可以展现出物理知识与科学方法的相互关系,如图 5-1 所示。

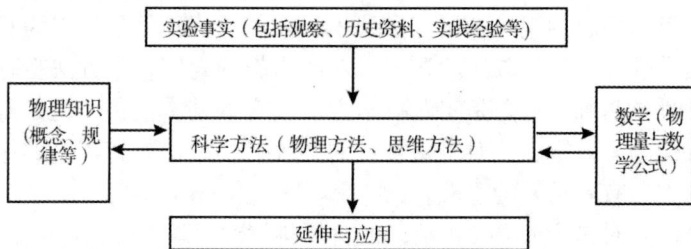

图 5-1 物理知识与方法的关系

从图 5-1 可以看出,物理学知能结构主要包括五个部分:物理现象、物理知识、科学方法、数学以及物理学的延伸和应用。科学方法处于物理学知能结构图的中心,分别与其他四个部分相连,发生着单向或双向作用。不同部分之间发生的联系需经由科学方法才可以实现,科学方法起到桥梁和纽带的作用,科学方法处于物理学知能结构的中心。因此,抓住了科学方法就等于抓住了物理教学的核心,而物理学不同部分之间发生相互作用的途径和机制,则为科学方法显性教育的实施提供了参考和依据。③

3. 心理学基础

在邢红军教授提出的"智力—技能—认知结构"能力理论中,从能力因素的来

---

① 金忠明等. 中国近代科学教育思想研究 [M]. 北京:科学普及出版社,2007,96.

② 雅思贝尔斯. 什么是教育 [M]. 北京:生活·读书·新知三联书店,1991:115.

③ 陈清梅. 论物理科学方法教育的教学模式 [J]. 中国现代教育装备,2011,24:75-76.

源出发，区分了"硬能力"与"软能力"。① 理论认为，由于智力和技能均是人的大脑的功能，因此定义其为"硬能力"。而人们通过后天学习在大脑中拥有的知识、科学方法所形成广义知识结构——即认知结构，其功能就相当于人的能力的"软件"，定义其为"软能力"。根据这种区分，我们不仅清楚了能力因素中的智力、技能、知识和科学方法的不同属性，更为重要的是，我们进一步明确了在能力因素中，智力的提高和技能的形成主要是靠训练而达成的，而能力因素中的知识和科学方法则可以通过传授、探究或发现使学生掌握。从这种思想出发，邢红军教授进而提出了能力的组成结构，即

$$智力+技能+认知结构（知识+科学方法）\xrightarrow{形成}能力$$

"智力—技能—认知结构"能力理论的提出，不仅融合了形式教育说（智力+技能）和实质教育说（知识+科学方法），而且与心理学的理论是一致的。在"智力—技能—认知结构"理论的建构中，为我们明确指出了两点：

（1）明确提出了科学方法是能力的组成部分，这在以往的能力理论中是未有的。从理论上看，科学方法与科学知识在本质上是统一的。但严格说来，两者又有不同的特点。科学方法与科学知识不同，它所涉及的不是物质世界本身，而是人类认识物质世界的途径与方式，是高度抽象的。科学方法也不直接由学科的知识内容来表达，而是有它自己独特的表达方式，它往往隐藏在知识的背后，支配着知识的获取和应用。因此，它就具有独特的认识功能。

通过对科学方法的不断了解、积累和熟练，就能使学生形成一种借助于科学方法获取科学知识、掌握技能的心理定势。这样，学生就能够以快捷的速度去获取知识、形成技能，进而通过在头脑中形成认知结构，深刻地领会和掌握知识和技能，牢固地记住知识。还可以使学生产生一种对问题的敏感性，并能够用科学方法迅速地抓住问题的要害，找出解决问题的途径。这样一种心理定势，就是学生能力的表现。所以掌握科学方法，与学生能力的发展直接有关。

（2）进一步把思维方法和科学方法做了明确区分。过去，人们在研究科学方法时，对于科学方法的分类常常感到困惑。因此，通常把思维方法与特定的科学方法如模型方法等混为一体。我们则把大脑的思维方法称为"直接思维"，因为它是大脑的功能，属于"硬能力"。而科学方法则是一种"间接思维"。因为对于每一个个体来说，科学方法并不是由大脑直接产生的，而是作为认知结构之一被"安装"在大脑中并接受大脑的操作，从而达到解决问题的目的。所以，它是一种"软能力"。

从这种基本思想出发，邢红军教授提出把物理科学方法分为了思维方法和物理方法。前者是主观的，是大脑的功能，也即是心理学中所说的弱认知方法，是可以

---

① 邢红军. 论"智力—技能—认知结构"能力理论［J］. 首都师范大学学报（自然科学版），2005：9，41－47.

被运用到各种问题解决过程中的一般策略和方法，也是属于通用问题解决方法。一般的智力因素有更密切的联系，需要训练才能使学生形成与掌握。后者是客观的，不是大脑的功能，是心理学中所指的强认知方法，是特定专业领域的独特的认知方法，它往往与专业知识紧密结合在一起，不容易区分开来，与专门知识有更紧密的关系，需要传授才能使学生习得与掌握。这样一种分类方式，来源清晰，使科学方法教育内容的研究豁然开朗。

4. 物理学基础

对于回答科学的本质是什么的问题，物理学大师、诺贝尔奖获得者费恩曼教授有着独树一帜的见解，费恩曼直截了当地说："科学是一种方法，它教导人们：一些事物是如何被了解的，不了解的还有些什么，对于了解的，现在又了解到什么程度（因为任何事物都没有被绝对了解），如何对待疑问和不确定性，依据的法则是什么，如何思考问题并做出判断，如何区别真理与欺骗、真理与虚饰……在对科学的学习中，你学会通过试验和误差来处理问题，养成一种独创精神和自由探索精神，这比科学本身的价值更巨大。还要学会问自己：'有没有更好的办法来做？'"[1] 为什么费恩曼不认为科学是一种知识而认为是一种方法？这是因为在费恩曼看来，科学的核心或者说全部就是科学方法。换句话说，科学方法比科学知识更重要。科学方法作为独立存在的理论体系，对科学理论的形成起到了开源作用。这即是说，科学研究方法一旦形成就会对科学理论的发展起着决定性的作用。

翻开物理学发展史，我们看到物理学上的重大进展，都得益于正确的方法论指导。伽利略创造性地运用了实验与数学（逻辑）结合的方法，取得了自由落体定律、惯性原理和抛体运动轨迹等一系列物理学成就；牛顿把实验方法和数学方法相结合并加以发展，进一步改造了实验方法论，并用微积分的数学工具发展了数学演绎的公理方法，创造性地用"分析—综合"模式创建了一个完整的科学方法论体系；爱因斯坦创立的相对论也是以他独到的方法论为基础的，正是爱因斯坦率先采用的实验验证法改变了20世纪物理学的面貌，同时也生动地说明科学方法对物理学发展的重要意义。

第三节　高中物理实验教学中科学方法的教育内容

邢红军教授基于心理学思想，提出了系统的科学方法分类理论，即将科学方法分为学科方法和思维方法，其中学科方法又分为获得知识的学科方法和应用知识的学科方法，思维方法分为逻辑和非逻辑思维方法，分类框架如图5-2所示。

---

[1] 约翰·格里宾、玛丽·格里宾. 迷人的科学风采——费恩曼传 [M]. 江向东，译. 上海：上海科技教育出版社，1999：156.

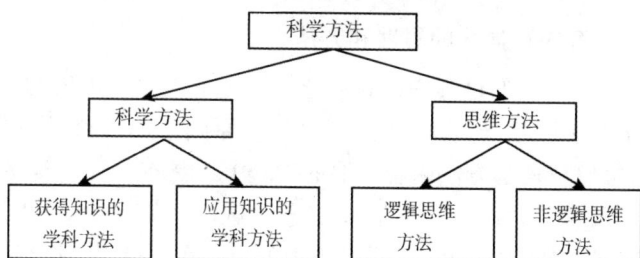

图 5 - 2　科学方法的分类结构

已有研究初步显化了高中物理教学中获得知识和应用知识的物理方法教育内容，给高中物理科学方法教育提供了依据。分析认为获得知识和应用知识的学科方法同属理论方法，而实验方法的显化研究却少有涉及。有鉴于此，本章就高中物理实验方法教育内容进行显化研究。

一、实验方法教育内容显化的思路和方法

1. 实验方法教育内容的分类原则

本研究在此分类基础上，立足于实验方法进行研究。为了使方法显化过程更明朗化，依照研究的分类原则，提出将实验方法分为测量过程中的方法和数据处理过程的方法，具体分类如图 5 - 3 所示。

物理实验都离不开定量的测量和分析，待测量很广泛，包括力学量、电磁学量和光学量等，本章介绍具有共性的基本测量方法，这些测量方法是物理实验的思想方法，而不是指具体的测量过程中仪器的使用方法等，学生学习并掌握好这些基本的实验方法，可指导其设计实验方案，选择测量手段，提高科学实验和研究的能力。

实验测量完成后获得的原始数据是用以分析、判断、推导出实验结论的第一手资料。数据处理是对原始实验记录的科学加工。通过数据处理，往往可以从一堆表面上难以察觉的、似乎毫无联系的数据中找出内在的规律。

按照实验操作的不同过程将实验方法做上述分类使方法显化过程更清晰，使实验方法教学更有章可循。

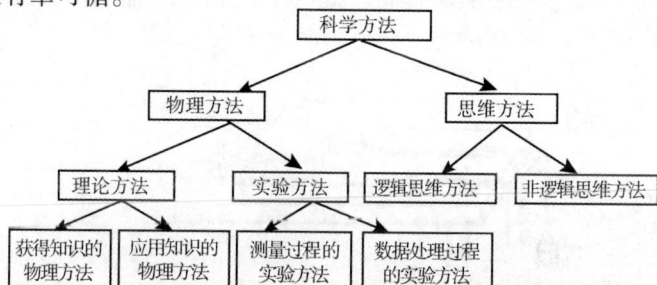

图 5 - 3　物理学科科学方法的分类结构

2. 实验方法教育内容显化的思路和方法

在显化物理科学方法的过程中，我们依据乔际平先生所提出的科学方法教育内容选取的思路，即按照方法与物理知识相对应的原则，选取科学方法的教育内容，这种"对应"的思想在科学方法内容选取的确立上，具有重要的意义。

本章中，我们汲取"对应"思想的合理内核，进一步发展了这个思想。按照这个原则，将每个实验按照操作步骤展开，细化所选取的重要实验过程，把其中隐藏的主要科学方法显性化，从而提出物理实验教学中的科学方法教育内容，使教育工作者在科学方法教学中有据可依，同时也使得科学方法教育的内容在一定程度上达到相对统一。

对于同一个实验出现的不同种设计思路和操作过程可能会在科学方法的内容确定上造成分歧的问题，我们所采用的实验设计和操作均为教材和大纲所提出的一般思路，对于个别实验需要学生掌握的另外的思路，也将会在实验中介绍。

下面以探究加速度与力、质量的关系实验为例，深入分析并显化其中实验方法教育内容。

【实验目的】

1. 学会用控制变量法研究物理规律。

2. 学会怎样由实验数据得出结论。

3. 探究加速度与力、质量的关系。

（1）质量一定时，加速度与作用力成正比。

（2）作用力一定时，加速度与质量成反比。

【实验原理】

$$F = ma$$

【实验器材】

打点计时器、纸带及复写纸片、小车、一端附有定滑轮的长木板、小桶和沙、细绳、低压交流电源、两根导线、天平（带有一套砝码）、刻度尺、砝码。

【实验步骤】

1. 用天平测出小车和小桶的质量 M_0 和 m_0，并记录数值。

2. 按照图 5 – 4 要求安装实验器材，此时不把悬挂小桶用的细绳系在车上，即不给小车加牵引力。

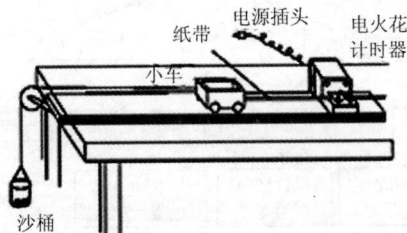

图 5 – 4　加速度与力、质量的关系的实验装置

3. 平衡摩擦力，在长木板不带定滑轮的一端下面垫薄木板，并反复移动其位置，直到打点计时器正常工作后，小车在斜面上的运动可以保持匀速直线运动状态为止。（等效替代法）

4. 记录小车及车内所加砝码的质量；称好沙子后将沙倒入小桶，把细绳系在小车上并绕过定滑轮悬挂小桶；此时要调整定滑轮的高度使绳与木板平行；接通电源，放开小车，待打点计时器在纸带上打好点后，取下纸带，做好标记。

5. 保持小车的总质量不变，（控制变量法）改变砂的质量（均要用天平称量），按步骤4中方法打好纸带，做好标记。

6. 在每条纸带上选取一段比较理想的部分，分别计算出加速度值。

7. 保持沙和桶的质量不变，在小车上加砝码（需记录好数据），重复上面的实验步骤，求出相应的加速度（表5-2）。

【数据处理】

1. 用纵坐标表示加速度，横坐标表示作用力（即沙和沙桶的总重力），根据实验结果画出相应的点，如果这些点在一条直线上，便证明了质量一定的情况下，加速度与合外力成正比。（图像法）

2. 用纵坐标表示加速度，横坐标表示小车及砝码的总质量的倒数，根据实验结果画出相应的点，如果这些点在一条直线上，就证明了合外力一定的情况下，加速度与质量成反比。（曲线改直法）

表5-2 加速度实验记录

实验次数	1	2	3	4	5	6
F/N						
小车质量/g						
小车加速度/$(m \cdot s^2)$						
小车质量的倒数/kg^{-1}						
实验次数	1	2	3	4	5	6
小车质量/g						
小车加速度/$m \cdot s^{-2}$						
F/N						

【注意事项】

1. 实验中始终要求沙和沙桶的总质量（m）远小于小车和砝码的总质量（M），一般情况下要满足 $10m < M$。只有这样，砂和砂桶的总重力才能视为小车所受的拉力。

2. 平衡摩擦力时不要挂小桶，但小车要挂纸带并接通打点计时器；有两个作用：一是从纸带上打出的点子来判断小车是否匀速运动，二是在平衡摩擦力时也要平衡振针和纸带之间的摩擦（如果使用电火花计时器，该摩擦可以忽略）。平衡摩擦力是使小车重力沿斜面的分力与小车运动时所受到的所有摩擦力相平衡。

3. 在每次打过点的纸带上，都要注明小车的质量和拉力数值，以免在分析数据时造成错误。

4. 小车每次释放前应靠近打点计时器，且先接通电源再释放小车；小车停止运动前应按住小车。

5. 由于 a 做 M 图像是一条曲线，难以判断和之间的函数关系，从而难以确定 a 与 M 的定量关系。从已知的理论看，$a - \frac{1}{M}$ 图像应该是一条直线，为了便于对实验结果作出直观判断，本实验中做 $a - \frac{1}{M}$ 图像，而不是做 $a - M$ 图像。

6. 做图像时，要使尽可能多的点子在直线上，不在直线上的点也要尽可能对称分布在直线两侧，其目的是在数据处理时尽量减少偶然误差。

分析实验，我们知道物体产生加速度的条件是物体所受合外力不为零，因此可以猜想加速度 a 与物体所受合外力 F 以及物体的内禀属性质量有 M 关，在实验中有三个相互关联的物理量，因此需要先控制住质量 M 研究加速度 a 与合外力 F 之间的关系，再控制住合外力 F 研究加速度 a 与质量 M 之间的关系，这就是控制变量法，是测量数据过程中用到的主要方法；在实验前我们调节木板倾角用重力的分力抵消摩擦力的影响，等效于小车不受阻力，即应用了等效替代法；实验数据过程我们采用最简单、最直观的方法即图像法，通过做出两个物理量之间的变化图像得出函数的变化趋势；为了便于直接观察得出结论，通过分析尝试，我们做出 $a - \frac{1}{M}$ 图像，获得 $a - \frac{1}{M}$ 的线性关系，应用了曲线改直法。通过以上数据分析可以得到 $a \propto F$ 和 $a \propto \frac{1}{M}$ 的结论，将两者综合起来，得出 $F = kMa$ 的关系式，并在国际单位制中取 $k = 1$，最终得到了 $F = Ma$ 的表达式，这是比例系数法的应用。加速度与力、质量关系实验方法的显化结果见表 5 - 3。

表 5 - 3　探究加速度与力、质量关系实验方法显化结果

实验名称	测量过程中的物理方法	数据处理过程中的物理方法
探究加速度与力、质量的关系	控制变量法、等效替代法	图像法、曲线改直法、比例系数法

二、实验方法的教育内容

本章的研究对象取自新课标教材中学生分组实验以及考试大纲中所要求的重要实验，总计 17 个，如表 5 - 4 所示。

表 5 – 4　教材及考试大纲中的实验名称

序号	实验名称
1	研究匀变速直线运动
2	探究加速度与力、质量的关系
3	探究求合力的方法
4	探究弹力和弹簧伸长的关系
5	探究动量中的不变量
6	研究平抛物体的运动
7	探究功与速度变化的关系
8	验证机械能守恒定律
9	用单摆测定重力加速度
10	用油膜法估测分子的大小
11	用描迹法画出电场中平面上的等势线
12	测定金属的电阻率
13	描绘小电珠的伏安特性曲线
14	把电流表改装成电压表
15	测定电源的电动势和内电阻
16	测定玻璃的折射率
17	用双缝干涉测光的波长

参考教科书及高中物理实验辅导书籍，确定实验方案及步骤，按照上节中所介绍的显化思路对其中的实验方法和内容进行剖析。

1. 研究匀变速直线运动

【实验目的】

（1）练习使用打点计时器，掌握判断物体是否做匀变速直线运动的方法。

（2）学习用打点计时器测定即时速度和加速度。

【实验原理】

（1）打点计时器是一种使用交流电源的计时仪器，它每隔 0.02s 打一次点（由于电源频率是 50Hz），因此，纸带上的点就表示了和纸带相连的运动物体在不同时刻的位置，研究纸带上点之间的间隔，就可以了解物体运动的情况。

（2）由纸带判断物体做匀变速直线运动的方法：如图 5 – 5 所示，0，1，2，… 为时间间隔相等的各计数点，S_1，S_2，S_3，… 为相邻两计数点间的距离，若 $\Delta S = S_2 - S_1 = S_3 - S_2 = aT^2$（常数），即若连续相等的时间间隔内的位移之差为恒量，则与纸带相连的物体的运动为匀变速直线运动。

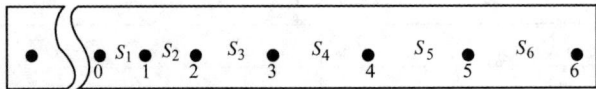

图 5 - 5　匀变速直线运动的纸带

（3）由纸带求物体运动加速度的方法

1）用"逐差法"求加速度：即根据 $S_4 - S_1 = S_5 - S_2 = S_6 - S_3 = aT^2$（为相邻两计数点间的时间间隔）求出 $a_1 = \dfrac{S_4 - S_1}{3T^2}$、$a_2 = \dfrac{S_5 - S_2}{3T^2}$、$a_3 = \dfrac{S_6 - S_5}{3T^2}$，再算出 a_1、a_2、a_3 的平均值即为物体运动的加速度。

2）用 $v - t$ 图法：即先根据 $v_n = \dfrac{S_n + S_{n+1}}{2T}$ 求出打第 n 点时纸带的瞬时速度，后做出 $v - t$ 图线，图线的斜率即为物体运动的加速度。

【实验器材】

打点计时器、纸带、复写纸片、小车、细绳、钩码、一端附有定滑轮的长木板、低压交流电源、导线、刻度尺。

【实验步骤】

（1）把一端附有定滑轮的长木板平放在实验桌上，并使滑轮伸出桌面，把打点计时器固定在长木板上没有滑轮的一端，连接好电路，如图 5 - 6 所示。

（2）把一条细绳拴在小车上，细绳跨过滑轮，并在细绳的另一端挂上合适的钩码，试放手后，小车能在长木板上平稳地加速滑行一段距离，把纸带穿过打点计时器，并把它的一端固定在小车的后面，用手按住小车。

（3）把小车停在靠近打点计时器处，先接通电源，再放开小车，让小车运动，打点计时器就在纸带上打下一系列的点，取下纸带，换上新纸带，重复实验三次。（留迹法）

（4）选择一条比较理想的纸带，舍掉开头的比较密集的点子，确定好计数始点 0，每隔 4 个点取一个计数点，使时间间隔为 T = 0.1s。

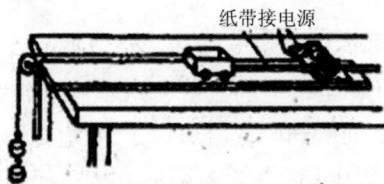

图 5 - 6　匀变速直线运动装置

【数据处理】

正确使用毫米刻度尺测量两点间的距离 S_1、S_2、S_3、S_n，用逐差法求出加速度值（逐差法），最后求其平均值（平均值法）。也可求出各计数点对应的速度，做

$v-t$图线，求得直线的斜率即为物体运动的加速度。（图像法）

表 5－5　逐差法计算加速记录表

计数点	相邻计数点间的位移 S/m	位移差 $\triangle S$/m	加速度/（m·s⁻²）
0			
1	$S_1 =$	$S_4 - S_1 =$	$a_1 =$
2	$S_2 =$		
3	$S_3 =$	$S_5 - S_2 =$	$a_2 =$
4	$S_4 =$		
5	$S_5 =$	$S_6 - S_3 =$	$a_3 =$
6	$S_6 =$		

【注意事项】

（1）要在钩码（或沙筒）落地处放置软垫或沙箱，防止撞坏钩码。

（2）要在小车到达滑轮前用手按住它或放置泡沫塑料挡块，防止车掉在地上或撞坏滑轮。

（3）小车的加速度宜适当大些，可以减小长度的测量误差。加速度大小能在约 50cm 的纸带上清楚地取出 7～8 个计数点为宜。

（4）纸带运动时不要让纸带与打点计时器的限位孔摩擦。

（5）运动开始时打下的第 1 个点不宜作为计量的起点。

在研究物体做直线运动的实验中，常常不便直接观察做匀变速直线物体的运动情况及获得数据，于是利用打点计时器在纸带上留下的点迹来间接分析物体运动规律，这样的一系列操作采用的是留迹法；在数据处理过程中，因为位移逐个计算时相互抵消导致的误差较大，所以采用逐差法处理；计算所得数据求平均值使结果更准确，平均值法是实验数据处理中常用的减小误差的方法（表 5－6）。此外，本实验中还介绍了数据处理的另外一种操作思路，即对计算所得的各点的速度，作 $v-t$ 图线，这里用到的图像法同样是处理实验数据时常用到的一种物理方法，能够更直观地获得数据之间的关系，特别是线性关系。

表 5－6　匀变速直线运动实验方法显化结果

实验名称	测量过程中的物理方法	数据处理过程中的物理方法
研究匀变速直线运动	留迹法	逐差法、平均值法、图像法

2. 探究加速度与力、质量的关系

分析见匀变速直线运动。

3. 探究求合力的方法

【实验目的】

探究两个非共线力合成时满足的规律。

【实验原理】

一个力 F' 的作用效果和两个力 F_1、F_2 的作用效果都是让同一条一端固定的橡皮条伸长到同一点，所以力 F' 就是这两个力 F_1 和 F_2 的合力，做出力 F' 的图示，再做出 F_1 和 F_2 的图示，比较 F_1、F_2 和 F' 的大小和方向有何关系。

【实验器材】

方木板一块、白纸、弹簧测力计（两只）、橡皮条、细绳套（两个）、三角板、刻度尺、图钉（几个）、细芯铅笔。

【实验步骤】

（1）用图钉把白纸钉在水平桌面上的方木板上，并用图钉把橡皮条的一端固定在 A 点，橡皮条的另一端拴上两个细绳套。

（2）用两只弹簧测力计分别钩住细绳套，互成角度地拉像皮条，使橡皮条伸长到某一位置 O，如图 5-7 所示，记录两弹簧测力计的读数，用铅笔描下 O 点的位置及此时两细绳套的方向。（留迹法）

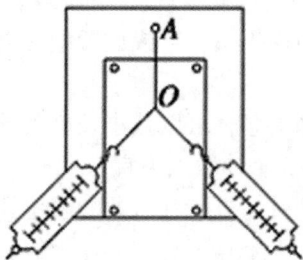

图 5-7　弹簧测力计

（3）只用一只弹簧测力计通过细绳套把橡皮条的结点拉到同样的位置 O，记下弹簧测力计的读数和细绳套的方向。（等效替代法）

【数据处理】

（1）用铅笔和刻度尺从结点 O 沿两条细绳套方向画直线，按选定的标度做出这两只弹簧测力计的读数 F_1 和 F_2 的图示，并以 F_1 和 F_2 为邻边用刻度尺做平行四边形，过 O 点画平行四边形的对角线，此对角线即为合力 F 的图示。（图像法）

（2）用铅笔和刻度尺从节点 O 点按同样的标度沿记录的方向做出只用一只弹簧测力计的拉力 F' 的图示。

（3）比较合力 F 和 F' 的大小和方向。

【注意事项】

（1）将两只弹簧秤钩好后对拉，若在拉的过程中读数相同，则可选；若不同，应另换，直到相同为止。

（2）在满足合力不超过弹簧秤量程及橡皮条形变不超过弹性限度的条件下，应使拉力尽量大一些，使用中弹簧秤应始终与板面平行。

（3）画力的图示时，应选定恰当的标度，尽量使图画得大一些，并严格按力的图示要求做出合力。

（4）在同一次实验中，橡皮条伸长时的结点位置要相同。

（5）两拉力 F_1、F_2 大小及夹角选取要适当。

在实验中，要求用一个弹簧单独拉橡皮条时，要与用两个弹簧秤互成角度同时拉橡皮条时产生的效果相同，即要使结点到达同一位置 O，也就是要在合力与两分力等效的条件下，才能找到它们之间合成与分解时所遵守的关系，这是等效替代法的思想体现；用铅笔描下 O 点位置及力的方向，即把瞬间即逝的物理量记录下来，这里应用了留迹法；在处理数据时，采用图像法作图得到实验结论（表5-7）。

表5-7　探求合力的实验方法显化结果

实验名称	测量过程中的物理方法	数据处理过程中的物理方法
探究求合力的方法	留迹法、等效替代法	图像法

4. 探究弹力和弹簧伸长的关系

【实验目的】

探索弹力和弹簧伸长的定量关系，并学习所用的科学方法。

【实验原理】

（1）弹簧受力会发生形变，形变的大小与受到的外力有关. 沿着弹簧的方向拉弹簧，当形变稳定时，弹簧产生的弹力与使它发生形变的拉力在数值上是相等的。

（2）测量弹簧的弹力，运用的正是弹簧的弹力与挂在弹簧下面的钩码的重力相等。

（3）弹簧的长度可用刻度尺直接测出，伸长量可以由拉长后的长度减去弹簧原来的长度进行计算，这样就可以研究弹簧的弹力和弹簧伸长量之间的定量关系了。

【实验器材】

轻质弹簧（一根）、钩码（一盒）、刻度尺、铁架台、重垂线、坐标纸、毫米刻度尺。

【实验步骤】

（1）如图5-8所示，将铁架台放在桌面上（固定好），将弹簧的一端固定于铁架台的横梁上，让其自然下垂，在靠近弹簧处将刻度尺（最小分度为1 mm）固定于铁架台上，并用重垂线检查刻度尺是否竖直。

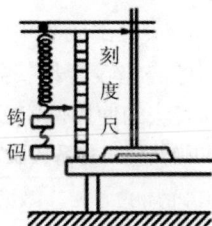

图5-8　探究弹力和弹簧伸长的关系

（2）用刻度尺测出弹簧自然伸长状态时的长度10，即原长。

（3）如图5-7所示，在弹簧下端挂质量为 m_1 的钩码，量出此时弹簧的长度1，记录 m_1 和 l，填入自己设计的表格中（表5-8）。

表5-8　弹力和弹簧伸长关系

钩码个数	长度	伸长量	钩码质量 m	弹力 F
0	$l_0 =$	—	—	—
1	l_1	$x_1 = l_1 - l_0$	$m_1 =$	$F_1 =$
2	l_2	$x = l_2 - l_0$	$m_2 =$	$F_2 =$
3	l_3	$x_3 = l_3 - l_0$	$m_3 =$	$F_3 =$

（4）改变所挂钩码的质量，量出对应的弹簧长度，记录 m_2、m_3、m_4、m_5 和相应的弹簧长度 l_2、l_3、l_4、l_5，并得出每次弹簧的伸长量 x_1、x_2、x_3、x_4、x_5。

【数据处理】

（1）以弹力 F（大小等于所挂钩码的重力）为纵坐标，以弹簧的伸长量 x 为横坐标，描点做图，连接各点，得出弹力 F 随弹簧伸长量 x 变化的图线。（图像法）

（2）以弹簧的伸长量为自变量，写出曲线所代表的函数。首先尝试一次函数，如果不行则考虑二次函数。

（3）得出弹力和弹簧伸长之间的定量关系，解释函数表达式中常数的物理意义。

【注意事项】

（1）每次增减钩码测量有关长度时，均需保证弹簧及钩码不上下振动而处于静止状态，否则，弹簧弹力将可能与钩码重力不相等。

（2）弹簧下端增加钩码时，注意不要超过弹簧的限度。

（3）测量有关长度时，应区别弹簧原长 l_0、实际总长 l 及伸长量 x 三者之间的不同，明确三者之间的关系。

（4）建立平面直角坐标系时，两轴上单位长度所代表的量值要适当，不可过大，也不可过小。

（5）描线的原则是，尽量使各点落在描画出的线上，少数点分布于线两侧，描出的线不应是折线，而应是光滑的曲线。

这个实验的原理不难理解，操作步骤也比较简单，在理解的基础上重复操作获得多组数据即可。在数据处理时，应用图像法比较容易找到弹力和弹簧伸长的关系（表5-9）。在此实验中，需要指出的是，列表法的使用使实验数据条理清晰，简单明了。

表5-9　弹力和弹簧伸长关系实验方法显化结果

实验名称	测量过程中的物理方法	数据处理过程中的物理方法
探究弹力和弹簧伸长的关系		图像法

5. 探究动量中的不变量

【实验目的】

验证碰撞中的动量守恒。

【实验原理】

质量为 m_1 和 m_2 的两个小球发生正碰，若碰前 m_1 运动，m_2 静止，根据动量守恒定律应有。因小球从斜槽上滚下后做平抛运动，由平抛运动知识可知，只要小球下落的高度相同，在落地前运动的时间就相同，则小球的水平速度若用飞行时间做时间单位，在数值上就等于小球飞出的水平距离。所以只要测出小球的质量及两球碰撞前后飞出的水平距离，代入公式就可验证动量守恒定律。

【实验器材】

斜槽、大小相等而质量不同的小球两个、重锤线一条、白纸、复写纸、天平一台、刻度尺、圆规、三角板。

【实验步骤】

（1）先用天平测出小球质量 m_1、m_2，并选定质量大的小球为入射球。

（2）如图 5-8 所示，安装好实验装置，将斜槽固定在桌边，使槽的末端点切线水平，把被碰小球放在斜槽水平方向的末端。调节实验装置使两个相碰时处于同一水平高度，且碰撞瞬间入射球与被碰球的球心联机与轨道末端的切线平行，以确保碰撞后的速度方向水平。

（3）在地上铺一张白纸，白纸上铺放复写纸。（留迹法）

（4）在白纸上记下重锤线所指的位置 O，它表示入射球被碰前的位置，如图 5-9 所示。

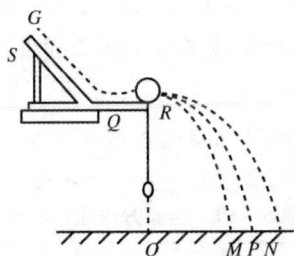

图 5-9　动量中的不变量实验示意

（5）先不放被碰小球，让入射球从斜槽上同一高度处自由滚下，重复 10 次，用圆规画尽可能小的圆，把所有的小球落点围在里面，圆心就是入射球不碰撞时的落地点 P。

（6）把被碰小球放在斜槽末端，让入射小球从同一高度处自由滑下，使它们发生正碰，重复 10 次，仿步骤 5 求出入射小球落点的平均位置 M 和被碰小球落点的平均位置 N。（平均值法）

（7）用刻度尺量出线段 $\overline{OM}$、$\overline{OP}$、$\overline{ON}$ 的长度。把两小球的质量和相应的速度数

值代入 $m_1\overline{OP} = m_1\overline{OM} + m_2\overline{ON}$，看是否成立。（转换法）

（8）整理实验器材，放回原处。

【数据处理】

入射球、被碰球都是从同一高度开始做平抛运动，故它们平抛运动的时间都相同，设为 t，入射球从斜槽轨道上某一点由静止释放后，落在 P 点，它平抛运动的起点为斜槽轨道的末端，共平抛运动的水平位移为 $\overline{OP}$，水平速度 $v' = \dfrac{\overline{OP}}{t}$，入射球从斜槽轨道上的同一点由静止释放，与被碰球碰撞后分别落在 M 点，N 点，它们的水平速度分别为 $\dfrac{\overline{OM}}{t}$、$\dfrac{\overline{ON}}{t}$，如果动量守恒，则应有 $m_1\overline{OP} = m_1\overline{OM} + m_2\overline{ON}$，只要证明这个关系正确，就验证了动量守恒。

【注意事项】

（1）斜槽末端必须水平，检验方法是把小球放在斜槽末端平轨道上任何位置，看其能否保持静止状态。

（2）调节支柱高度使入射小球和被碰小球相碰时球心处于同一高度，并调节支柱与槽门间距离，使之等于小球直径。

（3）入射球质量应大于被碰球的质量。

（4）入射小球每次都必须从斜槽同一高度由静止释放。

（5）实验过程中实验桌、斜槽、记录所用白纸的位置要始终保持不变。

本实验的理论基础是动量守恒定律，即两小球在不受外力（或所受合外力为零）的情况下，碰撞前后的总动量守恒。由于是运动小球撞静止小球，其规律应为，而本实验中实际是以小球的空中运动时间为时间单位，其规律可写成 $m_1\overline{OP} = m_1\overline{OM} + m_2\overline{ON}$。实验中用测量小球的水平距离代替测量速度，是等效替代法的思想体现；通过复写纸记录小球瞬间落地位置，应用了留迹法；在实验中碰撞进行 10 次，取小球落地的有效平均位置测量数据，应用了平均值法，此法降低了实验中的误差。

表 5 - 10　实验方法显化结果

实验名称	测量过程中的物理方法	数据处理过程中的物理方法
探究动量中的不变量	转换法、留迹法	平均值法

6. 研究平抛物体的运动

【实验目的】

1. 描出平抛物体的运动轨迹。

2. 求出平抛物体的初速度。

【实验原理】

平抛运动可以看作是由两个分运动合成，一个是在水平方向上的匀速直线运动，其速度等于平抛物体运动的初速度，另一个是在竖直方向上的自由落体运动。

在水平分运动中，运用 $x = v \times t$；在竖直分运动中，运用 $y = \frac{1}{2}gt^2$ 或 $\Delta y = gT^2$，得 $v_x = x \big/ \sqrt{\dfrac{2y}{g}}$。

【实验器材】

斜槽（附挡球板和重锤线）、水准仪、小钢球、木板、竖直固定支架、刻度尺、三角板、白纸、图钉、定点用的有孔卡片、重锤线、铅笔等。

说明：定点用的有孔卡片的制作要求如图 5 – 10 所示，在方形硬纸上沿中间实线挖出一个孔，孔宽（A）应稍大于钢球直径，孔长（B）一般大于钢球直径。

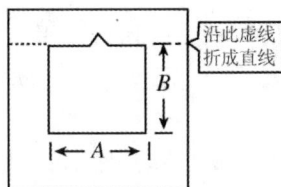

图 5 – 10　有孔卡片制作示意

【实验步骤】

（1）将斜槽放在桌面上，让其末端伸出桌面边缘外，借助水准仪调节末端，使槽末端切线水平，随之将其固定，如图 5 – 11 所示。

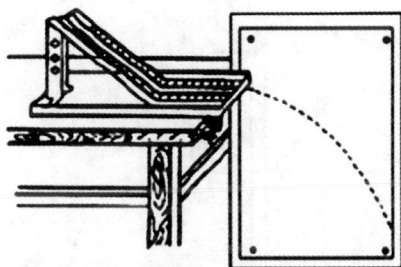

图 5 – 11　平抛物体运动实验示意

说明：如果没有水准仪，则可将钢球放于槽的末端。调节斜槽后，轻轻拨动钢球，若钢球能在任何位置平衡，说明达到要求。

（2）用图钉将白纸钉在木板上，让木板左上方靠近槽口处桌面边缘，用支架将木板竖直固定，使小球滚下飞出槽口后的轨迹平面跟板面平行。

（3）将小球飞出斜槽末端时的球心位置水平投影到白纸上描点 O，并过 O 沿重锤线用直线描出竖直方向。

（4）选择钢球从槽上滚下的合适初位置 Q，在 Q 点放上挡球板。

（5）将小球从斜槽上释放，用中心有孔的卡片靠在纸面上并沿纸面移动，当飞行的小球顺利地穿过卡片小孔时，在小孔靠近纸面所在处做记号；重复该步骤，描

下至少 5 个不同位置的对应点。（留迹法）

（6）把白纸从木板上取下来，将前面描述的一系列点用平滑的曲线连接起来，即为小球平抛运动的轨迹。（描迹法）

【数据处理】

（1）以 O 为坐标原点，用三角板在白纸上建立 xOy 坐标系。

（2）在轨迹上选取点 M，并测出它的坐标值（x，y），代入公式计算水平初速度。

（3）再在曲线上选取不同点，重复步骤 2，测量、计算水平初速度，最后求出其平均值，即为小球平抛初速度的测量值。（平均值法）

【注意事项】

（1）在调整安装时，应保证斜槽末端切线水平，确保钢球飞出后作平抛运动；应使木板（包括白纸）靠近槽口、竖直且与小球运动轨迹所在平面平行，确保运动小球靠近木板，但不接触木板。

（2）在实验中应使用斜槽挡球板，保证小球每次均从同一位置无初速释放。

说明：斜槽挡球板的位置应恰当，以便使小球的运动轨迹由木板左上角到右下角。

（3）在取下白纸前，应在白纸上记下小球飞离槽口时球心位置 O（钢球球心在图板上的水平投影点，而不是斜槽末端点的投影），如图 5-12 所示，确定坐标轴原点，并用重垂线过 O 做竖直线，以准确确定坐标系的 y 轴。

（4）在轨迹曲线上选点时，应选离坐标原点稍远的点用以测量计算，这样可减小误差。

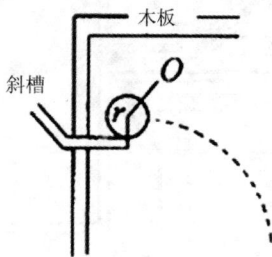

图 5-12　平抛物体运动轨迹作图示意

使用有孔卡片确定小球下落过程中瞬间经过的位置然后记录，是留迹法的应用；在数据处理时，选取不同的点使用同样计算方法求出水平初速度然后取平均值，减小了实验误差；最后使用描迹法描绘出小球的运动轨迹。

表 5-11　平抛物体运动实验方法显化结果

实验名称	测量过程中的物理方法	数据处理过程中的物理方法
研究平抛物体的运动	留迹法	平均值法、描迹法

7. 探究功与速度的变化的关系

【实验目的】

通过实验探究力对物体做的功与物体速度变化的关系。

【实验原理】

如图 5 – 13，小车在橡皮筋的作用下弹出，沿木板滑行。当我们用 2 条、3 条、……同样的橡皮筋进行第 2 次、第 3 次……实验时，每次实验中橡皮筋拉伸的长度都保持一致，那么，第 2 次、第 3 次……实验中橡皮筋对小车做的功就是第一次的 2 倍、3 倍……如果把第一次实验时橡皮筋所做的功记为 W，各次做的功就是 $2W$、$3W$……由于橡皮筋做功而使小车获得的速度可以由纸带和打点计时器测出，也可以用其他方法测出。这样，进行若干次测量，就得到若干组功和速度的数据，以橡皮筋对小车做的功为纵坐标，小车获得的速度为横坐标，以第一次实验时的功 W 为单位，做出 $W – v$ 曲线即功 —— 速度曲线，分析这条曲线，可以得知橡皮筋对小车做的功与小车获得的速度的定量关系。

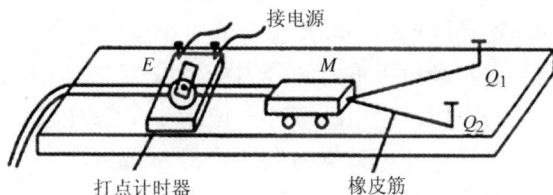

图 5 – 13　功与速度的变化实验装置

【实验器材】

橡皮筋、打点计时器、小车、纸带、复写纸、电源、导线、刻度尺、木板、钉子。

【实验步骤】

（1）按图 5 – 12 组装好实验器材，由于小车在运动中会受到阻力，把木板略微倾斜，作为补偿。（等效替代法）

（2）先用一条橡皮筋进行实验，把橡皮筋拉伸一定长度，理清纸带，接通电源，放开小车。

（3）换用纸带，改用 2 条、3 条……同样的橡皮筋进行第 2 次、第 3 次……实验，每次实验中橡皮筋拉伸的长度都相同。（留迹法）

（4）由纸带算出小车获得的速度，把第 1 次实验获得的速度记为 v_1，第 2 次、第 3 次……记为 v_2、v_3…（表 5 – 12）。

对测量数据进行估计，大致判断两个量可能的关系，然后以 W 为纵坐标，以 v_2（或 v，v_3，$\sqrt{v}$）为横坐标做图（图像法）。在处理数据的时候，如果做出的功—速度曲线是一条直线，表明橡皮筋做的功与小车获得的速度的关系是正比例关系，即

$W - v$；如果不是直线，就需要根据测得的速度分别按 v_2、v_3…算出相应的功的值，实际测得的速度与哪一种最接近，它们之间就是哪一种关系（曲线改直法）。

表 5 – 12　功与速度的变化记录表

橡皮筋条数	1	2	3	4	5	6
力对小车做的功	W	2W	3W	4W	5W	6W
小车获得的速度						

【注意事项】

（1）平衡摩擦力：实验中的小车不可避免地要受到摩擦力的作用，摩擦力对小车做负功，我们研究的是橡皮筋做的功与物体速度的关系，应设法排除摩擦力的影响，可采用将木板一端垫高的方法来实现。将木板一端垫高，使重力沿斜面方向的分力与摩擦力相平衡，就消除了摩擦力的影响。

（2）每次实验所用的橡皮筋都相同并且橡皮筋拉伸的长度都保持一致。

（3）打点计时器打出的纸带上相邻各点的间距并不均匀，应选间距均匀的那一段纸带来计算小车的速度，因这一小段是橡皮筋对小车做功完毕时的情形。

在实验前我们调节木板倾角用重力的分力抵消摩擦力的影响，等效于小车不受阻力，这是等效替代法的应用；应用纸带打点记录小车瞬时运动情况，求得小车运动速度，这是应用了留迹法；处理数据时利用图像法做出功——速度图线，尝试确定两者关系时利用曲线改直法获得与线性关系（表 5 – 13）。

表 5 – 13　功与速度的变化实验方法显化结果

实验名称	测量过程中的物理方法	数据处理过程中的物理方法
探究功与速度变化的关系	等效替代法、留迹法	图像法、曲线改直法

8．验证机械能守恒定律

【实验目的】

验证机械能守恒定律。

【实验原理】

利用物体做自由落体运动时，重力势能转化为动能且总机械能守恒，通过测定重力势能的减少量和动能的增加量加以验证。为便于验证，可选物体的初速度为零，此时需验证的关系为

$$mgh = \frac{1}{2}mv^2，即 \ gh = \frac{1}{2}v^2。$$

【实验器材】

打点计时器、低压交流电源、带有铁夹的铁架台、纸带、复写纸、带夹子的重锤、刻度尺、导线。

【实验步骤】

（1）按图 5 - 14 装置固定好计时器。

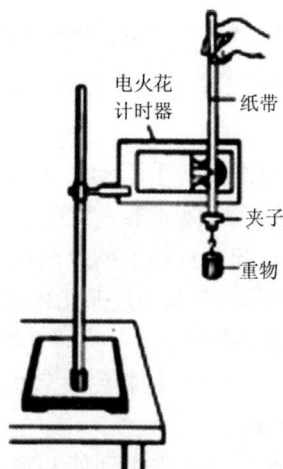

图 5 - 14　机械能守恒定律实验装置

（2）将纸带的一端用小夹子固定在重物上，使另一端穿过计时器的限位孔，用手竖直提着纸带，使重物静止在靠近计时器的地方。

（3）接通电源，松开纸带，让重物自由下落，计时器就在纸带上打下一系列小点。（留迹法）

（4）换几条纸带，重做上面的实验。

（5）从几条打上了点的纸带上挑选第一、第二两点间的距离接近 $2mm$ 且点迹清晰的纸带进行测量。

（6）在挑选出的纸带上，先记下打第一个点的位置 0（或 A），再任意选取几个点 1、2、3（或 B、C、D）等，用刻度尺量出各点到 0 的距离 h_1、h_2、h_3 等，如图 5 - 15 所示。

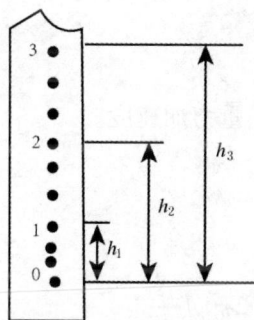

图 5 - 15　纸带测量示意

【数据处理】

（1）用公式计算出各点对应的瞬时速度 v_1、v_2、v_3 等。

（2）计算出各点对应的势能减少量 mgh_n 和动能的增加量 $\frac{1}{2}mv^2$ 的值，进行比较，得出结论。

【注意事项】

（1）开始实验时，需保持提纸带的手不动，同时先接通电源，让打点计时器正常工作后再放开纸带让重物下落，以保证第一个点是一个清晰的小点。

（2）测距离时都应从 0 点量起，且选取的点离 0 远些。

（3）安装打点计时器时要竖直架稳，使其两限位孔在同一竖直平面内，以减少重物带着纸带下落时所受到的阻碍作用。

（4）另外选择"重物"时，应选择材料密度较大的"重物"，使其在等质量条件下，体积较小，这样可减少误差。

当只有重力做功时，物体在运动过程中动能和重力势能发生相互转化，但机械能的总量保持不变。据此，做自由落体运动的物体，只受重力作用，其机械能是守恒的。质量为 m 的物体自由下落高度 h 时，若速度为 v，应有 $mgh = \frac{1}{2}mv^2$ 即 $gh = \frac{1}{2}v^2$，需要测量的物理量是 h 和 v，打点纸带恰好能同时表现这两个量，因此本实验中竖直使用打点计时器，记录下物体运动的瞬时位置，如此使实验简单明了，是留迹法的思想体现（表 5 – 14）。

表 5 – 14　机械能守恒定律实验方法显化结果

实验名称	测量过程中的物理方法	数据处理过程中的物理方法
验证机械能守恒定律	留迹法	

9. 用单摆测定重力加速度

【实验目的】

（1）学会用单摆测定当地的重力加速度。

（2）能正确使用秒表。

【实验原理】

单摆的周期公式：

$$T = 2\pi \sqrt{\frac{L}{g}}$$

式中，L 是摆长，g 是当地的重力加速度，将上式变形为 $g = \dfrac{4\pi^2 L}{T^2}$ 可以看出，只要能测定出单摆的摆长和对应的振动周期，就很容易计算出重力加速度 g 的数值了。

【实验器材】

长约1m的细线、沿径向开有小孔的金属小球、带有铁夹的铁架台一个、从中间切开的橡皮塞、米尺、秒表、游标卡尺。

【实验步骤】

（1）取约1m长的线绳穿过带孔的小钢球，并打一个比小孔大一些的结，然后拴在桌边的支架上。

（2）用米尺量出悬线长 l，准确到毫米，用游标卡尺测摆球直径，算出半径 r，也准确到毫米，则摆长为 $l+r$（注意悬线长即摆绳长的量法）。

（3）把单摆从平衡位置拉开一个角度放开它，用秒表测量单摆完成30次全振动（或50次）所用的时间，求出完成一次全振动所需要的时间，这个平均时间就是单摆的周期。反复测量三次，再算出测得周期数值的平均值（表5－15）。（累积法）

表5－15　单摆测定重力加速度的数据记录

实验次数	摆线长 L/m	摆球直径 d/m	振动次数 n	振动时间 t/s	$T=\dfrac{1}{n}t$
1					
2					
3					

4. 把测得的周期（平均值法）和摆长的数值代入公式，求出重力加速度 g 的值来。（转换法）

【数据处理】

（1）根据单摆的周期公式，计算出每次实验的重力加速度，求出几次实验得到的重力加速度的平均值，即是本地区的重力加速度的平均值。（平均值法）

（2）将测得的重力加速度数值与当地的重力加速度数值加以比较，分析产生误差的可能原因。

（3）根据所得数据计算摆长 l、周期 T，做 T^2-l 图线，图解求出重力加速度 g。（图像法、曲线改直法）

【注意事项】

（1）选择材料时应选择细轻又不易伸长的线，长度一般在1m左右，小球应选用密度较大的金属球，直径应较小，最好不超过2cm；

（2）单摆悬线的上端不可随意卷在铁夹的杆上，应夹紧在铁夹中，以免摆动时发生摆线下滑，摆长改变的现象。

（3）注意摆动时摆角不能过大。

（4）摆球摆动时，要使之保持在同一个竖直平面内，不要形成圆锥摆。

（5）测量就从球通过平衡位置时开始计时，因为在此位置摆球速度最大，易于分辨小球过此位置的时刻。

由于重力加速度不便直接测量，本实验中利用单摆的周期公式，间接测量摆长 l 和周期 T，计算得到 g 这是转化法的思想体现；在测量单摆运动周期中，因为难以准确测量一次全振动所用时间，因此应用累积法，测量多次全振动时间除以全振动次数，减少了因为操作者个人反应时间而造成的误差；在数据处理过程中，根据公式，代入数据，计算得到重力加速度数值，重复实验，应用平均值法，确保实验准确；在数据处理时，实验中还介绍了另一种方法，即图像法，利用图像直观、简单地找到变量之间的函数关系；在作图时，为了获得变量之间的线性关系，应用到曲线改直法（表 5 – 16）。

表 5 – 16　单摆测定重力加速度实验方法显化结果

实验名称	测量过程中的物理方法	数据处理过程中的物理方法
用单摆测定重力加速度	转化法、累积法	平均值法、图像法、曲线改直法

10. 用油膜法估测分子的大小

【实验目的】

（1）估测油酸分子的大小。

（2）学习间接测量微观量的原理和方法。

【实验原理】

利用油酸的酒精溶液在平静的水面上形成单分子油膜，将油酸分子看作球形，测出一定体积油酸溶液在水面上形成的油膜面积，用 $d = \dfrac{V}{S}$ 计算出油膜的厚度。这个厚度就近似等于油酸分子的直径图 5 – 16。

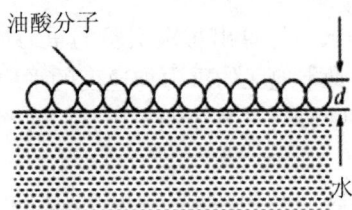

图 5 – 16　油膜法估测分子大小示意图

【实验器材】

配制好的油酸酒精溶液、浅盘、痱子粉（或石膏粉）、注射器、量筒、玻璃板、彩笔、铅笔、坐标纸。

【实验步骤】

（1）测一滴油酸酒精溶液中油酸的体积：用注射器取出事先按一定比例配制好的油酸酒精溶液，缓缓推动活塞使溶液一滴一滴地滴入量筒，记下量筒内增加一定体积（如 x mL）时的滴数 n，算出一滴油酸酒精溶液的体积 $V' = \dfrac{x}{n}$。再根据油酸

酒精溶液中油酸的体积比 η，算出一滴油酸酒精溶液中油酸的体积 $V = V'\eta$。（累积法）

（2）形成油膜：在浅盘中倒入约 $2cm$ 深的水，待水稳定后，将痱子粉均匀地撒在水面上，再用注射器将事先配制好的油酸酒精溶液滴一滴在水面上，一会儿就会在水面上形成一层形状不规则的油酸薄膜。

（3）测油酸薄膜的面积：待油酸薄膜稳定后，将玻璃板平放在浅盘上，然后用彩笔将油膜的形状画在玻璃板上。（留迹法）

将画有油膜形状的玻璃板放在坐标纸上，数出油膜的格数，算出油膜的面积 S（以坐标纸上边长为 $1cm$ 的正方形为单位，数轮廓内正方形个数时，不足半个的舍去，多于半个的算一个）。

（4）估算出油酸分子的大小：根据测出的一滴油酸酒精溶液里油酸分子的体积 V 和油酸薄膜的面积 S，可求出油膜的厚度 l，则 l 可看作油酸分子的直径 d，即

$$d = l = \frac{S}{V}。（估算法）$$

【数据处理】

根据上面记录的数据，完成表 5 - 17。

表 5 - 17　油膜法估测分子大小实验记录

项目	油酸酒精溶液浓度	$1mL$ 溶液的滴数	一滴油酸酒精溶液的体积	一滴油酸的体积	油膜面积	分子直径
数值						

【注意事项】

（1）油酸酒精溶液的浓度以小于 1‰ 为宜。

（2）油酸酒精溶液的液滴要适当多一些。

（3）每次实验时要让浅盘中的水稳定后，将痱子粉均匀地撒在水面上。

（4）痱子粉不宜撒得过厚，器具用后要清洗好。

在本实验中，利用了油酸的酒精溶液在平静的水面上形成单分子油膜的特点。操作时用注射器取出事先按一定比例配制好的油酸酒精溶液，缓缓推动活塞使溶液一滴一滴地滴入量筒，记下量筒内增加一定体积（如 $x\,mL$）时的滴数 n，算出一滴油酸酒精溶液的体积 $V' = \frac{x}{n}$，再根据油酸酒精溶液中油酸的体积比 η，算出一滴油酸酒精溶液中油酸的体积 $V = V'\eta$，这是累积法的思想体现；用彩笔将油膜的形状画在玻璃板上，这是利用了留迹法，可由此算出油膜面积；根据测出的一滴油酸酒精溶液里油酸分子的体积 V 和油酸薄膜的面积 S，估算得到油膜的分子直径的数量级，即是应用了估算法（表 5 - 18）。

表 5 - 18　油膜法估测分子大小实验方法显化结果

实验名称	测量过程中的物理方法	数据处理过程中的物理方法
用油膜法估测分子的大小	累积法、留迹法	估算法

11. 用描迹法画出电场中平面上的等势线

【实验目的】

（1）学会使用灵敏电流计探测电场中等势点的方法。

（2）学会用描迹法画出电场中等势线的分布图。

【实验原理】

用导电纸上形成的稳恒电流场来模拟静电场（等效替代法），当两探针与导电纸上电势相等的两点接触时，与探针相连的灵敏电流表中通过的电流为零，指针不偏转，从而可以利用灵敏电流表找出导电纸上的等势点，并依据等势点描绘出等势线。

【实验器材】

学生用低压电源或电池组，灵敏电流计，开关，导电纸，白纸，复写纸，圆柱形金属电极两个，探针两支，图钉，导线若干，木板，直尺。

【实验步骤】

（1）在平整的塑料板（或木板）上依次使白纸、复写纸、导电纸（将导电面朝上）穿过螺杆铺放，将两个圆柱形铜电极 A、B 分别套在螺杆上，并用螺母拧紧（保证与导电纸接触完好）。

（2）两个圆柱形铜电极 A、B 相距约为 10cm，将电极 A、B 分别与 6V 的直流电源的正、负极相连接，如图 5 - 17 所示。

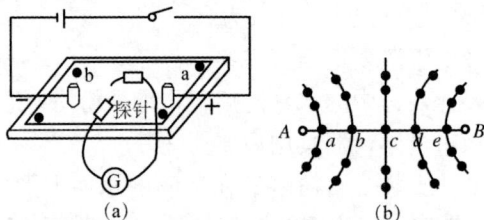

图 5 - 17　描迹法画等势线实验示意

（3）将两根探针分别接到电流计的"＋""－"接线柱上。

（3）在导电纸上画两个电极的连线 AB，在连线上取大致等距的五个点做基准点 a、b、c、d、e，并用探针把它们的位置复印在白纸上。

（5）接通电源，将探针接触电极 A，另一探针接触导电纸（注意跨度要小，保证电流表示数不要太大），判断出指针偏转方向与电流方向的关系. 将左手探针跟 AB 连线上某一基准点相接触，然后在导电纸平面 AB 连线旁距此基准点约 1 cm 处轻轻移动右手探针，直到电流表指针不再发生偏转，用探针把这一点位置复印在白纸上。（留迹法）

（6）按步骤5的方法在这个基准点两侧逐步由近及远地探测得到4～8个等势点。

（7）按同样的方法，找出其余4个基准点的4～8个等势点，断开电源。

【数据处理】

取出白纸，根据5个基准点的等势点画出5条平滑的曲线，如图5-16（b）。（描迹法）

【注意事项】

（1）使用的灵敏电流表，应选择零刻度在正中间的那种。

（2）安放导电纸，导电面应朝上，且电极与导电纸的相对位置不能改变。

（3）寻找等电势点时，应从基准点附近由近及远地逐渐推移，不可大跨度地移动，以免电势差过大。

（4）探测等势点不要靠近导电纸的边缘，因为导电纸边缘处的等势线会变形。

实验中由于直接描绘静电场的等势线很困难，而恒定电流的电场与静电场相似，所以用恒定电流的电场模拟静电场，是等效替代法在实验中的体现；操作中用探针通过复写纸在白纸上留下的痕迹记录等势点的位置，是应用了留迹法；最后用描迹法描绘出等势线，直观形象地表现实验结果（表5-19）。

表5-19 描迹法画电场等势线实验方法显化结果

实验名称	测量过程中的物理方法	数据处理过程中的物理方法
用描迹法画出电场中平面上的等势线	等效替代法、留迹法	描迹法

12. 测定金属的电阻率

【实验目的】

（1）掌握电流表、电压表的使用原则和读数方法，滑动变阻器在电路中的两种常用连接方式。

（2）学会正确使用螺旋测微器，掌握螺旋测微器的读数规则。

（3）掌握用伏安法测电阻。

（4）测定金属的电阻率。

【实验原理】

由电阻定律可知，只要测出金属导线的长度 l，横截面积 S 和导线的电阻 R，便可求出制成导线的金属材料的电阻率。长度 l 用刻度尺（最小刻度为毫米）测量，横截面积 S 由导线的直径 d 算出，导线的直径 d 需要用较精密的仪器螺旋测微器（千分尺）来测量。电阻 R 可根据欧姆定律用伏安法求出。根据电阻定律公式，只要测量出金属导线的长度 l 和它的直径 d，计算出导线的横截面积 S，并用伏安法测出金属导线的电阻 R，即可计算出金属导线的电阻率。

【实验器材】

米尺，螺旋测微器，直流电压表和直流电流表，滑动变阻器，电池，开关，导线若干及金属电阻丝。

【实验步骤】

（1）用螺旋测微器在被测金属导线上的 3 个不同位置各测一次直径，求出其平均值 d ，计算出导线的横截面积 S 。（平均值法）

（2）用毫米刻度尺测量接入电路中的被测金属导线的有效长度，反复测量 3 次，求出其平均值 l（表 5 – 20）。（平均值法）

表 5 – 20　金属导线实验记录

测量次数	1	2	3	平均值
导线长 l/m				
导线直径 d/m				

（3）按图 5 – 18 所示的原理电路图连接好用伏安法测电阻的实验电路。

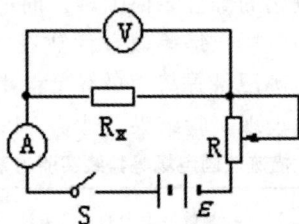

图 5 – 18　金属电阻率测定电路图

（4）把滑动变阻器的滑动片调节到使接入电路中的电阻值最大的位置，电路经检查确认无误后，闭合电键 S。改变滑动变阻器滑动片的位置，读出几组相应的电流表、电压表的示数 I 和 U 的值，断开电键 S，求出导线电阻 R 的平均值（表 5 – 21）。（转换法）

表 5 – 21　金属电阻率测定实验记录

测量次数	1	2	3	电阻平均值
电压 U/V				
电流 I/A				
电阻 R/Ω				

（5）将测得的 R 、l 、d 值，代入电阻率计算公式中，计算出金属导线的电阻率。（转换法）

（6）拆去实验线路，整理好实验器材。

【数据处理】

所测金属的电阻率 ρ ＝（公式）＝代入数据＝Ω

【注意事项】

（1）测量被测金属导线的有效长度，是指测量待测导线接入电路的两个端点之间的长度，亦即电压表两并入点间的部分待测导线长度，测量时应将导线拉直。

（2）用螺旋测微器测直径时应选 3 个不同的部位测 3 次，再取平均值。

（3）本实验中被测金属导线的电阻值较小，因此实验电路必须采用电流表外接法。

（4）接通电源的时间不能过长，通过电阻丝的电流不能过大，否则金属丝将因发热而温度升高，这样会导致电阻率变大，造成误差。

（5）要恰当选择电流表、电压表的量程，调节滑动变阻器的阻值时，应注意同时观察两表的读数，尽量使两表的指针偏转较大，以减小读数误差。

本实验中将不易直接测量的电阻率转换成容易测量的物理量进行测量，然后反求待测量，这是转换法的思想体现；测量电阻时所应用的伏安法在本质上同样是转换法；在导线长度和直径的测量中，数据处理时均用到了平均值法（表 5 - 22）。

表 5 - 22　金属电阻率测定实验方法显化结果

实验名称	测量过程中的物理方法	数据处理过程中的物理方法
测定金属的电阻率	转换法	平均值法

13. 描绘小灯泡的伏安特性曲线

【实验目的】

描述小灯泡的伏安特性曲线，并分析曲线变化的规律和原因。

【实验原理】

一般金属导体的电阻率随温度的升高而增大。用钨丝做成的小灯泡通电后，由于电流的热效应，温度会升高，电阻会变大，灯泡在常温下和正常发光时的电阻值可以相差几倍或几十倍，所以小灯泡的伏安特性曲线不是直线。曲线上某一点和坐标原点（0，0）的连线的斜率就反应了该电流时的电阻情况。为了全面了解通过小灯泡的电流随它两端所加的电压变化而变化的规律，必须让加在小灯泡两端的电压从零开始逐渐增加，所以滑动变阻器应接成分压电路。又因为小灯泡的电阻一般都较小，所以电流表应外接。即本实验一般采用图 5 - 19 所示的电路图。

【实验器材】

电流表、电压表、滑动变阻器、低压直流电源、电键、小灯泡及导线若干。

【实验步骤】

（1）用导线把实验器材按图 5 - 19 所示电路图连成实验电路，其中电键应断开。

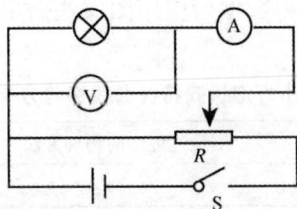

图 5 - 19　描绘小灯泡伏安特性曲线的实验电路图

（2）移动滑动变阻器的滑动端，使输出电压最小。闭合电键，移动滑动变阻器的滑片 P，使电压表的示数 U_1 为 0.2V，读出此时电流表的示数 I_1，并记入表格内。

（3）再移动滑动变阻器的滑片 P，逐渐增大输出电压，在小灯泡的额定电压范围内改变 12 次左右电压 U 和电流 I 的值，并逐一记录在表 5 – 23 内。

（4）断开电键。拆开实验电路，把器材整理好。

【数据处理】

表 5 – 23　伏安特性曲线实验记录

次数	1	2	3	4	5	6	7	8	9	10	11	12
电压 U/V												
电流 I/A												

根据表 5 – 23 内记录的测量数据，以电压 U 为横轴，电流 I 为纵轴在坐标值上记下 12 个左右的点，尽量使画出的点占满整个坐标纸，把这些点连成平滑的曲线，但若某点偏差整个曲线太大，可舍去。这样的曲线即为小灯泡的 U – I 曲线。分析由实验得出的 U – I 曲线的变化规律，找出变化的原因。（图像法）

【注意事项】

（1）本实验中，因被测小灯泡灯丝电阻较小，因此实验电路必须采用电流表外接法。

（2）因本实验要做 I – U 图线，要求测出一组包括零在内的电压、电流值，因此变阻器要采用分压接法。

（3）电键闭合前变阻器滑片移到图中所示的 A 端。

（4）电键闭合后，调节变阻器滑片的位置，使灯泡的电压逐渐增大，可在伏特表读数每增加一个定值（如 0.5V）时，读取一次电流值，并将数据（要求两位有效数字）记录在表中。调节滑片时应注意伏特表的示数不要超过小灯泡的额定电压。

（5）在坐标纸上建立一个直角坐标系，纵轴表示电流，横轴表示电压，两坐标轴选取的标度要合理，使得根据测量数据画出的图线尽量占满坐标纸；要用平滑曲线将各数据点连接起来。

此实验的实验原理较简单，实验操作也不难，关键是电路连接时电流表外接和变阻器分压接法的确定，在获得数据后应用图像法做出小灯泡的 U – I 曲线，分析小灯泡的伏安特性（表 5 – 26）。

表 5 – 26　小灯泡伏安特性曲线实验方法显化结果

实验名称	测量过程中的物理方法	数据处理过程中的物理方法
描绘小灯泡的伏安特性曲线		图像法

14．把电流表改装成电压表

【实验目的】

（1）掌握"半偏法"测量电阻的方法。

（2）把电流表改装为电压表。

【实验原理】

一个电流表有两个重要参量，即 I_g 和 R_g，其额定电压为 $U_g = I_g R_g$，由于 I_g 很小（几百微安至几十毫安），R_g 通常为几百欧姆，故 U_g 比较小。为测量较大的电压值，可在电流表上串联一个大阻值的电阻 R，把 R 作为电流表内阻的一部分，这样的电流表就可分担较大的电压，改装后作为电压表使用，如图 5 – 20 所示。

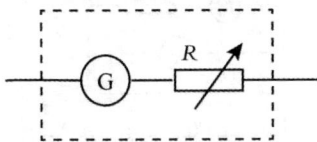

图 5 – 20　电流表改装示意图

电流表的内阻 R_g 可用半偏法测出，其测量原理是当电阻箱 R' 未接入电路时，调节 R 的大小，使电流表 G 满偏，闭合 S_2 后，R 大小不变，改变电阻箱 R' 的阻值，使电流表半偏。由于 R_g 很小，则 R 的值很大，在开关 S_2 闭合前后，线路上的总阻值变化很小，我们就认为不变，因此干路上的电流 I_g 也不变，当电流表 G 的指针半偏时，流过电阻箱 R' 的电流与通过电流表的电流相等，则 $R' = R$。

注意：滑动变阻器的阻值很大，而且在闭合电键 S_1 前应将其阻值调到最大；实验中电阻箱 R' 不能用变阻器替代，因为变阻器不能直接读数；测量电流表内阻时，在闭合电键 S_2 后，不能再调节 R，以保持电路中的电流不变；另外，对器材的选择必须保证 $R \geqslant R'$。

【实验器材】

电流表（表头）、电位器（4.7kΩ）、变阻器（0 ~ 50Ω）、电阻箱（0 ~ 9999.99Ω）、电源、开关（两个）、标准电压表（量程与改装后的电压表量程相同）及导线若干。

【实验步骤】

（1）测量电流表的内电阻 R_g：先按如图 5 – 21 所示电路图连接电路，断开 S_2，接通 S_1，把电位器 R 由最大阻值逐渐向阻值变小进行调节，使电流表的指针达到满偏为止，这时电位器的阻值不得再调整，接通 S_2，调整电阻箱 R' 的阻值，使电流表的指针恰好偏转到满偏的一半，读出电阻箱 R' 的阻值，就是电流表的内电阻 R_g。（转换法）

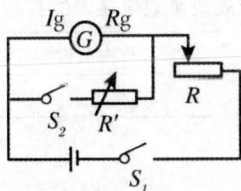

图 5 – 21　测定电流表内电阻的电路图

（2）将电流表改装为电压表

1）改装量程为 2V 的电压表，按公式 $R_x = U/I_g - R_g$，计算分压电阻 R_x 的值。

2）按图 5-18 把电流表和电阻箱串联起来，选用电阻箱的阻值等于分压电阻 R_x 的值.

3）改装后的电压表表盘的刻度值，按公式 $U = I/I_m \cdot U_m$ 来计算，其中 U_m 是改装后电压表的量程。

（3）改装后的电压表跟标准电压表核对

1）按图 5-22 连接电路。

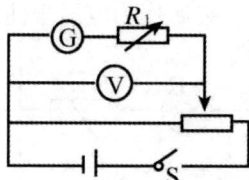

图 5-22　核对改装电压表的电路图

2）闭合开关 S，调整滑动变阻器滑片，使改装的电压表的读数分别是 0.5V、1.0V、1.5V、2.0V 等，看标准电压表的读数是否与它一致。

3）改装的电压表的读数是满刻度 U_m 时，看标准电压表的读数 U_0，计算满刻度时的百分比误差。

【数据处理】

（1）从电流表的刻度盘上读出其满偏电流 I_g，根据测出的内阻 R_g 计算电流表的满偏电压 $U_g = I_g R_g$。

2. 根据公式 $R_x = U/I_g - R_g$ 计算分压电阻 R_x 的值。

3. 根据改装后校对时的 U_m 和 U_0 计算满刻度时的百分误差，即 $\delta = (U_m - U_0)/U_m \times 100\%$ 。（比较法）

【注意事项】

（1）半偏法测电流表电阻时，应选择阻值 R 远大于电流表内阻的变阻器。

（2）闭合电键前应检查变阻器触头位置是否正确。

（3）校对改装后电压表时，应采用分压式电路，且变阻器阻值应较小。

测量电流表的内电阻时应用到了半偏法，其本质是转化法，即将不易测量的物理量转化成容易测量的物理量进行测量；改装后的电压表跟标准电压表核对读数是否精准，是比较法的体现（表 5-27）。

表 5-27　电流表改装成电压表的实验方法显化结果

实验名称	测量过程中的物理方法	数据处理过程中的物理方法
把电流表改装成电压表	转换法	比较法

15. 测定电源的电动势和内电阻

【实验目的】

（1）掌握用电压表和电流表测定电源电动势及内阻的方法和原理。

（2）学习掌握用 $U-I$ 图像处理数据的方法。

【实验原理】

根据闭合电路的欧姆定律 $E=U+Ir$ 可知，只要改变图中的 R 的阻值，测出两组 I、U 的数据。代入方程组 $\begin{cases} E=U_1+I_1 r \\ E=U_2+I_2 r \end{cases}$

在理论上，利用两组数据便可求出电源的电动势 E 和内电阻 r。但这样做误差会比较大。

为此，我们可以多测几组 I、U，求出几组 E、r 值，算出它们的平均值作为最后的测量结果。也可以将多组数据描在图上，即电源的外伏安特性曲线（$U-I$）图，如图 5-23 所示利用做图法来处理数据，解决问题。

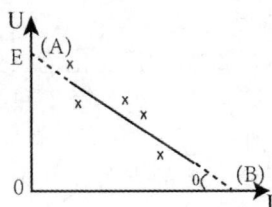

图 5-23　电源的外伏安特性曲线

【实验器材】

电流表、电压表、电池、滑动变阻器、电阻箱或定值电阻、开关、导线若干。

【实验步骤】

（1）按图 5-24 连接好实物电路。

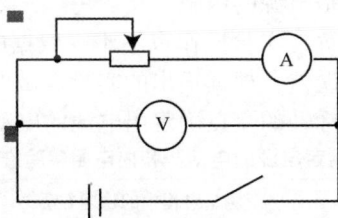

图 5-24　测定电源的电动势和内电阻实验电路图

（2）移动滑动变阻器的滑动触片，使它的阻值最大。然后闭合开关 S，读出电压表和电流表的示数 U_1、I_1，并填入自己设计的表格内，断开开关。

（3）多次移动滑动变阻器的滑动触头，一次一次地减小电阻器的阻值，每次都读出电压表和电流表的示数，并一一记录在表 5-28 内。

（4）断开开关 S，拆除电路，整理好器材。

【数据处理】

表 5 – 28　电源电动势和内电阻测定实验记录

次数物理量	1	2	3	4	5	6
电流 I（A）						
电压 U（V）						

取坐标纸，以电流 I 为横轴，路端电压 U 为纵轴，描绘所记录的各组 U、I 值的对应点，连成 $U – I$ 图像，延长 $U – I$ 图像，它与坐标有两个交点，读取 E、I 的值，进一步确定 r。（图像法、外推法）

【注意事项】

（1）为了使电池的路端电压变化明显，电池的内阻宜大些，可选用已使用过一段时间的 1 号干电池。

（2）干电池在大电流放电时，电动势 E 会明显下降，内阻 r 会明显增大，故长时间放电不宜超过 0.3A，短时间放电不宜超过 0.5A。因此，实验中不要将 I 调得过大，读电表要快，每次读完立即断电。

（3）要测出不少于 6 组 I、U 数据，且变化范围要大些，用方程组求解时，要将测出的 I、U 数据中，第 1 和第 4 为一组，第 2 和第 5 为一组，第 3 和第 6 为一组，分别解出 E、r 值再取平均值。

（4）在画 $U – I$ 图线时，要使较多的点落在这条直线上或使各点均匀分布在直线的两侧。个别偏离直线太远的点可舍去不予考虑。这样，就可使偶然误差得到部分的抵消，从而提高精确度。

（5）干电池内阻较小时路端电压 U 的变化也较小，即不会比电动势小很多，这时，在画 $U – I$ 图线时，纵轴的刻度可以不从零开始，而是根据测得的数据从某一恰当值开始（横坐标 I 必须从零开始），但这时图线和横轴的交点不再是短路电流，不过直线斜率的绝对值照样还是电源的内阻。

本实验实验原理容易理解，实验操作也不难，数据的分析处理，利用公式误差较大，图像法的应用能减小误差，根据描出的实验点做 $U – I$ 图线，延长 $U – I$ 图线，即使用外推法，从图线与坐标轴的交点确定出电池的电动势和内电阻（表 5 – 29）。

表 5 – 29　测定电源的电动势和内电阻实验方法显化结果

实验名称	测量过程中的物理方法	数据处理过程中的物理方法
测电池的电动势和内电阻		图像法、外推法

16. 测定玻璃的折射率

【实验目的】

测定玻璃砖的折射率。

【实验原理】

$$n = \frac{\sin i}{\sin r} \quad （转换法）$$

【实验器材】

玻璃砖、白纸、木板、大头针、图钉、量角器、三角板（或直尺）、铅笔。

【实验步骤】

（1）将白纸用图钉按在绘图板上。在白纸上画出一条直线 aa' 作为界面（线），过 aa' 上的一点 O 画出界面的法线 NN'，并画一条线段 AO 作为入射光线（图 5 - 25）。

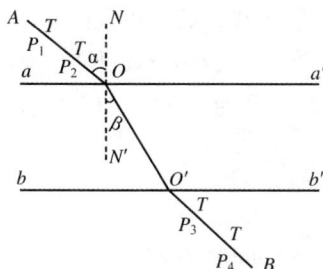

图 5 - 25　测定玻璃折射率示意图

（2）把长方形玻璃砖放在白纸上，使它的长边跟 aa' 对齐，画出玻璃砖的另一边 NN'。

（3）在直线 AO 上竖直插上两枚大头针 P_1、P_2，透过玻璃砖观察大头针 P_1、P_2 的像，调整视线方向，直到 P_2 挡住 P_1 的像. 再在观察的这一侧插两枚大头针 P_3、P_4、使 P_3 挡住 P_1、P_2 的像，P_4 挡住 P_3 及 P_1、P_2 的像，记下 P_3、P_4 的位置。（留迹法）

（4）移去大头针和玻璃砖，过 P_3、P_4 所在处做直线 $O'B$，与 bb' 交于 O'，直线 $O'B$ 就代表了沿 AO 方向入射的光线通过玻璃砖后的传播方向。

（5）连接 OO'，用量角器量出入射角和折射角，从三角函数表中查出它们的正弦值，把这些数据记录在自己设计的表格中。

（6）用上述方法分别求出入射角分别为 30°、45°、60°时的折射角，查出它们的正弦值，填入表 5 - 30 中。

【数据处理】

表 5 - 30　测定玻璃折射率实验记录

项目	1	2	3
入射角 i	30°	45°	60°
折射角 r			
Sin i			
Sin r			
n			
平均			

算出不同入射角时的比值，最后求出在几次实验中所测的平均值，即为玻璃砖折射率的测量值。（平均值法）

此实验是通过测量入射角和折射角，然后查数学用表，找出入射角和折射角的正弦值，再带入公式中求玻璃的折射率。除运用此方法之外，还有以下处理数据的方法：

（1）在找到入射光线和折射光线以后，以入射点 O 为圆心，以任意长为半径画圆，分别与 AO 交于 C 点，与 OO'（或 OO' 的延长线）交于 D 点，过 C、D 两点分别向 NN' 做垂线，交 NN' 于 C'、D'，用直尺量出 CC' 和 DD' 的长，如图 5 – 26 所示。

由于 $\sin\alpha = \dfrac{CC'}{CO}$ $\qquad$ $\sin\alpha = \dfrac{DD'}{DD}$

而 $CO = DO$，所以折射率 $n = \dfrac{\sin\alpha}{\sin\beta} = \dfrac{CC'}{DD''}$

重复以上实验，求得各次折射率计算值，然后求其平均值即为玻璃砖折射率的测量值。

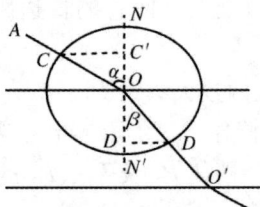

图 5 – 26　测定玻璃折射率方法示意图

（2）根据折射定律可得 $n = \dfrac{\sin i}{\sin r}$，因此有 $\sin\beta = \dfrac{1}{n}\sin\alpha$。

在多次改变入射角、测量相对应的入射角和折射角正弦值基础上，以值为横坐标，以值为纵坐标建立直角坐标系，如图 5 – 27 所示。描数据点，过数据点连线得一条过原点的直线。（图像法）

求解图线斜率，设斜率为 k，则 $k = \dfrac{1}{n}$，故玻璃砖折射率 $n = \dfrac{1}{k}$。

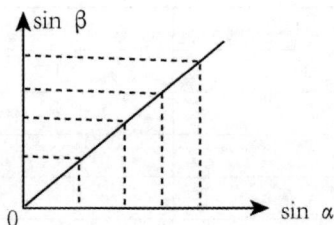

图 5 – 27　折射定律关系示意图

【注意事项】

（1）玻璃砖要厚。

（2）入射角应为 30°~60°。

（3）大头针的间距应较大些。

（4）玻璃砖的折射面要画准。

（5）大头针要插得竖直。

实验中由于难以直接测量得到折射率的数值，因此根据物理量之间的关系转化成容易测量的物理量进行测量，这是转换法的应用；用插针的特殊手段显示入射光线和出射光线的位置，是留迹法的体现；在数据处理时，实验中介绍了三种常见办法，其中根据多次数据取平均值减小了实验误差；图像法的应用使结果更加直观表5 - 31。

表 5 - 31　测定玻璃的折射率实验方法显化结果

实验名称	测量过程中的物理方法	数据处理过程中的物理方法
测定玻璃的折射率	转换法、留迹法	图像法、平均值法

17. 用双缝干涉测光的波长

【实验目的】

了解光波产生稳定的干涉现象的条件；观察双缝干涉图样；测定单色光的波长。

【实验原理】

据双缝干涉条纹间距 $\Delta x = \dfrac{L}{d}\lambda$ 得，波长 $\lambda = \dfrac{d}{L} \cdot \Delta x$。（转换法）已知双缝间距 d，再测出双缝到屏的距离 L 和条纹间距，就可以求得光波的波长。

【实验器材】

实验装置采用双缝干涉仪，它由各部分光学元件在光具座上组成，如图 5 - 28 所示，各部分元件包括光源、滤光片、单缝、双缝、遮光筒、光屏。

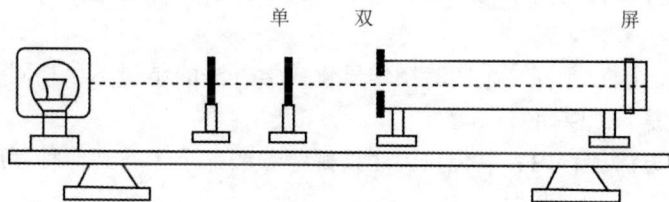

图 5 - 28　双缝干涉测定光的波长的实验装置

【实验步骤】

（1）将光源和遮光筒安装在光具座上，调整光源的位置，使光源发出的光能平行地进入遮光筒并照亮光屏。

（2）放置单缝和双缝，使缝相互平行，调整各部件的间距，观察白光的双缝干涉图样。

（3）在光源和单缝间放置滤光片，使单一颜色的光通过后观察单色光的双缝干涉图样。

（4）用米尺测出双缝到光屏的距离 L，用测量头测出测出 n 条亮（或暗）条纹中心间的距离 a。（累积法）

（5）换用不同颜色的滤光片，观察干涉图样的异同。

【数据处理】

计算出相邻两条亮（或暗）条纹间的距离，利用表达式，求单色光的波长 λ。

【注意事项】

（1）放置单缝和双缝时，必须使缝平行，并且双缝和单缝间的距离为 5~10cm。

（2）要保证光源、滤光片、单缝、双缝、遮光筒和光屏的中心在同一条轴线上。

（3）测量头的中心刻线要对应着亮（或暗）条纹的中心。

实验中光的波长难以直接测量，于是利用其与其他物理量之间的关系间接得到，这是转换法的应用；由于相邻两条纹间距数值微小不易测量，实验中采取测量出 n 条条纹间距取平均，这种将小量变大量测量，提高了测量的准确度减小了实验误差（表 5 – 32）。

表 5 – 32　双缝干涉测定光的波长实验方法显化结果

实验名称	测量过程中的物理方法	数据处理过程中的物理方法
用双缝干涉测光的波长	转换法、累积法	

三、科学方法显化的几点说明

回答高中物理实验教学中应该教授哪些科学方法，是一件非常困难的事情。这里进行科学方法教育内容显化，有几点说明：

（1）本研究旨在为高中物理实验教学中科学方法教育内容标准的确定提供素材和参考。

（2）不同教师对于同一个实验操作显化科学方法的结果不尽相同，本研究在尽可能全面的前提下，以期共识。

（3）科学方法教育内容显化只关注教哪些方法，至于教到何种程度则不在这里探讨。

（4）具有同样或者类似含义的科学方法，名称可能不一致，对一些常见的、理解比较清楚的方法，本研究将尽可能将名称统一，而对其他方法，将不再改动其名称。

（5）通常比较法被认为是最普遍、最常用的测量方法，定义比较法是将代测量与同类物理量的标准量具或标准仪器直接或间接进行比较，测出其量值，认为所有测量都是将带测量与标准量进行比较的过程，只不过比较的形式不都是那么明显而已，例如用米尺测量物体的长度就是最简单的直接比较测量；列表法是指把被测物理量分类列表表示出来，使数据处理更加直观方便，多数实验在记录数据过程中都用到列表法，鉴于比较法和列表法对于高中学生而言都很熟悉，已成为一种常识性操作，故在本章中不再提及。

（6）部分表格出现空白，原因之一在于该实验的科学方法不太明确，原因之二是缺乏科学方法归纳的基础，反映出部分内容不太适宜开展科学方法教育，原因之三是因为本次显化对科学本质、技术方法等内容不太关注。

四、物理方法教育内容的统计与分析

1. 物理方法教育内容的统计

根据以上各实验分析，物理方法显化结果如表 5-33 所示。

表 5-33　高中物理实验教学中重要实验所对应的物理方法

实验名称	测量过程中的物理方法	数据处理过程中的物理方法
1. 研究匀变速直线运动	留迹法	逐差法、平均值法、图像法
2. 探究加速度与力、质量的关系	控制变量法、等效替代法	图像法、曲线改直法、比例系数法
3. 探究求合力的方法	等效替代法、留迹法	图像法
4. 探究弹力和弹簧伸长的关系		图像法
5. 探究动量中的不变量	转换法、留迹法	平均值法
6. 研究平抛物体的运动	留迹法	平均值法、描迹法
7. 探究功与速度变化的关系	等效替代法、留迹法	图像法、曲线改直法
8. 验证机械能守恒定律	留迹法	
9. 用单摆测定重力加速度	转换法、累积法	图像法、平均值法、曲线改直法
10. 用油膜法估测分子的大小	留迹法、累积法	估算法
11. 用描迹法画出电场中平面上的等势线	等效替代法、留迹法	描迹法
12. 测定金属的电阻率	转换法	平均值法
13. 描绘小电珠的伏安特性曲线		图像法
14. 把电流表改装成电压表	转换法	比较法
15. 测定电源的电动势和内电阻		图像法、外推法
16. 测定玻璃的折射率	转换法、留迹法	图像法、平均值法
17. 用双缝干涉测光的波长	转换法、累积法	

我们将主要物理方法及其出现次数进行统计，如表5－34所示。

表5－34　高中物理实验教学中主要物理方法统计

物理方法	出现次数	物理方法	出现次数
等效替代法	4	曲线改直法	3
控制变量法	1	描迹法	2
转换法	6	比例系数法	1
留迹法	9	逐差法	1
累积法	3	外推法	1
图像法	9	比较法	1
平均值法	6	估算法	1

为了更直观地呈现物理方法及其出现次数，将其转化为频率图，如图5－29所示：

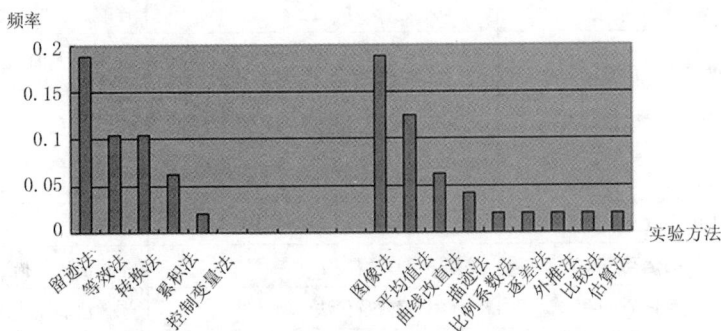

图5－29　高中物理实验教学中主要物理方法频率图

2．物理方法教育内容的分析

参照高中物理教材和考试大纲，我们统计了物理方法的出现频次，如图5－26所示。频次分布图呈现出以下几个特点：①在测量过程和数据处理过程中出现的物理方法次数总和相差无几，但数据处理过程中实验方法种类更多，相对来说频次不高，对于这些不经常出现的重要方法，更需要在教学中加以强调才能使学生掌握；②控制变量法和估算法等物理学重要方法的频次不高，并非表明这些方法在高中物理中不受重视，如果放在科学教育和整个物理教学整个学校教育阶段来看，这些方法在更早的学段或年级可能已经教授过，高中阶段不再作为重要教学内容；③一部分方法的频次只有一次，并不表明这些方法不重要，可能是受教材内容选择的影响，同时也反映出科学方法针对性、局限性的特点。

五、科学方法教育内容的界说

在实验教学中，使学生学习并掌握好基本的实验方法，可指导其设计实验方案，选择测量手段，提高科学实验和研究的能力。上述研究初步明确了实验方法的教育内容，且统计了主要物理方法出现的频次，为实验教学提供了理论依据。在实际教学中，学生对这些方法的名称和内涵可能并不熟悉甚至陌生，下面对出现频次较高的方法进行界说。

1. 测量过程中的实验方法

物理实验都离不开定量的测量和分析，明确测量过程中基本的实验方法，才能更好地进行实验。以下对测量过程中出现频次较高的实验方法进行界说。

（1）留迹法：即是利用某些特殊的手段，把一些瞬间即逝的物理量（位置、轨迹、图像等）记录下来，以便对其进行仔细的研究。如用频闪照相机拍摄平抛运动中小球的位置、轨迹；用沙摆显示振动的图像等。

（2）等效法：对一些复杂问题采用等效方法，将其变换成理想的、简单的、已知规律的过程来处理，常可使问题的解决得以简化。如"碰撞中的动量守恒"实验中，用小球的水平位移替代小球的水平速度；画电场中的等势线的分布时用电流场模拟静电场。

（3）转换法：在实验中，有很多物理量由于其属性关系，很难用仪器或仪表直接测量，或者因条件所限无法提高测量的准确度。此时可以根据物理量之间的定量关系和各种效应把不易测量的待测量转换成容易测量的物理量进行测量，如测定金属的电阻率、测定当地的重力加速度等。

（4）累积法：把某些用常规仪器难以直接准确测量的微小量累积后，将小量变大量测量，以提高测量的准确度减小误差。如在缺乏高精密度的测量仪器的情况下测细金属丝的直径，常把细金属丝绕在圆柱体上测若干匝的总长度，然后除以匝数可求细金属丝的直径；测一张薄纸的厚度时，常先测出若干张纸的总厚度，再除以被测页数而求每张纸的厚度。

（5）控制变量法：即在多因素的实验中，可以先控制一些物理量不变，依次研究某一个因素的影响。如在研究欧姆定律的实验中，先控制电阻一定，研究电流与电压关系；再控制电压一定，研究电流与电阻关系等。

2. 数据处理过程中的实验方法

数据处理是对原始实验记录的科学加工。通过数据处理，往往可以从一堆表面上似乎毫无联系的数据中找出难以察觉的、内在的规律。下面对处理数据过程中出现频次较高的几种实验方法进行界说。

（1）图像法：图像法处理实验数据是物理实验中常用的方法之一。选取适当的坐标系，用图像法找到变量间的函数关系。图像法的优点是直观、简便，有取平均值的效果。由图像的斜率、截距、包围的面积等可以研究物理量之间的变化关系，找出规律。

（2）平均值法：在平均值法中现行教材只介绍了算术平均值法，即把测定的若干组数相加求和，然后除以测量次数。平均值法是为了减小偶然误差常用的数据处理方法。平均法的基本原理是：在多次测量中，由偶然因素引起的正、副偏差出现的机会相等，故将多次的测量值相加时，所有偏差的代数和为零。

（3）曲线改直法：做图时经常设法使图线线性化，即"将曲改直"。例如，在验证牛顿第二定律的实验中，将 a—m 图像改画成 a—$\frac{1}{m}$ 图像后，就可将不易看出的二者关系的曲线改画成了关系明朗的直线。

（4）描迹法：描迹可以形象直观地反映实验结果，应用描迹法时应注意：①所描出的曲线或直线应是平滑的，不应有突然的转折；②个别点若离所描出的曲线太远，可认为是某种偶然因素所致，一般可将这样的点舍去；③为能较为精确地描述所记录的曲线，实验所记录的点的总数不能太少，且应在所描范围内大致均匀分布。

（5）比较法：是将带测量与同类物理量的标准量具或标准仪器直接或间接地进行比较，测出其量值。

（6）外推法：由伽利略的外推思想逐步发展形成的外推法，在科学实验研究领域中有十分重要的地位。所谓外推，就是从连续原理出发，根据已有的实验结果去获得超越实验范围的一些无法直接或间接测量的结果。在通常情况下，如果在有限的实验条件下，只能在一定的范围内取得一系列实验数据，而有时需要研究的实验内容在该范围之外，而要获得该范围之外的有关结论，可用外推法。

根据上述界说，显然，教师应在物理实验教学中恰当显化这两类实验方法，引领学生在实验中探究方法本质，领悟方法内涵，促进学生对实验方法的掌握，提高学生实验能力。

六、高中物理实验教学中物理方法教育方式

1. 科学方法显性教育方式

我国物理科学方法教育方式长期存在隐性教育现象，有研究通过梳理物理科学方法教育从单一隐性方式向隐性—显性结合方式发展的历程，使我们看到了隐性教育与隐性—显性结合教育方式在教学中的不足。

所谓隐性教育方式，就是在科学方法教育过程中，隐蔽地发挥科学方法的导向作用，使学生受到科学方法的熏陶，在教学过程中一般不出现科学方法的名称，也不对科学方法的内容进行解释。其主要特点是通过知识教学渗透科学方法，也就是在知识教学过程中，同时渗透研究问题的方法，或按照研究问题的方法、思路展开知识教学，使科学方法教育和知识教学有机结合在一起，以达到整体优化的目的。有研究表明，在物理教学实践中，科学方法隐性教育导致教学目标不明确，教学内

容不确定，教学效果不显著。①

针对物理科学方法隐性教育在实践中的不足，因此我们提出物理实验教学中科学方法显化教育的教学原则。所谓显性教育，是指进行科学方法教育时，明确指出这种科学方法的名称，传授有关该方法的知识，揭示方法的形式，挖掘方法的内涵，说明方法的使用条件。这也就是要求教师在教学中公开进行科学方法教育，引导学生有意识地接受科学方法训练。这种教育方式认为，进行科学方法教育就必须按照方法教学和方法训练的要求，在教学内容与方式、教学准备与条件、学习与熟练等方面开展明确、系统、细致的教学，让学生一开始就明确学习任务、清楚学习过程，围绕方法内容展开学习，在练习和应用中不断加深对科学方法的理解和认识。

物理方法属于强认知，它需要更多的专业知识，这就需要外部信息的直接输入和大量存贮，即需要传授。传授物理方法，要按照一定的逻辑顺序，采取一定的步骤，展示物理方法的内涵、意义、条件、步骤，并逐步引导学生发现、体会、掌握物理方法。按照这些步骤不仅可以获得正确的知识，而且可以体验到知识背后的逻辑力量。比如牛顿第二定律的建立，就需要应用控制变量法、化曲为直法、比例系数法等科学方法。显然，教学中教师应该向学生进行这些科学方法的显性教育。

2. 科学方法显性教学意义

在物理实验教学中进行科学方法显性教育，具有以下教育意义。

（1）明确教学目标，使科学方法教育有的放矢。当前，物理教学中科学方法教育存在的一个重要问题是，教师对科学方法教育的意识不够清楚，表现为在教学实践中，要么没有进行科学方法教育，要么因为认识有限而讲解不到位。但在另一方面，学生需要具备学习科学方法的意识，因为明确学习任务和目标会有利于对知识的思考和掌握，特别是像科学方法这样比较抽象的内容，通过认真思考可以更好地掌握。因此教师在确定知识教学目标时，应该同时制定科学方法教学目标，制定与教学内容相匹配的目标计划，使科学方法教育更具有针对性，最大限度地发挥教材的作用，调动学生的学习积极性。

（2）确定教育内容，使科学方法教育有据可依。教育内容决定教育方式，因此，进行科学方法显性教育必须确定科学方法教育内容。从一定意义上说，全部课程的问题就是内容问题，课程的设计、课程的目的、课程的评价以及课程的实施，都可以理解为围绕着课程内容的安排及其结果展开的。根据科学方法分为思维方法和物理方法的分类理论，思维方法是人的大脑的功能，是进行各种学习和探索的基础，适用于解决各种普遍问题。物理方法是物理学特有的方法，在解决物理问题时具有强大的功能。通过把其中隐藏的主要科学方法明朗化、显性化，提出科学方法教育的主要内容，使科学方法教育有据可依，真正落到实处。在高中物理实验教学中也是如此，我们必须创设良好的认知情境，对学生的探究进行指导，让学生主动

---

① 周国强. 物理方法教育与物理教材改革［J］. 课程·教材·教法，1996（6）：10–14.

地观察、思考、实验、讨论，使之沿着科学的思路在不知不觉中掌握其中的实验方法。

（3）构建教学策略，提供学习科学方法的条件。科学方法教育不仅要采用显性的教育方式，而且依照目标分类学的思想，教学策略还应该与教育内容相匹配。如前所述，物理教学中的科学方法教育包括思维方法和物理方法教育，这两个部分由于学习条件存在差异，所以教学中必须根据各自的特点，采用不同的教学策略。思维方法作为人脑的功能，主要通过训练来学习和发展，如概括，就必须通过对各种物理现象的剖析而发现其本质特征，在这一过程中训练概括的方法。物理方法与物理知识联系密切，物理知识的建立离不开物理方法，结合物理知识讲授物理方法，按照物理方法的逻辑推导出物理知识，是教授物理方法的主要方式。根据科学方法教学内容的特点，将教学内容与教学策略相对应，不同的教学内容采用对应的教学策略，使得不同的科学方法教学都能取得实效，才能将科学方法教育真正落实在物理教学过程中。

第四节　高中物理实验教学中科学方法的调查研究

一、研究设计

为了检验高中物理实验教学中科学方法教育内容显化结果的准确性及可行性，拟开发相应的问卷开展调查研究，具体研究设计如下。

编制《高中物理实验教学中物理方法教育内容调查问卷（初稿）》，将上文探讨的各实验及所显化的物理方法予以逐项呈现。问卷中每一个具体物理方法的评定，采用3分制，作答者根据对这些指标恰当程度的评判来选择合适的分值。其分值分别为："1"表示作答者"赞同"，"0"表示作答者"中立"，"-1"表示作答者"反对"。

为了提高问卷的质量，问卷向从事物理教学论研究并熟悉科学方法教育的指导教师进行咨询，对罗列的各种科学方法进行探讨，在听取导师意见并考虑教学实际的情况下，拟定《高中物理实验教学中物理方法教育内容调查问卷》。

利用编制的调查问卷针对教师群体开展研究，为了确定哪些物理科学方法适于作为教学内容，哪些物理科学方法需要修改或不可用，在处理问卷数据时可以用综合态度系数来计算。

综合态度系数 F 的计算[①]

---

① 李明，冯大岭，王树香. 提高植物学课堂教学效果研究［J］. 河北农林大学学报（农林教育版），2010，（6）：220－223.

$$F = \frac{1 \times N_1 + O \times N_2 - 1 \times N_3}{K \times N}$$

式中，F—综合态度系数；K—最高等级分值；N—总样本数；N_1、N_2、N_3—各个态度等级。

由于本研究设定的等级为 -1、0、$+1$，研究中该系数的范围为 $[-1, 1]$。根据相关测验效度的要求，只有达到 0.75 以上的二级指标才可以保留，而低于 0.75 的二级指标则被舍去。

$$F = \frac{1 \times N_1 + 0 \times N_2 - 1 \times N_3}{K \times N}$$

二、调查实施

通过多种途径对参加教育硕士班、硕士进修班、教师培训活动、教研活动的一线教师等进行调查，采用现场作答、网络问答等作答方式。对回收的问卷进行统计，最后有效问卷 48 份，答卷老师主要来自北京，答卷者情况如表 5–35 所示。

表 5–35　参与问卷调查的一线教师情况　　　　　（单位：人）

项目	学历			职称			教龄			
	专科	本科	研究生	初级	中级	高级	1~5 年	5~10 年	10~20 年	>20 年
人数	2	32	14	6	30	12	11	22	12	3
总计	48									

三、高中物理实验方法教育内容显化的调查结果

问卷对于实验教学中的物理方法教学内容进行了调查，对问卷进行回收，收集各种数据并做出统计，调查结果如表 5–36 所示。

表 5–36　高中物理实验教学中实验方法教育内容调查结果

序号	实验名称	测量过程中的物理方法	恰当程度			态度系数	数据处理过程中的物理方法	恰当程度			态度系数
			1	0	-1			1	0	-1	
1	研究匀变速直线运动	留迹法	46	2	0	0.96	图像法	38	9	1	0.77
							平均值法	47	1	0	0.98
							逐差法	48	0	0	1.00
2	探究加速度与力、质量的关系	控制变量法	48	0	0	1.00	图像法	43	5	0	0.90
		等效替代法	28	18	3	0.52	曲线改直法	37	11	0	0.77
							比例系数法	33	15	0	0.69
3	探究求合力的方法	等效替代法	33	12	3	0.63	图像法	40	8	0	0.83
		留迹法	36	12	0	0.75					

续表

序号	实验名称	测量过程中的物理方法	恰当程度			态度系数	数据处理过程中的物理方法	恰当程度			态度系数
			1	0	-1			1	0	-1	
4	探究弹力和弹簧伸长的关系						图像法	43	5	0	0.90
5	探究动量中的不变量	转换法	36	8	4	0.67	平均值法	46	1	1	0.94
		留迹法	46	2	0	0.96					
6	研究平抛物体的运动	留迹法	46	2	0	0.96	平均值法	42	6	0	0.88
							描迹法	45	2	1	0.92
7	探究功与速度变化的关系	等效替代法	29	16	3	0.54	图像法	46	1	1	0.94
		留迹法	45	3	0	0.94	曲线改直法	35	11	2	0.69
8	验证机械能守恒定律	留迹法	46	1	1	0.94					
9	用单摆测定重力加速度	转换法	44	4	0	0.92	平均值法	48	0	0	1.00
		累积法	48	0	0	1.00	图像法	40	17	1	0.81
							曲线改直法	35	11	2	0.69
10	用油膜法估测分子的大小	留迹法	38	10	0	0.79	估算法	48	0	0	1.00
		累积法	42	5	1	0.85					
11	用描迹法画出电场中平面上的等势线	等效替代法	40	5	3	0.77	描迹法	48	0	0	1.00
		留迹法	41	7	0	0.85					
12	测定金属的电阻率	转换法	44	4	0	0.92	平均值法	46	2	0	0.96
13	描绘小电珠的伏安特性曲线						图像法	48	0	0	1.00
14	把电流表改装成电压表	转换法	35	10	3	0.67	比较法	38	12	0	0.79
15	测定电源的电动势和内电阻						图像法	47	1	0	0.98
							外推法	45	3	0	0.94
16	测定玻璃的折射率	转换法	40	6	2	0.79	平均值法	48	0	0	1.00
		留迹法	39	6	3	0.75	图像法	37	11	0	0.77
17	用双缝干涉测光的波长	转换法	41	5	2	0.81					
		累积法	44	4	0	0.92					

四、对实验方法教育内容认同度的分析

统计显示，在 14 种共计 48 次的科学方法中，态度系数高于 0.75 的有 40 次，即 83.3% 的方法对应其态度系数大于 0.75，认同情况良好。

分析数据发现，不同实验内容对应同一种方法但是态度系数相差较大，这可能是由于方法在不同实验中表现的地位和重要性不同，因此在有些实验中没能得到重视。

在调查结束的简单访谈中了解到，多数教师对于物理方法的认识来自于参考书、教辅等，这些书籍对于部分方法的名称不统一，就造成了部分教师对于有些方法名称比较陌生，进而降低了该方法的认同度；部分教师对于方法的内涵认识并不全面，有些方法认识甚至模棱两可，所以对于有些方法，例如，在研究平抛物体运动实验中从测量小球速度转向测量位移的思想是等效法还是转换法就分辨不清；部分教师对实验方法的理解停留在经验无意识层面，没能形成对方法本质的理解，例如插针法、油膜法本质上都是留迹法，而伏安法本质上是转换法，所以这些方法在对应实验中的认同度并不高。

通过对高中物理实验教学中科学方法教育内容调查结果分析，得到以下结论：

（1）问卷调查显示，物理教师对大部分科学方法有较高的认同度，表明高中物理实验教学中科学方法教育内容具有显化的内容基础。

（2）物理教师挖掘教材蕴含的科学方法，无法根本解决科学方法教育内容缺失问题，《物理课程标准》应该承担起这个责任，在内容标准上将科学方法显化，这样才能从根源上解决问题。

（3）有必要对实验教学中的物理方法教育内涵进行界定，使师生在理解的基础上更好地开展教学。

（4）有些方法与多个实验对应，一方面，增加了该方法出现的频率，表明了方法的重要作用，多次出现加深了学生理解，易于学生掌握；另一方面，同一种方法在不同实验中出现的作用和地位可能不同，教学要求也存在差异，这一次出现要求可能较低，知道名称即可；下一次出现要求提高一些，达到理解；再下一次出现可能就要求得更高一些，要能够简单应用，这样一来，该方法的教学就比较系统了。例如图像法的应用，在有些实验中是处理数据得出结论的重要操作方法，而在有些实验中，图像法处理数据因为误差等原因并不作为处理数据方法的首选，因此就要求教师在教学中灵活掌握。

第五节　研究结论与综合讨论

一、研究结论

本章对高中《物理课程标准》中实验部分内容中未明确提出的科学方法教育内容进行了初步的研究，从哲学、心理学、教育学以及物理学四个领域的理论出发，对物理教学中科学方法显性教育的必要性进行了阐述，对物理学科中的科学方法层次结构在继承的基础上进行了深化，用分类的方式使方法显化更加明朗。参考教材及高考大纲，借鉴既成研究成果，综合考虑教学实践，基于"对应性"原则，对17个重要实验中的物理方法进行了显化，以表格形式呈现，并进行了频次统计，并在一线教师中进行了认同度调查，结果良好。

1. 物理实验方法的分类

在已有科学方法分类框架中纳入了实验方法内容，发展了分类理论体系，为科学方法显化研究奠定了更加扎实的基础，为科学方法教育提供了有力的指导。具体分类框架如图 5-30。

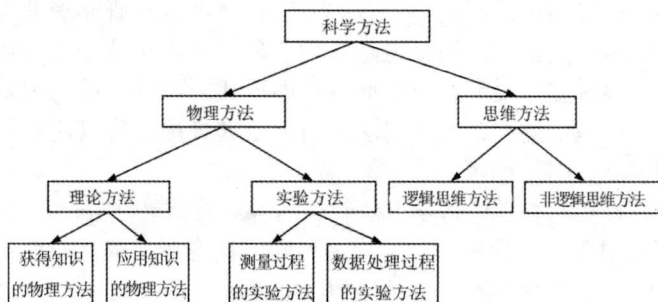

图 5-30　物理科学方法分类结构

这种分类不仅使科学方法教育内容进一步明确，并且也使科学方法内容的显化顺理成章。

2. 高中物理实验测量过程出现的常用实验方法

研究通过深入分析，确定了物理实验操作过程中的 5 种常用物理方法，分别是留迹法、等效法、转化法、累积法、控制变量法。实验方法显化结果如表 5-37 所示。

表 5-37　高中物理重要实验测量过程中所对应的物理方法

序号	实验名称	测量过程中的物理方法
1	研究匀变速直线运动	留迹法
2	探究加速度与力、质量的关系	控制变量法
3	探究求合力的方法	等效法
4	探究弹力和弹簧伸长的关系	转换法
5	探究动量中的不变量	等效法、留迹法
6	研究平抛物体的运动	留迹法
7	探究功与速度变化的关系	等效法、留迹法
8	验证机械能守恒定律	留迹法
9	用单摆测定重力加速度	转换法、累积法
10	用油膜法估测分子的大小	油膜法、累积法
11	用描迹法画出电场中平面上的等势线	等效法
12	测定金属的电阻率	转换法、伏安法
13	描绘小电珠的伏安特性曲线	伏安法
14	把电流表改装成电压表	半偏法
15	测定电源的电动势和内电阻	伏安法
16	测定玻璃的折射率	转换法、插针法
17	用双缝干涉测光的波长	转换法、累积法

3．高中物理实验数据处理过程中的常用实验方法

研究通过深入分析，确定了物理实验数据处理过程中的 7 种常用物理方法，出现频次较高的有图像法、平均值法、曲线改直法、描迹法等。实验方法显化结果如表 5 – 38 所示。

表 5 – 38　高中物理重要实验数据处理过程中所对应的物理方法

序号	实验名称	数据处理过程中的物理方法
1	研究匀变速直线运动	逐差法、平均值法、图像法
2	探究加速度与力、质量的关系	图像法、比例系数法、曲线改直法
3	探究求合力的方法	图像法
4	探究弹力和弹簧伸长的关系	图像法
5	探究动量中的不变量	平均值法
6	研究平抛物体的运动	平均值法
7	探究功与速度变化的关系	图像法、平均值法、曲线改直法
8	验证机械能守恒定律	平均值法
9	用单摆测定重力加速度	图像法 、平均值法、曲线改直法
10	用油膜法估测分子的大小	估算法
11	用描迹法画出电场中平面上的等势线	描迹法
12	测定金属的电阻率	平均值法
13	描绘小电珠的伏安特性曲线	图像法
14	把电流表改装成电压表	比较法
15	测定电源的电动势和内电阻	图像法、外推法
16	测定玻璃的折射率	图像法、平均值法
17	用双缝干涉测光的波长	平均值法

二、教学建议

1．高中《物理课程标准》中应当把物理实验方法作为课程内容

高中《物理课程标准》是关于高中物理教学的国家性指导文件，它是全国高中物理教学的依据，是全国高中物理教学的指挥棒。科学方法作为"过程与方法"维度的课程目标，是基础教育课程的重要内容之一，具有重要的课程价值与教育价值。要使科学方法教育在教学中有据可依，真正落到实处，就要从根本上进行规范，就必须将物理方法教育纳入课程标准，明确地提出物理方法的教学内容。通过对科学方法进行正确分类，把"学生可接受的方法和方法论纳入课程目标体系之中"是可行的。根据本文的研究结论，在课标中应将每个实验操作过程中对应的物理方法显化出来，规范物理方法的教学内容，以期为科学方法教学提供指导。

2．高中物理教材编写应纳入物理实验方法内容

教科书编写是科学方法教育异常重要的层面。教材作为一个教学基本内容的书

面材料系统，对于安排教学过程以形成学生的认知结构、能力结构和品格结构，具有知识载体、教学指导和实用参考的作用。基于科学方法的显化理论，我们提出了科学方法融入教材编写的显化观点。

受到科学知识中心论的影响，长期以来我国的科学教材通常对科学知识采用显性处理，而对科学知识的内在关系和科学方法采用隐性处理，即不在课文中写明。这种处理方式的出发点是让学生在学习过程中自己去感悟，但实际上由于科学方法的隐蔽性特点，很多教师尚且不能充分了解教材中科学方法的全貌，更遑论处于学习阶段的学生。因此，教材的隐性处理方式就造成了科学方法教育的放任自流，从而影响了科学方法教育的效果。教材编写显化科学方法，并非脱开具体的知识而只讲方法，而是说应当强调、突出科学方法，按照科学方法所展示的路子去编写教材。采用科学方法的显化方式来编写教材，逻辑明确，脉络清晰，容易使学生在学习中建立良好的认知结构，并形成有序的知识结构。这不仅有助于培养学生分析问题和解决问题的能力，而且焕发着科学理性的文化意蕴，这正是素质教育所追求的目标。

3. 高中物理实验应当按照科学方法的逻辑组织教学

我们目前的教学，往往是从传授知识的角度来设计教学的程序，这样做虽然也能使学生从中学到一些科学的方法，但学生对科学方法的理解往往是表面的、肤浅的并且是零星的、不连续的，收效甚微。如果按照科学方法的逻辑去组织实验教学，即把方法教育作为教学活动的核心，则情况就大不一样。比如，"探究加速度与力、质量的关系实验"的教学可以这样设计：如何研究问题（实验法）→如何实验（控制变量法）→如何优化实验条件（等效替代法）→如何分析实验数据（图像法）→如何得出物理量之间关系（曲线改直法）→如何得出表达式（比例系数法）。显然，科学方法贯穿于整个实验操作的过程。这样来进行实验的教学，使学生清楚地了解到教学的过程，进而引导学生去经历这一过程，从而使学生真正领略到科学方法，并得到能力的提高。

4. 物理教学应当让学生亲身经历实验过程，体会实验方法

随着现代教育技术的普及和发展，绝大多数高中学校都配备了多媒体技术教育设备，这使得一些不能用言语说清楚的事物变化过程和演示过程通过多媒体直观地显现出来，易于学生理解，提高了课堂效果，这是无可非议的。然而，对于物理实验教学来讲，这种模式只是从过去的"黑板实验"和"纸上谈兵实验"转化成如今的"投影实验"和"录像实验"，从而使原本锻炼学生动手操作的亲身实验变为学生被动地接受实验的数据和结论。

物理实验室为提高学生的物理能力提供了探究的平台，通过亲自动手操作，使学生体会结论的得出过程，强烈地激发了学生的求知欲。物理教师要紧紧抓住这一时机，在实验教学中落实科学方法教育，在实验过程中引导学生体会"方法线"的重要意义，用物理方法指导实验过程中的操作，从而更好地领悟方法的内涵。

三、本研究的不足

由于研究的主客观条件有限，本章的研究难免存有不足之处，主要在于：

（1）在文献的综述上，没能搜集到较为详尽的国外相关资料，特别是关于科学方法教育理论探讨的外文文献。

（2）在实验的选取上，参考了教材上学生分组实验及考试大纲的要求，尽可能将重要实验囊括其中，但对于演示实验等难免有所忽视。

（3）在问卷调查部分，虽然调查对象有一定的代表性，一定程度上反映出了客观情况，但由于样本数量不够大，而且这些老师全部来自北京的中学，对结果的论证稍显力度不够。

四、值得进一步研究的问题

通过本章的研究，我们对实验教学中的物理方法教育有了较为明确的认识，但是仍有一些问题遗留，需要做更加深入地探索。

（1）本章只是显化了高中物理实验教学中的重要物理方法，但是对于物理方法教育具体的实施未做探讨，这些方法的心理学本质以及教学实施过程的内部条件和外部条件有待深挖。

（2）随着传感器在物理实验教学中的普及应用，实验操作思路上会有所改变，本章只是立足于传统教学显化物理方法，对于实验创新思路未有涉及。

（3）实验教学中科学方法的评价值得进一步的研究。评价是完整的教学过程中不可缺少的一个重要环节，它对教学起着导向、激励、诊断和改进的作用，因此完整的物理方法教育是少不了评价这一环节的。中高考中实验部分的分值加大，预示着实验考查受到了更多的重视，对于实验中物理方法的考察有待探索。

第六章　物理科学方法教育成果总结

一、成果背景

我国基础教育课程改革提出了三维课程目标，其中的最大亮点是将"过程与方法"纳入课程目标。但是，新课改在理论与实践上的一个最大失误在于：中小学各学科《课程标准》中没有科学方法的内容，这就使"过程与方法"维度在学科教学层面落空。有鉴于此，我们以物理学科为范例，在北京市展开了系统的科学方法显化教育的理论与实践研究，在国内首次显化了《物理课程标准》中的科学方法内容，发展出原始物理问题教学这一有效的科学方法教育方式，并在实践中取得显著效果。

二、成果简介

经过4年研究，获得如下成果：

（1）学术论文：发表学术论文42篇，其中权威核心期刊7篇；指导学生完成硕士论文17篇，博士论文1篇。

（2）科研课题：申报获得科学方法课题3项，包括北京市教育委员会人文社会科学项目1项、北京市教育科学"十一五"规划重点课题1项，全国教育科学"十二五"规划教育部重点课题1项。

（3）人才培养：基于课题研究，培养硕士研究生10人，博士研究生1人；北京市在职中学物理教师7人获得硕士学位。上述学生共发表署名第一作者的学术论文31篇。

（4）成果获奖：研究成果之一获得中国教育学会物理教学专业委员会优秀科研成果一等奖，有3名研究生获得中国教育学会物理教学专业委员会师范生教学大赛二等奖。

（5）成果应用：基于科学方法教育内容的理论研究成果，邢红军受邀审查了人民教育出版社全日制义务教育物理教材，并就教材编写中科学方法的显化问题提交了详细的审查意见。作为教育部"国培专家"，邢红军曾受邀赴福建师范大学、苏州大学、江西师范大学、河南师范大学、河南大学、吉林师范大学做物理科学方法教育的学术报告，得到广泛好评。在北京市，邢红军关于科学方法教育的研究引起了北京市35中学的关注，该校于2011年邀请邢红军负责培养35中物理教师团队，双方已签署协议并正在积极实施中。

三、成果内容

1. 理论成果

经过 4 年研究，发表期刊论文 42 篇，其中权威核心期刊 7 篇，完成硕士、博士学位论文 18 篇。分别为：

［1］邢红军，罗良，林崇德. 物理问题解决的影响因素研究［J］. 课程·教材·教法，2012，06：91－96.

［2］李正福，李春密，邢红军. 从隐性到显性：物理科学方法教育方式的重要变革［J］. 课课·教材·教法，2010.12：71－74.

［3］邢红军，从数据驱动到概念驱动：物理问题解决方式的重要转变［J］. 课程. 教育. 教法，2010，03：50－55.

［4］陈清梅，邢红军，李正福. 论物理课程改革背景 F 的科学方法教育［J］. 课程. 教材. 教法. 2009.08：52－56.

［5］邢红军. 自组织表征理论：一种物理问题解决的新理论［J］. 课程·教材·教法，2009，04：60－64.

［6］邢红军，陈清梅·原始物理问题测量 T 具：编制与研究［J］. 课程·教材·教法，2008，11：59－63.

［7］邢红军 物理教育的生态化及其对物理课程改革的启示［J］. 教育科学研究 2010，01：59－61.

［8］邢红军. 原始问题教学：一种创新的物理教育理论［J］. 中国教育学刊，201 1，04：46－49.

［9］李正福，李春密，邢红军. 物理教学中的科学方法显性教育［J］. 教育科学研究，2011，01：54－57.

［10］陈清梅，张璐，颜素容. 从习题到原始问题：物理问题表征研究的生态化历程［J］. 教育科学研究，2011，12：56－59.

［11］肖骁，邢红军. 高中《物理课程标准》中的科学方法显化研究［J］. 首都师范大学学报（自然科学版），2011，04：29－34.

［12］高飞，邢红军. 初中物理习题解决的数据驱动加工方式［J］. 北京教育学院学报（自然科学版），2011，01：33－37.

［13］邢红军，陈清梅. 从知识中心到方法中心：科学教育理论的重要转变［J］. 首都师范大学学报（自然科学版），2011，06：20－26.

［14］邢红军. 物理科学方法显化教育的理论与实践研究［J］. 中国现代教育装备 2011，24：73－74，81.

［15］陈清梅. 论物理科学方法教育的教学模式［J］. 中国现代教育装备，2011，24：75－76.

［16］熊小青，邢红军，乔通. 原始问题教学：物理思维方法教育的新途径

——以臼动称米机为例［J］. 中国现代教育装备，2011，24：77－79.

［17］蔡燃，陈清梅，安红. 伏安法测电阻的电压补偿法研究［J］. 物理通报，2009，04：45－46.

［18］蔡然，雷风兰，付洪艳. 论物理研究中的思维方法——直觉、灵感和想象［J］. 物理教师，2009，06：66－68.

［19］李静，邢红军，李春密. 运用原始问题促进物理素质教育研究［J］. 物理教师，2009，08：1－2＋8.

［20］马力力. "风" 中的物理习题赏析［J］. 中学物理教学参考，2009，08：32－34.

［21］马力力. 将原始问题引入光学教学的思考［J］. 中学物理，2009，11：29－31.

［22］刘兆坤，邢红军，朱南等. 伏安法测电阻接法选择研究［J］. 物理通报，2010，02：59－60.

［23］消晓，邢红军. 高中物理教学中的科学方法显化研究［J］. 物理教师，2010，03：1－2，60.

［24］赵维和，邢红军. 知识应用过程中的物理科学方法研究［J］. 物理教师，2010，10：1－2.

［25］熊小青，邢红军. 初中物理科学方法教育方式的显化研究［J］. 物理通报，2010，10：82－84.

［26］乔通，邢红军. 初中物理规律建立中物理方法教育的显性研究［J］. 中学物理，2011. 04：54－55.

［27］乔通，邢红军. 初中物理教学中应用物理知识的科学方法教育内容研究［J］. 物理教师，2011. 01：18－19，21.

［28］熊小青，邢红军. 初中物理概念建立中科学方法教育的显化研究［J］. 物理教师，2011，03：38－39.

［29］姚勇，邢红军. 蔡燃. 高中物理科学方法教育的实践研究［J］. 首都师范大学学报（自然科学版），2010，04：15－18.

［30］高飞，邢红军. 初中物理科学方法教育途径研究［J］. 北京教育学院学报（自然科学版），2010，03：34－38.

［31］张宇，邢红军，肖骁. 初中物理科学方法教育的实践研究［J］. 中国现代教育装备，2010，24：92－94.

［32］何静，邢红军，郑鹅. 高中物理教材中科学方法的显化研究［J］. 教学与管理，2009，16：74－76.

［33］段俊霞，张昌印，袁本利. 高中物理概念建立中科学方法的显化研究［J］. 中国现代教育装备，2012，02：82－83.

［34］黄琳雅，黎明，陈清梅. 论物理教学中科学方法显化教育的教学原则［J］. 中国现代教育装备，2012，02：84－85.

［35］谭琳，李方永，李海涛. 高中物理教师科学方法教育调查研究［J］. 中国现代教育装备，2012，02：86 – 88.

［36］高飞，邢红军. 以科学方法引领初中重点物理知识的教学［J］. 中国现代教育装备，2011，04：88 – 90.

［37］邢红军. 中国基础教育课程改革：方向迷失的危险之旅［J］. 教育科学研究，2011，04：5 – 21.

［38］邢红军. 再论中国基础教育课程改革：方向迷失的危险之旅［J］. 教育科学研究，2011，10：5 – 22.

［39］邢红军. 从概念转变到状态转变：物理教育理论的新探索［J］. 大学物理（教育专刊）. 2011，12：3 – 8.

［40］高萍. 初中生解决力学原始问题的思维过程研究［J］. 大学物理（教育专刊），2010，10：72 – 75.

［41］李立娟高中物理实验教学中的科学方法教育内容显化研究［J］. 人学物理（教育专刊），2011，12：72 – 74.

［42］路海波. 高中物理规律建立中科学方法的显化研究［J］. 大学物理（教育专刊）. 2012，2：28 – 30.

2. 立项课题

（1）义务教育物理科学发展教育内容显化与教育途径研究

北京市教育委员会社科计划面上项目，项目批准编号：SM20091002009。

（2）高中物理科学方法教育内容显化的理论与实践研究

北京市教育科学"十一五"规划重点课题，项目批准编号：ABA08010。

（3）促进中学生思维品质的发展研究

全国教育科学"十二五"规划教育部重点课题，项目批准编号：DBA110180。

3. 解决了科学方法的分类及《物理课程标准》中科学方法内容的显化

基于心理学理论，首次从理论上解决了科学方法教育中长期悬而未决的科学方法分类问题，以此为突破口，建立了物理科学方法教育内容显化的原则——对应原则和归纳原则，从而显化初中《物理课程标准》中获得物理知识的科学方法 8 种（表 6 – 1），应用物理知识的科学方法 13 种（表 6 – 2）；高中《物理课程标准》中获得物理知识的科学方法 16 种（表 6 – 3），应用物理知识的科学方法 35 种（表 6 – 4）。为落实新一轮基础教育课程改革"过程与方法"目标做了填补空白的工作。

表 6 – 1 初中获得物理知识的方法

物理方法	次数	物理方法	次数
直接定义法	30	实验归纳法	14
比值定义法	11	乘积定义法	5
控制变量法	5	等效法	2
演绎推理法	3	理想化方法	2

表 6 – 2　初中应用物理知识的方法

物理方法	次数	物理方法	次数
演绎推理法	30	假设法	7
隔离法	14	等效法	7
理想模型法	13	转换法	6
比例法	9	图示法	5
整体法	8	极值法	3
控制变量法	8	对称法	3
图像法	8	类比推理法	2

表 6 – 3　高中获得物理知识的方法

序号	物理方法	序号	物理方法
1	放大法	9	直接定义法
2	理想实验法	10	试验验证法
3	比例系数法	11	类比法
4	观察法	12	比值定义法
5	乘积定义法	13	分类法
6	控制变量法	14	演绎推理法
7	图形图像法	15	理想化模型
8	等效法	16	实验归纳法

表 6 – 4　高中应用物理知识的方法

序号	物理方法	序号	物理方法	序号	物理方法
1	图像法	13	三角形法	25	临界点法
2	讨论法	14	三角函数法	26	割补法
3	等效法	15	叠加法	27	伏安法
4	数学法	16	曲线改直法	28	放大法
5	假设法	17	符号判断法	29	对称法
6	类比法	18	逐差法	30	等效电路法
7	极端假设法	19	相对运动法	31	等电位法
8	微元法	20	微平移法	32	插针法
9	整体法	21	替代法	33	补偿法
10	隔离法	22	特殊点法	34	比例法
11	正交分解法	23	上下坡法	35	统计法
12	判别式法	24	描迹法		

4．建立了"物理知识—物理方法—思维方法"关系的结构方程模型

在长期的物理教学中，"物理知识 – 物理方法 – 思维方法"的关系未能探明。2002 年，南京师范大学邓铸在博士论文研究中试图探明这种关系，提出了物理问题解决影响因子的路径假设模型，然而协方差建模结果显示，模型的吻合度很低。因此，放弃模型的建立。

我们的模型假定，中学生解决物理问题的影响因素包括 6 个，分别是物理知识和物理方法，思维品质的深刻性、独创性、批判性、灵活性。借助于《原始物理问题解决影响因素问卷》以及《原始物理问题测验工具》，采用 AMOS4.01 软件对数据进行分析，从而建立"物理知识—物理方法—思维方法"关系的假设模型。结果如图 6-1 和表 6-5。

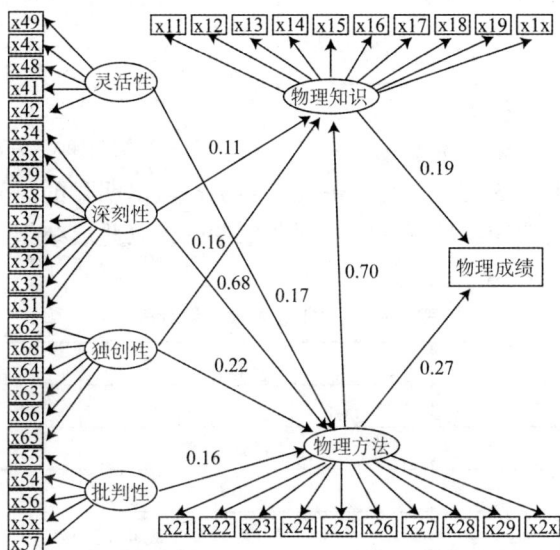

图 6-1　物理知识 - 物理方法 - 思维方法的假设模型

表 6-5　物理知识 - 物理方法 - 思维方法假设模型的指标

X^2	df	X^2/df	RMSEA	NFI	NNFI (TLI)	CFI
3430.6	6985	3.483	0.079	0.915	0.956	0.960

注：RMSEA 为近似误差均方根；NFI 为范拟合指数；NMFI 为非范拟合指数；TLI 为 Tucker - Lewis 指数；CFI 为比较拟合指数。

数据显示，模型拟合得较好。从而探明了"物理知识 - 物理方法 - 思维方法"的关系。

5. 实践研究

在探明"物理知识 - 物理方法 - 思维方法"关系的基础上，提出了科学方法教育的显化理论，发展了科学方法教学的有效方式：原始物理问题教学。由于原始物理问题解决涵盖了物理知识、物理方法和思维方法，因此，就成为科学方法教育的最有效方式。经过在北京市多所中学初、高中教学实践的检验，证明了这一教学方式的有效性，从而为科学方法显化教育方式的推广与应用奠定了基础。以下是在北京市不同中学所做的实验结果。

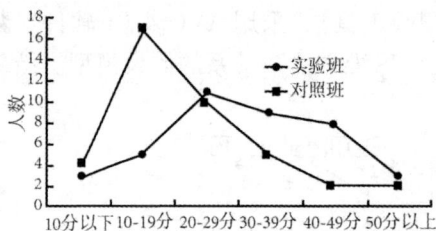

图 6-2 实验班和对照班整体得分情况分布

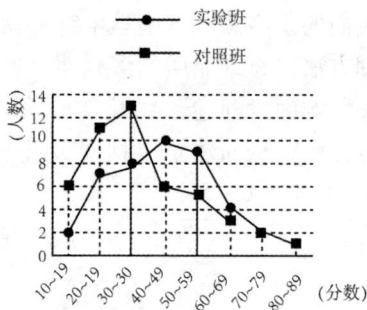

图 6-3 实验班和对照班整体得分情况分布

如图 6-2 与图 6-3 所示，实验班较对照班都显出明显的高分段偏移。实验班和对照班学生参加北京市某区组织的物理期末考试，以此成绩作为后测的物理学业成绩，测试结果见表 6-6。

表 6-6 学业成绩数据统计表

组别	试验班	对照班
人数	38	38
平均分	84.37	78.11
标准差	7.220	10.680
显著性差异 Z（$\alpha = 0.01$，$Z = 2.58$）	2.995	

经统计分析表明，经过一个学期的基于原始物理问题训练的科学方法教育，实验班的物理平均成绩比对照班高出 6.26 分，而且差异水平达到了显著。说明在高中物理教学中进行科学方法的训练对提高学生的学业成绩有积极的促进作用。

研究结果显示，运用原始物理问题进行科学方法显化教育的途径是可行的。

6. 培养了一批人才

在物理科学方法教育课题的研究过程中，我们始终坚持一个理念：就是把课题研究与人才培养紧密结合起来。四年来，共培养研究生 10 名，其中 1 人考取博士生。此外，还培养了 7 名北京市中学物理教师获得教育硕士学位，其中，北京市丰台二中的侯爱琴老师申报的"高中物理教学中主要科学方法教育的实践研究"获得全国教育科学"十二五"规划课题（FHB110064）。目前，这些毕业硕士生经过科学方法教育课题的训练，已成为北京市各中学的骨干物理教师。

四、成果创新

（1）理论创新：借助于开发的测验工具进行了规范的心理学研究，采用 AMOS4.01 软件对数据进行结构方程模型分析，首次通过心理学的实证研究寻找到了物理知识、物理方法、思维方法（思维品质）之间的交互关系，为科学方法的教学确立了坚实可靠的基础。

（2）方法创新：基于信息加工心理学理论，在国内首次解决了科学方法的分类问题——将科学方法分为思维方法与物理方法。进而提出了物理方法确定的"对应原则"和"归纳原则"，这对于其他学科《课程标准》显化科学方法内容具有很好的示范效用。

（3）内容创新：基于理论创新与方法创新，显化了初、高中物理科学方法共72种，填补了《物理课程标准》在"过程与方法"维度上的空白。

（4）实践创新：在科学方法的教育途径方面，提出了"显化"教育的观点，发展出了原始物理问题教学这一创新的科学方法教育方式。

（5）培养创新：探索了理论研究、教学实践、人才培养三方互动的基础教育研究模式，三者都获得了丰厚效益。

五、成果与影响

（1）基于理论研究成果，分别在首都师范大学附属中学、北京市9中、北京12中、北京交通大学附属中学、北京市东城区25中等多所初、高中进行了实践研究，结果表明，科学方法显化理论、原始物理问题教学方式都具有明显的效果。

（2）基于科学方法教育内容的理论研究成果，邢红军受人民教育出版社委托，审查了全日制义务教育物理教材的编写，并就教材中科学方法的显化问题提交了详细的审查意见，对于全日制义务教育物理教材具有重要的意义。

（3）研究工作在国内中学物理一线教师与高校物理教育研究者中产生了广泛影响。发表的权威核心期刊文章，平均被下载317次，硕、博士学位论文引用该成果达19篇（次），中学物理教学核心期刊引用该成果达9次。

六、应用前景

三维课程目标是我国基础教育课程改革的基石，而"过程与方法"则是课程目标的重中之重，是本次课程改革的最大亮点。本研究以一系列科学、规范、扎实、有效的工作，解决了《物理课程标准》中科学方法的确定问题。其学术价值与应用前景在于：为我国中小学各学科《课程标准》中"过程与方法"教育内容的确定，提供了正确的、可操作的解决路径，这对于我国基础教育课程改革具有特殊意义。

参考文献

［1］杨振宁. 杨振宁文集［M］. 上海：华东师范大学出版社，1998：745.

［2］杨振宁. 读书教学再十年［M］. 台北：时报文化出版企业有限公司，1995：9.

［3］宁平治．唐贤民，张庆华. 杨振宁演讲集［M］. 天津：南开大学出版社，1989：130，143.

［4］Hugh G，Gauch Jr. 科学方法实践［M］. 王义豹，译. 北京：清华大学出版社，2006：304.

［5］J. D. 贝尔纳. 科学的社会功能［M］. 陈体芳，译. 北京：商务印书馆，1982：340.

［6］让娜帕朗·维亚尔. 自然科学的哲学［M］. 长沙：中南工业大学出版社，1987：105.

［7］皮尔逊. 科学的规范［M］. 北京：华夏出版社. 1999：25，54.

［8］爱德文·阿瑟·伯特. 近代物理科学的形而上学基础［M］. 北京：北京大学出版社，2004.

［9］约翰·格里宾、玛丽·格里宾，迷人的科学风采——费恩曼传［M］. 江向东，译. 上海：上海科技教育出版社，1999：156.

［10］冯友兰. 中国哲学简史［M］. 北京：生活·读书·新知三联书店，2010.

［11］陈嘉映. 哲学·科学·常识［M］. 北京：东方出版社，2007.

［12］刘大椿. 科学哲学［M］. 北京中国人民大学出版社，2006：113.

［13］王德峰. 哲学导论［M］. 上海：上海人民出版社，2010.

［14］吴国盛. 反思科学［M］. 北京：新世界出版社，2004.

［15］黄顺基. 自然辩证法概论［M］. 北京：高等教育出版社，2007.

［16］约翰·杜威. 我们怎样思维［M］. 北京：人民教育出版社，2008.

［17］约翰·杜威. 民主主义与教育［M］. 北京：人民教育出版社，2007.

［18］施良方. 学习论［M］. 北京：人民教育出版社，2000.

［19］盛群力，等. 21世纪教育目标分类学［M］. 杭州：浙江教育出版社，2008：2.

［20］石中英. 知识转型与教育改革［M］. 北京：教育科学出版社，2005：259.

［21］丛立新. 课程论问题［M］. 北京：教育科学出版社，2007：286.

［22］朱智贤. 心理学文选［M］. 北京人民教育出版社，1989.

［23］皮连生. 教育心理学（第三版）［M］. 上海：上海教育出版社，2007：139 – 152.

［24］冯忠良. 教育心理学［M］. 北京：人民教育出版社，2000.

［25］陈琦，刘儒德. 当代教育心理学［M］. 北京：北京师范大学出版社，1997.

［26］许国梁. 中学物理教学法［M］. 北京：人民教育出版社，2010.

［27］阎金铎. 田世昆·初中物理教学通论［M］北京：高等教育出版社，1989.

［28］张民生. 中学物理教育学［M］. 上海：上海教育出版社，1999：140.

［29］宓子宏. 物理教育学［M］. 杭州：浙江教育出版社，1992.

［30］殷传宗. 查有梁，廖伯琴. 物理教育学研究［M］. 成都：四川科学技术出版社，1996.

［31］高凌飚. 中学物理课程论［M］. 上海：上海教育出版社，1999：138 – 150.

［32］查有梁，等. 物理教学论［M］. 南宁广西教育出版社，1996.

［33］李新乡，张德君、张军明，等物理教学论［M］．北京：科学出版社，2005.

［34］朱鋐雄．物理教育展望［M］．上海：华东师范大学出版社，2002.

［35］浙江省教育学会中学物理教学分会．高中物理方法教育研究［M］．杭州：浙江教育出版社，1995，2.

［36］廖伯琴，等．中学物理课程改革的目标与实施［M］．北京：高等教育出版社，2003，53.

［37］张宪魁．物理科学方法教育［M］．青岛：中国海洋大学出版社，2000.

［38］张宪魁．物理学方法论［M］．杭州：浙江教育出版社，2000.

［39］乔际平，刘甲珉．中学物理学习法［M］．南昌：江西教育出版社，1992.

［40］乔际平，等．中学物理习题教学研究［M］．北京：北京师范学院出版社，1993.

［41］乔际平，张宪魁．初中物理教材的选择与分析［M］．北京：高等教育出版社，1993.

［42］乔际平，邢红军．物理教育心理学［M］．南宁：广西教育出版社，2002.

［43］乔际平，续佩君．物理教育学［M］．南昌：江西教育出版社，2003.

［44］乔际平，等．物理学科教育学［M］．北京：首都师范大学出版社，2001

［45］邢红军．物理教学心理学［M］．成都：成都科技大学出版社，1994：200.

［46］邢红军．中学物理论文写作教程［M］．郑州：河南科学技术出版社，1993：247.

［47］刘力．新课程理念下的物理教学论［M］．北京：科学出版社，2007：187.

［48］L. W. 安德森．学习、教学和评估的分类学［M］．上海：华东师范大学出版社，2008.

［49］金忠明，等．中国近代科学教育思想研究［M］．北京：科学普及出版社，2007.

［50］李建珊，等．科学方法概览［M］．北京：科学出版社，2002.

［51］胡卫平．物理思维论［M］．南宁：广西教育出版社，1996.

［52］陶洪．物理实验论［M］．南宁：广西教育出版社，1996：4.

［53］向立中．中学物理实验教学法［M］．北京：北京师范大学出版社，1987.

［54］张大均．教育心理学［M］．北京：人民教育出版社，2003：148.

［55］王锐生，冯卓然．马克思哲学基本原理［M］．北京：高等教育出版社，1990.

［56］张巨青，科学研究的艺术——科学方法导论［M］．武汉：湖北人民出版社，1988.

［57］张大昌．课程理念与初中物理课程改革［M］．北京：北京师范大学出版社，2002：16.

［58］爱因斯坦．爱因斯坦文集（第一卷）［M］．北京：商务印书馆，1976：397.

［59］胡纪明．不可不做的实验［M］．北京：机械工业出版社，2006.

［60］张念宏．中国教育百科全书［M］．北京：海洋出版社，1991：245.

［61］J. Piaget. The Oringins of Intelligence in Children［M］. New York：International University, 1998.

［62］高凌飚．在物理教学中应重视科学方法教育［J］．物理教师，1992，4：1－4.

［63］袁振国．反思科学教育［J］．中小学教育，1999，12：2－4.

［64］涂艳国，简论科学教育的基本要素［J］．教育研究，1990，（9）：63－66.

［65］白月桥．课程标准实验稿课程目标订定的探讨［J］．课程．教材．教法，2004，9：3－10.

［66］钱学森．论科学技术［J］．科学画报，1957，（4）：99.

［67］王寿云．钱学森传略［J］．科技导报，1991，9：3－8.

［68］邢红军．论中学物理教育中的科学方法教育［J］．首都师范大学学报（社会科学版），

2002，（Z）134－139.

[69] 邢红军. 按照比值定义法的本质改进高中物理概念的编写 [J]. 物理教师. 2004 (4)：5－7.

[70] 邢红军，陈清梅. 论"智力—技能—认知结构"能力理论 [J]. 首都师范大学学报，2005，9：41－47.

[71] 邢红军. 物理科学方法教育的理论与实践研究 [J]. 中国现代教育技术装备，2011，(24).

[72] 黄琳雅，黎明，陈清梅. 论物理教学中科学方法显化教育的教学原则 [J]. 中国现代教育装备，2012，(02)：84－85.

[73] 管建祥. 对物理教学模式构建的理性思考 [J]. 通化师范学院学报，2007，(04)：87－89.

[74] 徐志长. 高中物理科学方法教育的研究 [J]. 课程·教材·教法，2002 (6)：32－35.

[75] 周国强. 物理方法教育与物理教材改革 [J]. 课程·教材·教法，1996 (6)：10－14.

[76] 李醒民. 科学方法的特点 [J]. 湖南社会科学，2009，(1)：33－39.

[77] 郑长龙. 国际理科课程改革的思考 [J]. 外国教育研究，2002，(6)：23－31.

[78] 李正福，李春密，邢红军. 物理教学中的科学方法显性教育 [J]. 教育科学研究，2011，(1)：54－57.

[79] 梅首文，王德法. 浅谈中学生物理教学中科学方法教育的策略 [J]. 科学教育，2003，(1)：22.

[80] 蔡志凌. 加强科学方法的培养 [J]. 技术物理教学，2002，6：6－7.

[81] 何静，邢红军，郑鹉. 高中物理教材中科学方法的显化研究 [J]. 教学与管理，2009，6：74－76.

[82] 陈清梅，邢红军. 物理教学中主要科学方法教育内容的研究 [J]. 中学物理教学参考，2006，7：2－4.

[83] 阎智力，顾渊彦. 试析新课程标准的目标体系 [J]. 首都体育学院学报，2005，1：44－49.

[84] 罗明福. 高中物理教学与创造性人才的培养 [J]. 广西师范学院学报，2000，2：218－220.

[85] 吴运红. 科学探究物理教学中的形式化问题 [J]. 青海师专学报（教育科学），2005，(1－2)：45－46.

[86] 邢红军. 原始问题教学：物理教育改革的新视域 [J]. 课程·教材·教法，2007，(5)：51－57.

[87] 陈清梅，邢红军，雷凤兰. 论因材施教及其对基础教育改革的启示 [J]. 首都师范大学学报（自然科学版），2009，2：22－26.

[88] 母小勇，李代志. 美国《科学教育标准（草案）》对我国科学教育改革的启示 [J]. 学科教育，1999，(11)：45.

[89] 李明，冯大岭，王树香. 提高植物学课堂教学效果研究 [J]. 河北农林大学学报（农林教育版），2010，(6)：220－223.

[90] 张平，陆申龙. 外推法在物理实验设计中的应用 [J]. 物理实验，2002，3：23－26.

[91] Lei Bao, Tianfan Cai , Kathy Koenig, et al. Learning and Scientific Reasoning [J]. Science, 2009, 323：586－587.

［92］Kosso P. The Large – scale Structure of Scientific Method ［J］. Science & Education. 2009，（18）：33 – 42.

［93］Soroka Leonard G. The Scientific Method at Face Value ［J］. The Science Teacher, 1990，（9）；57, 8.

［94］Bell R L, Lederman N G, Abd – El – Khalick F. Implicit versus explicit nature of science instruction：An explicit response to Palmquist and Finley ［J］. Journal of research in science teaching, 1998, 35：1057 – 1061.

［95］Robin millar, Jonathan Osborne. Beyond 2000：Science Education for the Future (A Report with Ten Recommendations) ［R］. Robin Millar and Jonathon Osborne, 1998：20.

［96］陈清梅. 物理教学中科学方法教育的研究 ［D］. 北京：首都师范大学，2003.

［97］李正福. 高中物理科学方法教育内容显化研究 ［D］. 北京：北京师范大学，2011.

［98］邓铸. 问题解决的表征态理论与实证研究 ［D］. 南京：南京师范大学，2002.

［99］王文青. 国外科学教育期刊中科学方法教育研究现状的统计与分析 ［D］. 重庆：重庆师范大学，2010：49.

［100］乔通. 初中物理知识应用过程中的物理方法教育内容研究 ［D］. 北京：首都师范大学，2012.

［101］李焕珍. 中学物理实验教学中进行科学方法教育的探索 ［D］. 济南：山东师范大学，2008.

［102］赵艳波. 主体参与型物理教学模式的研究 ［D］. 北京：首都师范大学，2006：26 – 28.

［103］王文英. 在中学物理教学中开展科学方法教育之实践和探索 ［D］. 南昌：江西师范大学，2004：15.

［104］张博. 新课标下中学物理科学方法教育的探究 ［D］. 上海：华东师范大学，2007：26.

［105］付洪艳. 初中物理科学方法教育内容的研究 ［D］. 北京：首都师范大学，2009，4 – 8.

［106］姚勇. 运用原始问题促进中学物理科学方法教育的研究 ［D］. 北京：首都师范大学，2007.

［107］慕晓霞. 高中物理教学中科学方法教育的初探 ［D］. 武汉：华中师范大学，2006.

［108］张丽萍. 高中阶段进行物理科学方法教育的实验研究 ［D］. 石家庄：河北师范大学，2005.

［109］费金有. 新课程理念下的物理科学方法教育 ［D］. 长春：东北师范大学，2004.

［110］肖文志. 中学物理科学方法教育研究 ［D］. 长沙：湖南师范大学，2004.

［111］曹蓓华. 高中物理科学方法教育研究 ［D］. 石家庄：河北师范大学，2009.

［112］陈庆鹏. 高中物理实验教学条件和实施过程的调查研究 ［D］. 重庆：西南师范大学，2009.

［113］程曜. 除了考试，他们不会推理，不敢提问题，不愿动手 ［N］. 新华每日电讯，2005，7，10.

［114］温家宝. 一定要把农村教育办得更好——在农村教师大会上的讲话 ［EB/OL］. http：//www. moe. edu. cn/publicfiles/business/htmlfiles/moc/moe_ 176/201109/124042. html 2011 – 8 – 28.

［115］中华人民共和国教育部. 中共中央关于教育体制改革的决定 ［OL］. http：//www. moe. edu. cn/edoas/website18/18/info3318. htm, 1985 – 05 – 27.

附录一　高中物理实验教学中的科学方法教育内容调查问卷

高中物理实验教学中的科学方法教育内容调查问卷

尊敬的老师：

您好！

感谢您抽出宝贵的时间参与我们的调查研究。我们是首都师范大学的研究人员，正在做一项关于物理科学方法的研究。您的意见对我们的研究工作非常重要，请您认真填写问卷中的每一项。衷心感谢您的支持和帮助！

本研究的主要目的是为了选择高中物理实验教学中的科学方法的教育内容。每一种科学方法的适切情况分为三种情况，恰当（赋值为1）、一般（赋值为0）、不恰当（赋值为−1）。请在您认为合适的选项下面的方格内画。

学历：

职称：

教龄：

序号	实验名称	测量过程中的物理方法	恰当程度			数据处理过程中的方法	恰当程度		
			1	0	−1		1	0	−1
1	研究匀变速直线运动	留迹法				图像法			
						平均值法			
						逐差法			
2	探究加速度与力、质量的关系	控制变量法				图像法			
						曲线改直法			
						比例系数法			
3	探究求合力的方法	等效法				图像法			
4	探究弹力和弹簧伸长的关系	转换法				图像法			
5	探究动量中的不变量	等效法				平均值法			
		留迹法							
6	研究平抛物体的运动	留迹法				平均值法			
7	探究功与速度变化的关系	等效法				图像法			
		留迹法				曲线改直法			
						平均值法			
8	验证机械能守恒定律	留迹法				平均值法			

续表

序号	实验名称	测量过程中的物理方法	恰当程度			数据处理过程中的方法	恰当程度		
			1	0	−1		1	0	−1
9	用单摆测定重力加速度	转换法				图像法			
		累积法							
10	用油膜法估测分子的大小	油膜法				估算法			
		累积法							
11	用描迹法画出电场中平面上的等势线	等效法				描迹法			
12	测定金属的电阻率	转换法				平均值法			
		伏安法							
13	描绘小电珠的伏安特性曲线	伏安法				图像法			
14	把电流表改装成电压表	半偏法				比较法			
15	测定电源的电动势和内电阻	伏安法				图像法			
						外推法			
16	测定玻璃的折射率	转换法				图像法			
		插针法				平均值法			
17	用双缝干涉测光的波长	转换法				平均值法			
		累积法							

附录二 北京市教育科学规划课题申请·评审书

北京市教育科学规划课题

申请·评审书

课题类别　　重点课题
研究领域　　基础教育
指南题号　　14　　青少年科学思想、科学方法和科学实验教育
课题名称　　高中物理科学方法教育内容显化的理论与实践研究
课题负责人　　邢红军

北京市教育科学规划领导小组办公室
2008 年 5 月修订

一、课题设计论证（请按四部分分项填写，总字数限 3000 字以内）

1 课题国内外研究现状述评

新一轮高中物理课程改革提出了"知识与技能；过程与方法；情感、态度与价值观"的三维课程目标，首次把科学方法作为课程目标并在高中《物理课程标准》中加以确定。可以说，高中《物理课程标准》中科学方法的阐述与表述，是近年来我国物理教学中科学方法教育研究的结晶。

然而在新课程实施中，科学方法教育效果与高中《物理课程标准》要求却存在较大差距。调查表明，北京市的高中物理教师对于应当教授哪些物理知识非常清楚，而对于教授哪些科学方法，几乎没有一个教师能完整回答出来。教学中，90% 以上的教师没有从方法论的视角来解读物理概念和规律，导致学生的科学方法素养始终处于较低水平。

我们认为，产生这种现象的根本原因在于：虽然高中《物理课程标准》把科学方法作为课程目标加以确定，但在《物理课程标准》中并无科学方法的内容与要求。与之形成鲜明对比的是，高中《物理课程标准》中共有 174 个知识点。不仅数量清楚，而且内容与要求一目了然。

这种情况就导致长期以来我国物理教材一直对物理知识采用显处理，即明确表达出来。而对科学方法则采用隐处理，即不明确表达出来。因此，教师在科学方法教育中更多地采用隐性方式。即不明确指出科学方法的名称，不明确揭示科学方法的内涵，不明确展开科学方法的过程。由于隐性教育不能使学生获得对科学方法的理性认识，不能使学生有意识地学习科学方法，不能让学生自觉地以科学方法为指导来加深对知识的理解，因此，就容易使"过程与方法"维度虚化并导致科学方法教育的途径不甚明朗。虽然国内外有相关研究，但一直未能有效解决这一难题。

目前，国内外的科学方法教育研究在以下几个方面存在难点：

（1）科学方法的分类。科学方法的分类是科学方法教育内容显化的基础，不解决这个问题，就难以显化科学方法。长期以来，对于科学方法，人们往往把强认知方法（strong cognitive methods）与弱认知方法（weak cognitive methods）混为一体。强认知方法是特定专业领域的独特认知方法，往往与专业知识紧密结合，不容易区分。弱认知方法是可以被运用到各种问题解决过程中的一般策略和方法。这种情况造成了科学方法分类的混乱，使科学方法教育内容问题迟迟得不到解决。因此，怎样对科学方法进行清晰的界定，这是研究的难题之一。

（2）科学方法的显化。虽然从理论上讲，高中物理知识都有与之对应的科学方法，但显化是否准确、显化是否合理，显化数量是否恰当等，都需要做大量深入细致的工作，特别是科学方法的显化内容要进一步确定最基本、最重要、最适合的方法，这就进一步加大了研究的难度。

（3）科学方法的教育途径。科学方法教育内容的显化只是手段，目的是让学生掌握科学方法。但怎样把科学方法作为物理知识的脉络去组织教材，安排教学进程，让学生在不知不觉之中沿着科学的思路去感知，去品味、去体验、去思考科学方法，在不知不觉之中领略到其中所应用的科学方法，就成为研究需要突破的另一个难题。

为了深入研究这一问题，我们认真考察了英国、加拿大以及美国的《物理课程标准》，发现这些国家《物理课程标准》中同样只有物理知识而没有科学方法。此外，这些国家的高中物理教材对科学方法的处理也是隐性的，并且其科学方法教育的途径不明朗。

我们认为，从根本上看，科学方法教育之所以存在隐性教育方式，是由于科学方法本身的隐蔽性特点所造成的。实事求是地说，所谓科学方法的隐性教育方式，实际上就是物理教师没有意识到高中物理教学还应当进行科学方法教育，实际教学中也没有进行科学方法教育。换句话说，隐性教育方式就是没有进行科学方法教育的教学方式。

因此，我们认为，解决学生科学方法素养低的有效措施之一就是进行科学方法显性教育。显性教育方式是在进行科学方法教育时，明确指出科学方法的名称，传授有关科学方法的知识，揭示科学方法的形式与科学方法的操作过程，说明科学方法的原理。教师有意识地公开宣称进行科学方法教育，学生处于有意识地接受科学方法的状态。这样，本课题的选题目的及研究意义就十分明确。

2. 选题的目的、意义

选题目的：建立高中物理科学方法教育内容的体系，构建高中物理科学方法教育的教学模式。

选题意义：通过研究，希望有助于真正使人们树立起"全面"的物理教育观念，即把物理知识与科学方法放到同等重要的地位，改变长期以来人们只在观念上重视科学方法教育，而事实上忽视科学方法教育的状况。科学方法的显化教育，必然促使物理教师改变教学方式，最终影响中学生对于科学方法的理解、掌握与应用，从而使物理教学从传授知识的过程成为掌握科学方法、培养学生能力的过程。上海市总结近年来物理课程改革经验的结论是："方法是通向能力的桥梁，能力既依赖于知识，更依赖于方法。可以认为，科学方法是能力的'核心'，是对能力起决定性作用的因素。"因此，在物理教学中显化并抓住了科学方法内容，就抓住了能力培养的关键。

物理课程整体上是由物理知识和科学方法组成的。把科学方法教育内容显化出来，就解决了长期存在的科学方法教育内容不明确的问题，从而完善高中物理课程的内容，实现物理知识与科学方法在物理课程体系中的表现形式基本一致并形成两者的内在联系；对科学方法教育途径进行深入研究，就解决了科学方法如何教的问题，从而完善科学方法的教学方式。这既具有重要的理论价值，又具有重要的实践价值。这样，一线物理教师就可以在教学过程中把科学方法的内容、特点和操作过程讲清楚，指导学生运用科学方法去探索、发现物理概念、规律并解决实际问题。因此，这一课题对于北京市新一轮高中物理课程改革的实施，无疑具有重要的启示。

3. 本课题研究的主要内容（研究的切入点、主要问题、重要观点等）

研究内容：确定高中物理科学方法教育内容，探索高中物理科学方法教育途径。

研究内容的第一个方面，是把高中物理教学中与物理知识相对应的科学方法显化出来，包括：科学方法的数量，科学方法的内涵，科学方法的分布，科学方法出现的频度，科学方法教育的要求，哪些科学方法应当达到记忆、理解水平，哪些科学方法应当达到掌握与应用水平。一句话，科学方法内容的显化在教学中应当具有可操作性。如此，就使《物理课程标准》的"过程与方法"维度落到实处，使高中物理教学中不仅有物理知识，而且有与之对应的科学方法。

研究内容的第二个方面，是探索科学方法的教育途径。我们尝试寻找一种恰当的教育方式，在显化科学方法的同时，进行科学方法教育途径的创新，使学生对科学方法的了解是切中要害的。我们认为，这就是结合科学方法的物理概念与规律教学。概念与规律既是物理教学的核心，又是学生物理学习的起点。从核心着手贴近教学本质，从起点出发符合认知顺序。事实上，物理知识与科学方法本来就是一种水乳交融的关系，每一个概念与规律的得出，都自始至终贯穿着科学方法。因此，我们认为：只有通过结合科学方法的物理概念、规律教学，只有使学生在每一个物理概念、规律得出过程中真切体会科学方法的作用，学生头脑中的科学方法才能真正活起来。正是在这个意义上，我们认为结合科学方法的物理概念、规律教学，是科学方法教育途径的创新。

作为一种基本的研究途径、方式，科学方法与物理学的概念、规律等一些知识的东西是相平行的，包含在物理学的范畴之中。科学方法也并不直接由物理知识内容来表达，而是有它自己独特的表达方式，它往往隐藏在物理知识背后，支配着物理知识的获取。因此，每一个物理概念、规律的得出，都离不开科学方法的参与。换句话说，科学方法是"因"，而物理知识则是"果"。所以，科学方法与物理知识之间就客观存在着一种"对应"关系。正是基于这种"对应"，才使得我们可以把科学方法教育内容"显化"。按照这一思想，依据高中物理教学要求，随着物理知识体系的展开，把其中隐藏的科学方法显性化，由物理知识合乎逻辑地分析出相应的科学方法，从而显化科学方法教育内容。

我们认为，在物理概念、规律教学中，把物理知识与思维方法以及科学方法相"结合"从而实施科学方法教育的思路，是科学方法教育途径的创新。因为物理概念与规律的得出，不仅与科学方法密切相关，而且与思维方法密切相关。并且通常是先运用思维方法，然后再运用科学方法。由于目前物理概念、规律教学理论对此没有给予明确阐述，从而导致在物理概念、规律教学中，思维方法常常被忽视，科学方法又被隐性处理，结果是学生既没有很好地领悟思维方法，又没有真正掌握科学方法。因此，把物理知识与科学方法相"结合"，就成为科学方法教育途径探索的一个行之有效的思路。

4. 研究方法、手段、途径等

研究方法：包括文献法、调查法、访谈法和测验法。

研究手段、途径等：

（1）问卷调查、访谈和测验，了解北京市高中物理教师和高中生对于科学方法了解与掌握的情况。

（2）运用"对应"方法，对高中物理知识的建立方式进行研究，显化与之对应的科学方法，初步建立与高中物理知识相对应的科学方法教育内容。

（3）对高中物理教学中科学方法的分布、出现频次、重要性等进行研究并确定科学方法教育内容。

（4）编制一定数量使物理知识、思维方法、科学方法有机"结合"实施科学方法教育的教学案例。

（5）选择若干所北京市不同层次的高中，组成教学共同体。

（6）设计运用物理知识、思维方法、科学方法有机"结合"进行科学方法教育的教学模式，实施教学进行小范围测试并修改教学模式。

（7）进行纵向追踪研究，评价运用物理知识、思维方法、科学方法有机"结合"进行科学方法教育的教学效果。

（8）整理研究结果，撰写研究报告。

二、前期工作参阅的主要文献

书　名	作　者	资料形式	出版社名称	发表（出版）日期
教育与发展	林崇德	专著	北京师范大学出版社	2002 年 3 月
学习与发展	林崇德	专著	北京师范大学出版社	1999 年 12 月
物理学科教育学	乔际平	专著	首都师范大学出版社	2000 年 5 月

续表

书　名	作　者	资料形式	出版社名称	发表（出版）日期
物理教育心理学	乔际平	专著	广西教育出版社	2002 年 3 月
物理学方法论	张宪魁	专著	浙江教育出版社	2008 年 6 月
高中物理方法教育研究	浙江中学物理教学分会	专著	浙江教育出版社	1995 年 4 月
中学物理课程改革的目标	廖伯琴	专著	高等教育出版社	2003 年 8 月
普通高中物理课程标准	教育部	专著	人民教育出版社	2003 年 4 月

三、完成课题的条件和保证

课题负责人和主要成员完成本课题的研究能力；完成本课题的时间、资料、设备及研究手段等。
已取得相关研究成果的社会评价：

1. 论科学教育中的模型方法教育　　　　　　　　《教育研究》，　　　　　2000 年 6 月
2. 论探索性物理实验的教育目标　　　　　　　　《课程·教材·教法》，　　2000 年 4 月
3. 从习题到原始问题：科学教育方式的重要变革　《课程·教材·教法》，　　2006 年 1 月
4. 论原始物理问题的教育价值及其对教学的启示　《课程·教材·教法》，　　2005 年 1 月
5. 论物理教育中的直觉思维及其对教学的启示　　《课程·教材·教法》，　　2004 年 4 月
6. 原始物理问题教学：物理教育改革的新视域　　《课程·教材·教法》，　　2007 年 5 月
7. 论高考物理能力理论与命题导向　　　　　　　《课程·教材·教法》，　　2007 年 11 月
8. 论教学过程的自组织转变理论　　　　　　　　《课程·教材·教法》，　　2006 年 6 月
9. 对原始物理问题教学的思考　　　　　　　　　《中国教育学刊》，　　　2006 年 8 月
10. 论中学物理教学中的科学方法教育　　　　　　《中国教育学刊》，　　　2005 年 8 月

课题负责人于 2003—2006 年曾承担中国教育学会物理教学专业委员会下达的"中学物理教学中的科学方法教育"课题，课题结题时被评为优秀课题并在物理教学专业委员会 2007 年学术年会上做大会报告。因此，本次申请的"高中物理科学方法教育内容显化的理论与实践研究"课题具有较好的前期研究基础。

在科学方法教育内容研究中，我们致力于科学方法的"显化"研究，尝试在"对应"取向的基础上形成对科学方法教育内容的新认识，以关注"知识生成"、回归"教学本质"的方式重新思考和理解科学方法教育，尝试构建高中物理科学方法教育内容的体系，尝试形成运用物理知识、思维方法、科学方法有机"结合"进行科学方法教育的研究特色，有望成为高中物理科学方法教育的一个重要的理论和实践生长点。先后在《教育研究》《课程·教材·教法》《中国教育学刊》等刊物上发表多篇文章并有近 10 篇文章被《人大报刊复印资料》全文转载。

主要参考文献

1. 林崇德　　　教育为的是学生发展　　　北京师范大学出版社，　　　　2006.
2. 林崇德　　　教育与发展　　　　　　　北京师范大学出版社，　　　　2002.
3. 乔际平　　　物理教育心理学　　　　　广西教育出版社，　　　　　　2002.
4. 张宪魁　　　物理学方法论　　　　　　浙江教育出版社，　　　　　　2008.

·主要参加者的学术背景和研究经验、组成结构

主要参加者彭前程编审，现任人民教育出版社物理编辑室主任，普通高中《物理课程标准》编制组核心成员，主持编写了人教版高中物理教材，在中学物理课程研究领域具有丰富的经验。

　　主要参加者×××副研究员，现任中央教育科学研究所专职研究人员，中国教育学会物理教学专业委员会学术委员，在高中物理教学研究领域具有丰富的经验。

　　课题组由大学教师、出版社编辑、研究所研究人员、中学物理教师、物理课程与教学论博士研究生5部分组成。其中教授1人，编审1人，副研究员1人、副编审1人，讲师2人，中学高级教师1人、中学一级教师2人、中学二级教师1人、物理课程与教学论博士研究生1人。课题组平均年龄40岁，多年从事物理课程与教学论研究以及中学物理教学研究，具有较强的科研能力和丰富的教学经验，这为本课题的实施奠定了坚实的基础。

　　首都师范大学是北京市属重点大学。物理系于1983年获得物理教学论硕士授权点，在国内物理教学论领域具有较高知名度，曾获得国家教学成果奖。因此，首都师范大学物理教学论硕士点具有中学物理教学研究的深厚基础与良好传统。物理系还具有北京市重点实验室和北京市实验教学示范中心，实验仪器设备先进，研究资料完善。课题组成员研究时间充足。课题申请人指导的一批在读硕士研究生以及已经毕业在中学任教的20余名硕士研究生也可以参加到课题研究中，这些都为本课题的研究提供了有利条件。

四、预期研究成果

主要阶段性成果（限报 10 项）

序号	研究阶段 （起止时间）	阶段成果名称	成果形式	承担人
1	2009.1— 2009.7	高中教师与高中学生对于科学方法的了解	调查报告	×××
2	2009.1— 2009.7	高中物理科学方法教育内容研究	论文	×××
3	2009.1— 2009.12	高中物理科学方法与知识的对应研究	论文	×××
4	2009.1— 2009.12	高中物理科学方法教育途径的研究	论文	×××
5	2009.7— 2010.6	高中物理科学方法显化教育效果研究	论文	×××
6	2009.7— 2011.6	高中物理科学方法与物理知识的结合研究	论文	×××
7	2010.1— 2011.8	高中物理科学方法教育的实践研究	论文	×××
8	2011.6— 2011.12	高中物理科学方法教育的理论与实践研究	论文	×××

最终研究成果（限报 3 项，其中之一必为研究报告）

序号	完成时间	最终成果名称	成果形式	承担人
1	2011.12	高中物理科学方法教育内容的显化与教育途径研究	研究报告	邢红军
2	2011.12	高中物理科学方法教育的理论与实践研究	论文	邢红军

附图 1　高中物理科学方法教育内容显化的理论与实践研究项目立项证书

附录三 北京市教育科学"十一五"规划重点课题结题报告

北京市教育科学"十一五"规划重点课题结题报告

高中物理科学方法教育内容显化的理论与实践研究（ABA08010）

研究报告

首都师范大学 邢红军

2001年教育部颁布《基础教育课程改革纲要（试行)》（下称《纲要》)，由此拉开了我国基础教育课程改革的序幕。《纲要》将"知识与技能""过程与方法""情感态度与价值观"作为课程目标，体现了课程改革的理念。但进一步的研究发现，科学方法并没有纳入各学科《课程标准》中，这就使得科学方法仅仅成为课程目标的"标记"而未成为课程内容。

为什么课程改革会出现如此疏漏？造成这种现象的原因是什么？为什么这一问题始终未能得到有效解决？围绕着对这一重大理论问题的追问，就构成了本课题所要研究的主旨。

早在课改早期，白月桥先生就曾指出："《纲要》明文规定：要使学生掌握适应终身学习的'基本方法'。因此各科《课程标准》也须体现《纲要》的这一规定。然而，某些《课程标准（实验稿)》却没有在课程目标中纳入方法和方法论的内容，这是一个缺漏。笔者认为，方法、方法论以及能力同属于课程目标体系的第二个层面的目标。各学科课程标准实验稿，总体来看大都缺乏有关本门学科的或普通的方法和方法论的条目内容，这很不利于学生能力的培养，应当总结吸纳我国各学科长期以来丰富的教学法研究成果，把学生可接受的方法和方法论纳入课程目标体系之中。"我们认为，这一观点是正确的。而本课题正是"把学生可接受的方法和方法论纳入课程目标体系之中"思想付诸研究的系列工作。

一．物理科学方法的分类研究

为什么基础教育课程改革中各学科《课程标准》均未纳入科学方法？我们认为，造成这一现象的根本原因在于：目前学科教育界始终没有从理论上弄清楚科学方法的分类，从而导致不能确定科学方法内容。比如，《物理课程标准》解读就曾提出，物理课程中经常涉及的物理方法有观察方法、实验方法；比较与分类方法、分析与综合方法、抽象与概括方法、归纳与演绎方法；类比方法、理想化方法、对称方法；数学方法；公理化方法、假设方法等。显然，这就混淆了不同类型的科学方法。因为分析与综合属于思维方法，而实验则属于物理方法。

当然，目前科学方法研究中已经有了不同的分类形式。例如，一种分类方式把科学方法分为实验观察方法、逻辑思维方法、数学方法以及非常规方法。这种分类方法全面，但层次不够明显，例如逻辑思维方法中理想化和假说法与其他逻辑思维方法不在同一个层面上。另一种方式把科学方法分为两个层次，第一个层次有观察实验法、思维方法及数学方法，第二个层次是对第一个层次中的思维方法的具体化。这种分类的长处是层次分明，而且明确了各层次之间的关系，但不足之处在于把数学方法和观察实验法与思维方法排在同一层面是不妥的。总之，已有的科学方法分类共同的不足之处是缺乏明确的分类标准，而科学方法分类的不清就使得科学方法界定混乱，从而给各学科《课程标准》中纳入科学方法造成了无法逾越的障碍。

在明确了科学方法分类的重要性之后，对科学方法进行合理分类就成为在《课程标准》中纳入科学方法的关键环节。我们认为，与其他教育工作一样，科学方法分类也要遵守教育性原则，即无论任何领域的内容、方法、结构一旦被引入教育领域，都应尊重教育的规律、服从教育的目标。经过"教育性"这个筛子的过滤，从而彰显其教育功能。所以，已有依据科学方法内部特点加以分类的方式不宜采用，科学方法的分类需要采取教育性的分类方式。基于以上研究，我们从科学方法的来源出发，把科学方法做了思维方法和学科方法的第一级分类。其中前者是主观的，是大脑的功能，需要训练才能使学生形成与掌握，后者是客观的，不是大脑的功能，需要传授才能使学生习得与掌握。

把科学方法分为思维方法和学科方法与心理学的研究结果是一致的。心理学的研究认为，方法可以分为强认知方法（strong cognitive methods）与弱认知方法（weak cognitive methods）。强认知方法是特定专业领域的独特认知方法，往往与专业知识紧密结合，不容易区分。弱认知方法是可以被运用到各种问题解决过程中的一般策略和方法。显然，学科方法就是强认知方法，例如地理学的调查法、历史学的文献法。这类科学方法指的是某学科所特有的、充分体现学科特点的方法，可迁移性弱。思维方法就是弱认知方法，例如分析综合、抽象概括。这类科学方法是大脑的功能，贯穿于各门学科之中，可迁移性强。可见，这种科学方法的分类方式不仅来源清晰，而且与教育方式在逻辑上是自洽的。它有效避免了将思维方法与学科方法混为一体的分类方式，使科学方法教育内容的研究豁然开朗。

科学方法的第一级分类解决了科学方法中思维方法与学科方法的混淆问题，而要在《课程标准》中纳入科学方法还需要对其进行第二级分类。根据课堂教学过程与科学方法使用的时空条件，学科方法又分可为获得知识的方法和应用知识的方法。思维方法依据其性质，又可分为逻辑思维方法与非逻辑的思维方法两种。按照这一研究思路，我们得到了系统化的科学方法分类结构体系（附图2）。

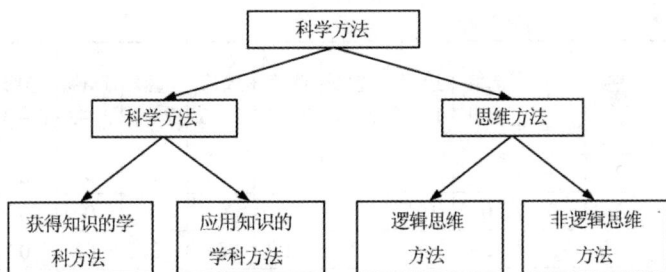

附图2 系统化的科学方法的分类结构体系

这种分类不仅使科学方法教育内容进一步明确,并且也使科学方法内容的显化顺理成章。

二、高中物理科学方法教育内容的显化研究

在已有"两级分类"的基础上,采用恰当的显化原则就可以确定高中《物理课程标准》中科学方法的内容。老一辈学科教育家乔际平先生最早提出:科学知识的得出总是与一定的科学方法相联系的。我们汲取了这一"对应"思想的内核,针对获得知识的科学方法,提出了方法显化的"对应原则"。即每个知识的获得总是对应于获得过程中使用的一系列物理方法。依据这一思路,我们以高中物理为例,显化了高中《物理课程标准》中获得物理知识的物理方法16种(附表1)。

我们将高中《物理课程标准》中各个模块中的对物理学知识的描述概括出知识点,并且根据对应原则,将各个知识点所对应的科学方法显化出来。以下是高中《物理课程标准》中所有模块中的科学内容以及与之相对应的主要科学方法一览,其中水平一栏指课标中对于该知识点所要求的目标,由低到高分为四大类:了解、认识、理解和应用。

附表1 课标中物理必修一模块所对应的科学方法

科学方法	必修一	必修二	选修1-1	选修1-2	选修2-1	选修2-2	选修2-3	选修3-1	选修3-2	选修3-3	选修3-4	选修3-5
理想化模型	4	5	9	2	3	4	5	5	2	6	3	4
理想化实验	1	1	0	0	0	0	0	0	0	0	0	0
等效法	1	2	0	0	4	0	1	0	0	0	2	0
对称法	0	0	0	0	0	0	0	0	0	0	0	0
实验验证法	2	10	0	1	0	0	0	0	0	1	0	0
控制变量法	1	0	2	0	1	0	0	0	1	1	0	0
补偿法	0	0	0	0	0	0	0	0	0	0	0	0
观察法	1	1	1	0	0	0	0	0	0	0	0	1
放大法	1	0	0	0	0	0	0	0	0	0	0	0
乘积定义法	0	1	0	0	2	0	0	2	1	0	0	1
比值定义法	2	0	3	0	3	0	1	2	1	1	0	0

续表

科学方法	必修一	必修二	选修1-1	选修1-2	选修2-1	选修2-2	选修2-3	选修3-1	选修3-2	选修3-3	选修3-4	选修3-5
分类法	2	3	1	1	2	2	3	1	0	2	2	4
比例系数法	3	0	0	0	0	0	0	0	0	0	0	0
直接定义法	3	0	2	2	2	1	0	2	0	0	0	0
实验归纳法	6	5	6	4	4	0	11	7	4	5	10	11
演绎推理法	4	6	3	2	9	4	0	6	4	3	7	3
类比法	0	1	2	0	0	0	3	3	0	0	3	4
图形图像法	6	3	0	0	0	0	0	2	0	0	1	0

根据高中《物理课程标准》的教学安排,高中实行必修与选修结合的方式,在共同必修(必修1和必修2)完成后,再在选修1系列(选修1-1和选修1-2)、选修课2系列(选修2-1、选修2-2和选修2-3)及选修3系列(选修3-1、选修3-2、选修3-3、选修3-4和选修3-5)中任选一个系列,完成该部分所规定的学习任务即可。为了能区分修习不同选修系列的学生需要学习的科学方法内容情况,我们进而将这些统计数据按照共同必修和各个选修系列进行汇总,得到如附表2所示的数据。

附表2　课标所对应的科学方法分系列统计

科学方法	共同必修	选修1系列	选修2系列	选修3系列	总计
理想化模型	9	11	12	20	52
理想化实验	2	0	0	0	2
等效法	3	0	5	4	12
对称法	0	0	0	0	0
实验验证法	12	1	0	1	14
控制变量法	1	2	1	4	8
补偿法	0	0	0	0	0
观察法	2	1	0	3	6
放大法	1	0	0	0	1
乘积定义法	1	0	2	4	7
比值定义法	3	3	4	8	18
分类法	5	2	7	9	23
比例系数法	3	0	0	0	3
直接定义法	3	4	3	2	12
实验归纳法	11	10	15	37	73
演绎推理法	10	5	13	23	51
类比法	1	2	3	10	16
图形图像法	9	0	0	3	12

根据以上表格中的数据,我们发现,在这些科学方法中,"对称法""补偿法"

两种科学方法的总计数为 0，我们将该两项从高中物理所涉及的科学方法中剔除，将剩余的科学方法再次按照总计数排序，并用 A_0、A_1、A_2、A_3、A 分别来表示该种科学方法在共同必修、选修 1 系列、选修 2 系列及选修 3 系列中所涉及的次数，绘出如附表 3、附图 2 所示的统计表格和如所示的统计图。

附表 3　课标所对应的科学方法分系列统计（已排序）

科学方法	共同必修 A_0	选修 1 系列 A_1	选修 2 系列 A_2	选修 3 系列 A_3	总计 A
放大法	1	0	0	0	1
理想化实验	2	0	0	0	2
比例系数法	3	0	0	0	3
观察法	2	1	0	3	6
乘积定义法	1	0	2	4	7
控制变量法	1	2	1	4	8
图形图像法	9	0	0	3	12
等效法	3	0	5	4	12
直接定义法	3	4	3	2	12
实验验证法	12	1	0	1	14
类比法	1	2	3	10	16
比值定义法	3	3	4	8	18
分类法	5	2	7	9	23
演绎推理法	10	5	13	23	51
理想化模型	9	11	12	20	52
实验归纳法	11	10	15	37	73

在附表 3、附图 3 中共计列出 16 种科学方法，涉及次数合计为 310 次。

不同的学生选修不同的系列，根据这些系列中所涉及的科学方法的统计表格及柱形图上，我们可以看出以上 16 种科学方法涉及频数主要具有 4 种不同的特点：①较少出现，且仅在共同必修中少量出现；②有所体现，但主要集中于共同必修或者选修 1 系列中；③较常出现，且主要出现在选修 3 系列中，并多次出现在共同必修中；④大量出现，且分布较广泛，在共同必修及各选修系列中均有大量涉及，在选修 3 系列中有所偏重。

由于不同的选修系列是针对不同的学生群体，因此我们可以将这样的特点作为基准点，制定一定的标准，并按此标准划分不同类别的科学方法，可以为不同类别的科学方法制定不同的科学方法教育目标。这些目标将区别不同的学生，为不同的学生充分发挥其特长优势提供条件。

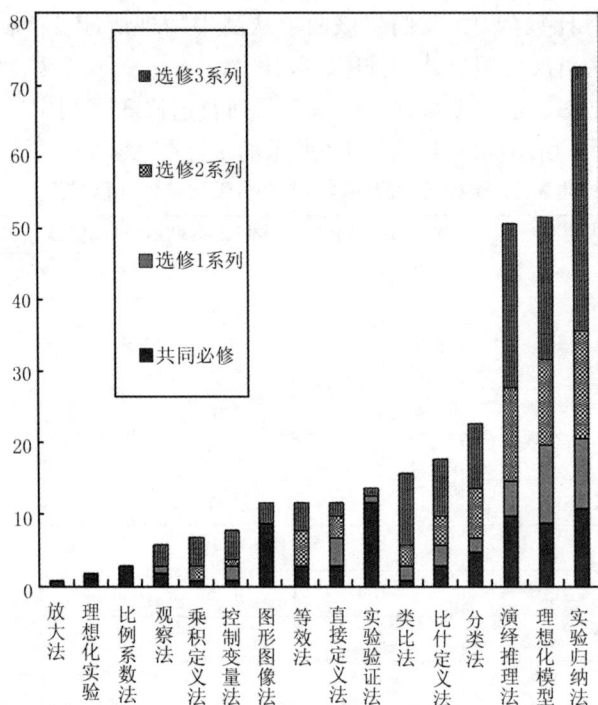

附图3 课标所对应的科学方法分系列统计（已排序）

对于知识应用过程中的科学方法，由于同一种知识可以对应无数问题情境，不同的情况，需要用到不同的方法，所以"对应原则"就不再有效。有鉴于此，我们提出了显化应用知识过程中科学方法的"归纳原则"，即通过对应用知识的情境与解决问题所使用的科学方法进行归纳，从而显化科学方法的内容。依据这一研究路径，我们以同样以物理课程为例，显化了高中应用物理知识的科学方法35种（如附表4所示）。

附表4 高中应用物理知识的主要方法

序号	物理方法	序号	物理方法	序号	物理方法
1	图像法	13	三角形法	25	临界点法
2	讨论法	14	三角函数法	26	割补法
3	等效法	15	叠加法	27	伏安法
4	数学法	16	曲线改直法	28	放大法
5	假设法	17	符号判断法	29	对称法
6	类比法	18	逐差法	30	等效电路法
7	极端假设法	19	相对运动法	31	等电位法
8	微元法	20	微平移法	32	插针法
9	整体法	21	替代法	33	补偿法
10	隔离法	22	特殊点法	34	比例法
11	正交分解法	23	上下坡法	35	统计法
12	判别式法	24	描迹法		

依照科学方法研究的分类原则，物理实验过程可分为测量过程和数据处理过程，其中测量过程所涉及的主要物理方法有等效法、控制变量法、转换法等。数据处理过程中常用的物理方法有图像法、曲线改直法等。

物理学的知识体系离不开方法的支撑，方法是联系知识的纽带，由此，乔际平先生提出对应原则，即物理学中科学知识的得出总是与一定的科学方法相联系。依据对应原则的思想，我们认为既然物理学知识的建构依赖于物理方法，那么，实验过程中的每一个操作也会"有法可依"。也就是说，对于每一步实验过程，都有一种或多种物理方法与之对应。由此，我们细化所选取的重要实验过程，把其中的操作与物理方法对应，将其中隐含的物理方法显化出来。

本文的研究对象取自新课标教材中学生分组实验以及考试大纲中所要求的重要实验，总计17个，显化结果如附表5所示。

附表5　高中物理实验教学中重要实验所对应的物理方法

序号	实验名称	测量过程中的物理方法	数据处理过程中的物理方法
1	研究匀变速直线运动	留迹法	图像法、平均值法、逐差法
2	探究加速度与力、质量的关系	控制变量法	图像法、比例系数法、曲线改直法
3	探究求合力的方法	等效法	图像法
4	探究弹力和弹簧伸长的关系	转换法	图像法
5	探究动量中的不变量	等效法、留迹法	平均值法
6	研究平抛物体的运动	留迹法	平均值法
7	探究功与速度变化的关系	等效法、留迹法	图像法、平均值法、曲线改直法
8	验证机械能守恒定律	留迹法	平均值法
9	用单摆测定重力加速度	转换法、累积法	图像法
10	用油膜法估测分子的大小	油膜法、累积法	估算法
11	用描迹法画出电场中平面上的等势线	等效法	描迹法
12	测定金属的电阻率	转换法、伏安法	平均值法
13	描绘小电珠的伏安特性曲线	伏安法	图像法
14	把电流表改装成电压表	半偏法	比较法
15	测定电源的电动势和内电阻	伏安法	图像法、外推法
16	测定玻璃的折射率	转换法、插针法	图像法、平均值法
17	用双缝干涉测光的波长	转换法、累积法	平均值法

我们将主要物理方法及其出现次数进行统计，如表附6所示：

附表6　高中物理实验教学中主要物理方法统计

物理方法	出现次数	物理方法	出现次数
等效法	4	图像法	9
控制变量法	1	平均值法	8
转换法	5	曲线改直法	2
留迹法	5	描迹法	1
累积法	3	比例系数法	1
伏安法	3	逐差法	1
插针法	1	外推法	1
油膜法	1	比较法	1
半偏法	1	估算法	1

为了更直观呈现物理方法及其出现次数，将其转化为频率图，如附图4所示。

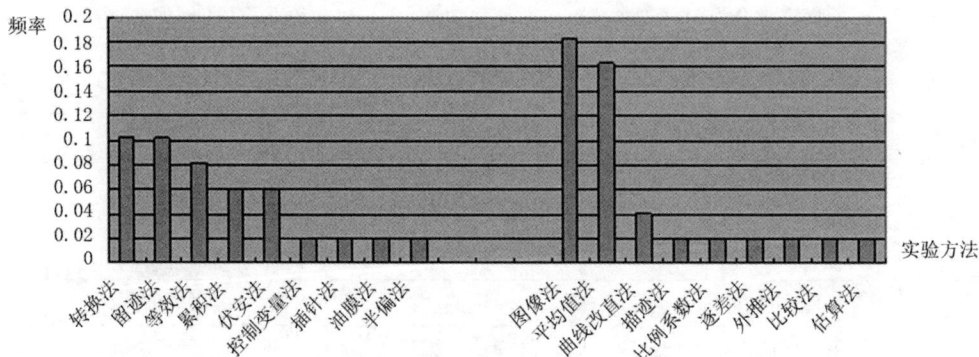

附图4　高中物理实验教学中主要物理方法频率图

分析统计图表可知，高中物理实验教学中出现频次较高的物理方法有：留迹法、等效法、转换法、图像法和平均值法，因此，在高中物理实验教学中，应着重显化这些科学方法。

在实验教学中，使学生学习并掌握好基本的实验方法，可指导其设计实验方案，选择测量手段，提高科学实验和研究的能力。上述研究初步明确了实验方法的教育内容，且统计了主要物理方法出现的频次，为实验教学提供了理论依据，下面对两类实验方法进行界说。

1. 测量过程中的实验方法

物理实验都离不开定量的测量和分析，明确测量过程中基本的实验方法，才能更好地进行实验。以下对测量过程中出现频次较高的实验方法进行界说。

留迹法：把瞬间即逝的物理量（位置、轨迹、图像等）记录下来，如通过纸带上打出的小点记录小车的位置；用描迹法画出平抛物体的运动轨迹；用沙摆显示振动的图像等。

等效法：对一些复杂问题采用等效方法，将其变换成理想的、简单的、已知规律的过程来处理，常可使问题的解决得以简化。如"碰撞中的动量守恒"实验中，用小球的水平位移替代小球的水平速度；画电场中的等势线的分布时用电流场模拟静电场。

转换法：在实验中，有很多物理量由于其属性关系，很难用仪器或仪表直接测量，或者因条件所限无法提高测量的准确度。此时可以根据物理量之间的定量关系和各种效应，把不易测量的待测量转换成容易测量的物理量进行测量，如测定金属的电阻率，测定当地的重力加速度等。

伏安法：通过利用欧姆定律：$R = U/I$ 来测出电阻值，这种方法测电阻虽然精度不很高，但所用的测量仪器比较简单，而且使用也方便，是最基本的测电阻的方法。

累积法：把某些难以直接准确测量的微小量累积后测量，提高测量的精确程度。如测单摆振动的周期，应测量单摆多次全振动的时间除以全振动次数，以减少因操作者个人反应时间而造成的误差。

2. 数据处理过程中的实验方法

数据处理是对原始实验记录的科学加工。通过数据处理，往往可以从一堆表面上似乎毫无联系的数据中找出难以察觉的、内在的规律。下面对处理数据过程中出现频次较高的几种实验方法进行界说。

图像法：图像法处理实验数据是物理实验中常用的方法之一。选取适当的坐标系，用图像法找到变量间的函数关系。图像法的优点是直观、简便、有取平均值的效果。由图像的斜率、截距、包围的面积等可以研究物理量之间的变化关系，找出规律。

平均值法：平均值法是为了减小偶然误差常用的数据处理方法。平均值法的基本原理是：在多次测量中，由偶然因素引起的正、副偏差出现的机会相等，故将多次的测量值相加时，所有偏差的代数和为零。

曲线改直法：作图时经常设法使图线线性化，即"将曲改直"。例如：在验证牛顿第二定律的实验中，将图像改画成图像后，就可将不易看出的二者关系的曲线改画成了关系明朗的直线。

根据上述界说，显然，教师应在物理实验教学中恰当显化这两类实验方法，引领学生在实验中探究方法本质，领悟方法内涵，促进学生对实验方法的掌握，提高学生实验能力。

在高中物理实验教学中物理方法教育内容显化的意义如下。

（1）确立分类原则，使实验方法教育有章可循

物理方法属于程序性知识，学生掌握了程序性知识，才能在具体问题面前知道

"怎么办""如何做"。按照程序性知识的性质和特点，可以把程序性知识分为智慧技能、认知策略和动作技能。根据分类原则，将高中物理实验过程分为测量过程和数据处理过程，其中，实验中的测量属于动作技能，数据处理属于智慧技能。按照操作过程将实验方法教育内容所做的分类为科学方法教育提供了一套可操作的步骤，即先明确测量过程中的实验方法，再学习数据处理过程中的实验方法，分别依据动作技能和智慧技能的特点有针对性地进行教学，给学生提供了一条学习和使用实验方法的途径，使实验方法教育有章可循。

（2）明确教学目标，使科学方法教育有的放矢

在高中物理实验教学中，多数教师对于"知识与技能"维度的教学目标比较清楚，但对于教授哪些科学方法并不清楚，这样，就使实验教学的"过程与方法"维度虚化。在教师不能明确给出方法目标的情况下，学生很难具备学习科学方法的意识，也就不利于科学方法的学习和掌握。因此，显化实验教学中的物理方法教育内容势在必行。高中物理实验教学中物理方法教育内容显化能够为教师的"教"和学生的"学"指明方向，使教师在科学方法教学中有的放矢，同时使学生置于方法学习的问题情境，从而更好的激发学生学习动机，进而促进实验方法教育更好地开展。

（3）确定教育内容，使实验方法教育有据可依

目前我国科学方法教育存在的问题之一就是在教学层面上科学方法教育的可操作性较差，究其原因在于科学方法的隐蔽性，以致中学《物理课程标准》和各个版本的中学物理教材中基本没有实验方法的内容。鉴于此，高中物理实验教学中物理方法教育内容的确定就显得尤为重要和紧迫。我们依据《物理课程标准》，把其中隐藏的主要科学方法明朗化、显性化，从而提出科学方法教育的主要内容，使物理实验教学中的科学方法教育有据可依，真正落到实处。因此，在高中物理实验教学中，必须创设良好的认知情境，对学生的探究进行指导，让学生主动地观察、思考、实验、讨论，使之沿着科学的思路在不知不觉中掌握其中的实验方法。

根据以上研究，我们以高中物理必修 2 的"机械能与能源"部分为例，阐述课程标准纳入科学方法的具体方式。如附表 7 所示。

附表 7　物理方法纳入高中《物理课程标准》的范例

序号	知识	物理方法	
		获得物理知识的方法	应用物理知识的方法
1	功 功率	理想模型法、乘积定义法、比值定义法	等效法、微元法
2	动能 动能定理	实验归纳法、分类法、演绎推理法	整体法、隔离法
3	重力势能 重力势能的变化与做功的关系	实验验证法、分类法、演绎推理法	等效法

序号	知识	物理方法	
		获得物理知识的方法	应用物理知识的方法
4	机械能守恒定律	试验验证法、实验归纳法	
5	能量守恒定律	试验验证法、实验归纳法	

上述研究不仅说明了科学方法教育内容显化的有效性，而且说明在各学科《课程标准》中纳入科学方法教育内容是可行的。如此，就使得"过程与方法"课程目标成为与"知识与技能"课程目标在课程内容上平行的课程目标。这样，就在《课程标准》层面上为科学方法教育提供了理论依据，从而为进一步贯彻落实科学方法教育提供了理论保障。

三、高中物理科学方法教育的教学方式研究

在科学方法教育中，科学方法教育的实践是一个重要的方面。由于科学方法往往体现在探索和发现知识之中，不亲身经历这种探索的过程，就很难发现其中的方法要素及关键之所在，更无法体会某些只能意会难以言传的奥妙之处。进一步，由于科学方法的高度抽象性，目前还没有一套表述科学方法的术语或系统，因此，希望把运用科学方法的要素概括出来，形成系统的方法学向学生讲授还不大可能。人类在长期的科学实践中形成了丰富多样的方法，而学生学习的时间是有限的，不可能事事都要独立探索。同时，学生的探索能力还正在培养形成的过程中，因人而异，悬殊极大，事事都要他们去独立探索，未必都能探得其中的奥妙，效果反而不好。因此，如何在物理教学中进行科学方法教育就成为亟待解决的问题。

基于此，我们提出了运用原始物理问题来促进高中物理科学方法教育的观点。这是因为，原始物理问题由于自身所具有的特点，恰好为科学方法教育搭建了一个理想的"平台"。原始问题教学让学生通过探索与应用物理知识来掌握科学方法，学生在反复运用科学方法解决物理问题的过程中，科学方法掌握了，运用物理知识解决实际问题的能力也就提高了。

所谓"原始物理问题"，是指自然界及社会生产、生活中客观存在的，能够反映物理概念、规律本质且未被加工的典型物理现象和物理事实。它和物理习题有着本质的区别，两者之间的关系如附图5所示。

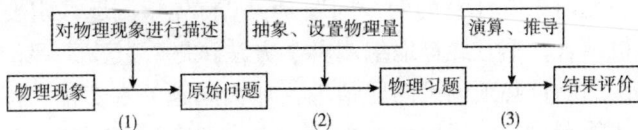

附图5　原始物理问题与习题关系图

物理习题是从原始物理问题抽象而来的，已经把原始物理问题的一些次要的、非本质的联系舍去，没有物理现象与事实作为背景，甚至完全脱离物理现象。与原始物理问题相比，习题重视演算与推导，而缺乏物理思想的分析。而原始物理问题是对物理现象的描述，贴近现实生活，具有生态性和开放性等特点，这就决定了解决原始物理问题的过程必然是一个探索和发现的过程。这与物理学家探究世界的过程是很相似的：物理学家是从自然界中的已知出发探究自然界中的未知，学生解决原始物理问题是从已知的知识出发探究未知的知识，两者都是从问题出发，都要检索已有的知识，都要用到科学方法。

研究旨在以原始物理问题教学来促进高中物理教学中的科学方法教育，以高中一年级两个班的学生为研究对象，采取"随机两等组后测验设计"，如附图6所示。

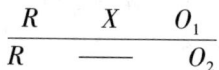

$$\frac{R \qquad X \qquad O_1}{R \qquad —— \qquad O_2}$$

附图6　随机两等组后测试设计

在实验设计中，需要随机（R）两个等组——实验组和对照组，实验组接受实验处理（X），而对照组不给予任何实验处理（——）。本实验中的实验处理是按照教学进程对实验班进行相应原始物理问题的练习。在实验之后，要对两组同时进行同样的后测试，得到测试结果 O_1 和 O_2，通过比较 O_1 和 O_2 得出实验结论。

本实验借鉴了心理学中的纵向研究方法，在对研究对象进行一段时间的教育干预后，进行测查和比较。

本研究在北京市某中学进行，在同一教师任教的2个班中同时进行。学生按入学成绩随机分班而成，而且教学内容完全相同，随机选取 A 班作为实验班，B 班为对照班。高一上学期教学内容为四部分：力的合成与分解、物体的平衡，直线运动，牛顿运动定律及应用，曲线运动。然后搜集并编制与之对应的原始物理问题，按期提供给合作教师。在每部分知识内容的教学快完成时，将原始物理问题以作业形式留给实验班学生，学生上交作业后，由教师阅判。作业下发后，给学生提供答案并要求改错。在每部分教学内容的习题课或复习课中，合作教师讲解其中的部分题目。以上过程只在实验班中进行，而对照班不采取任何教学干预。

通过检测法对学生掌握科学方法情况进行测评，在这里不能把纯粹的物理学专业知识方面的试题和纯粹的科学方法方面的试题作为测试题，科学方法的测评应结合在知识测评之中，仍以考查知识为主，将物理知识与科学方法有机结合。在编制科学方法教育检测题时，要注意的两个问题是："首先检测题一定要将物理基本知识与科学方法有机结合，不宜纯粹地编制科学方法试题；其次，评价科学方法教育目标达到何种层次的题目必须创设问题情境，加大问题的真实性、探索性、开放性和综合性，这样才能考查学生运用科学方法解决物理实际问题的能力，否则只能是考出学生的记忆水平。"

本研究的测试试卷正是在这一基础上，结合专家及合作教师的意见选用了涵盖以上内容的原始物理问题。通过合作教师及专家的评议，从被选题目中遴选出 6 道题组成正式测试卷。

1. 利用一块粗糙的长木板可以将一个装满货物的木箱推上一辆载重汽车。如果采用沿木板方向的推力推这个木箱，只要推力达到一定的值，总可以将木箱推上汽车。然而，如果采用沿水平方向的力推这个木箱，就有可能推不上去。如下图所示，现用一水平力 F 去推它，如果无论用多大的水平力都不能使木箱向上滑动，则木板与木箱间的动摩擦因数应满足什么条件？（如下图所示）

2. 建筑工地上的黄沙，堆成圆锥形而且不管如何堆其角度是不变的，试问能否求出黄砂之间的摩擦系数。

3. 在一平台和墙之间有一个弹性小球。把小球从地面抛出，要使它与墙碰撞弹开后正好以水平速度登上平台而不发生跳跃，对小球的速度有什么要求？

4. 一个观察者想用秒表在站台上测量火车出站时最后一节车厢驶过他身前需要多长时间，但火车加速后，车速太快，来不及两次按动秒表，请你帮他想想办法。

5. 标准排球场地为长方形，球场中间挂网，网下面画有中线，把球场画为两个区。中线两侧有两条平行线，称为进攻线。进攻线把每个场区分为前、后场区。一名运动员站在进攻线上跳起正准备将球水平击出，但若跳起高度过低，则无论水平击出的速度多大，球不是触网就是越界。试求此高度的范围。

6. 大雾天气，司机突然发现汽车已经开到一个丁字路口，前面是一条小河，如图所示，问司机当时采取紧急刹车或者紧急转弯，哪个方法比较有可能避免危险？试通过式子说明理由。（如下图所示）

测试试卷中每道题考察的主要科学方法列附表 8 如下：

附表 8　测试试卷中考察的主要科学方法

题目	主要科学方法
第一题	极限法，正交分解法
第二题	临界法，正交分解法

题目	主要科学方法
第三题	对称法
第四题	等量替换法
第五题	临界法
第六题	演绎推理法，比较法

测试后分别对测试结果进行测试试卷分析与物理学业成绩分析。

（1）实验班和对照班科学方法测试试卷得分情况分析（附图6与附图7）。

人数

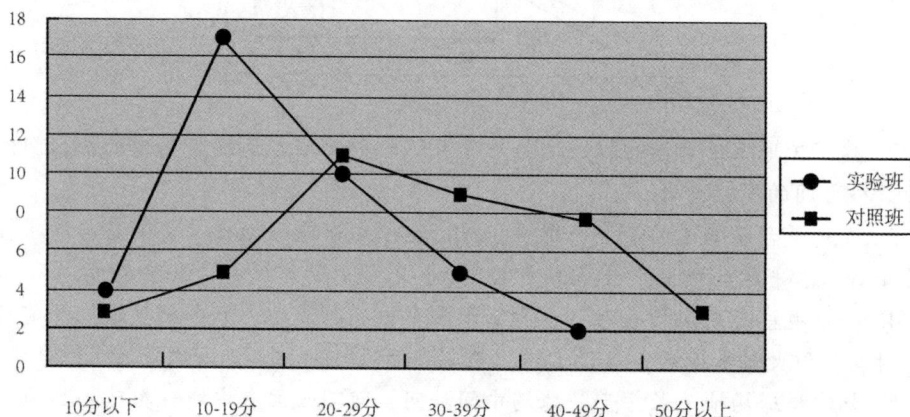

附图6　实验班和对照班整体得分情况分布

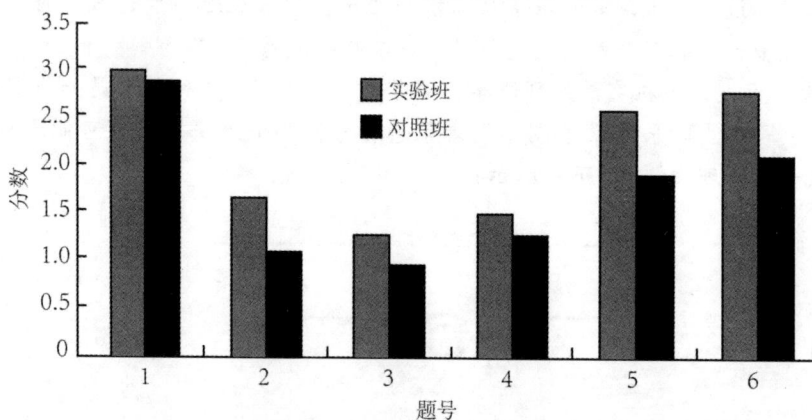

附图7　实验班和对照班各题主要科学方法平均得分情况比较

从附图7可以看出，实验班学生在科学方法测试试卷中的得分明显向高分段偏移，而对照班学生的得分更多地处于低分段；从附图8可以看出，实验班学生在每道题的主要科学方法平均得分上均高于对照班学生得分。这说明通过原始物理问题的教学对促进学生的科学方法教育有积极的作用。而没经过训练，很少接触这类问题的学生在科学方法得分上则明显低于经过训练的学生。

（2）统计检验。

对数据进行 Z 检验，可以发现实验班与对照班的测试成绩在0.01水平上有显著性差异，从而充分说明了本实验研究的有效性。

实验班和对照班学生参加北京市某区组织的物理期末考试，以此成绩作为后测的物理学业成绩，测试结果见附表9。

附表9　学业成绩数据统计表

组别	试验班	对照班
人数	38	38
平均分	84.37	78.11
标准差	7.220	10.689
显著性差异 Z（$\alpha = 0.01$，$Z = 2.58$）	2.995	

上表说明，经过一个学期的原始物理问题训练，实验班的物理平均成绩比对照班高出6.26分，而且差异水平达到了显著。说明在高中物理教学中进行科学方法的训练对提高学生的学业成绩有积极的促进作用。

1. 原始问题的教学方式能有效的促进物理教学中的科学方法教育

通过对实验班和对照班在各题平均得分的比较分析，我们发现，在科学方法测试中，实验班学生的得分均要高于对照班学生得分，这和实验班学生进行原始问题的训练是分不开的。因为在解决原始问题时，首先需要明白问题是针对什么物理现象和事实，其次要把它转化为物理模型，最后解决问题。在这个过程中就要用到理想化方法、等效方法、近似方法等具体科学方法，将一定的物理现象或物理情景转化为物理模型，又要用到分析、综合、概括、抽象等科学思维方法。可见，运用原始物理问题能将思维方法的训练和具体科学方法的掌握很好的结合起来，进而促进科学方法教育。因此，原始问题的教学方式能有效的促进中学物理教学中的科学方法教育。

2. 运用原始问题进行科学方法教育能有效提高中学生的问题解决能力

能力与方法是密切联系的，通过对科学方法的不断了解、积累和熟练，不仅能使学生形成一种借助于科学方法获取物理知识的心理定势，而且还可以使学生产生一种对问题的敏感性，并能够用科学方法迅速地抓住问题的要害，找出解决问题的途径，从而提高问题解决能力。通过实验班和对照班整体得分情况分布图，我们可以看出，实验班问题解决能力要优于对照班，这说明对高中学生进行原始物理问题训练能提高学生的问题解决能力。

3. 运用原始问题教学对提高学生的学业成绩有较显著的作用

研究发现，在物理期末考试中，实验班学生比对照班学生的物理学业成绩有显著的提高，并且达到了显著性差异。两个班的学生是按入学成绩随机分班而成的，学生的综合素质及能力基本相当，并且由同一任课教师任教，实验班和对照班是随机选取的。这说明，在高中物理教学中通过原始问题对高中学生进行科学方法教育使学生的知识掌握的更加牢固，能力得到了提高，对提高学生的学业成绩有积极的促进作用。

四、高中物理科学方法教育研究课题发表的期刊论文

《高中物理科学方法教育内容的显化的理论与实践研究》课题共发表期刊论文17 篇，其中包括 2 篇 *CSSCI* 收录期刊（《课程·教材·教法》），5 篇核心期刊论文（《教育科学研究》1 篇、《教学与管理》1 篇、《首都师范大学学报（自然版）》3 篇）。

[1] 陈清梅，邢红军，李正福. 论物理课程改革背景下的科学方法教育［J］. 课程. 教材. 教法，2009，08：51 – 56.

[2] 李正福，李春密，邢红军. 从隐性到显性：物理科学方法教育方式的重要变革［J］. 课程. 教材. 教法，2010，12：71 – 74.

[3] 李正福，李春密，邢红军. 物理教学中的科学方法显性教育［J］. 教育科学研究. 2011，01：54 – 57.

[4] 何静，邢红军，郑鹉. 高中物理教材中科学方法的显化研究［J］. 教学与管理，2009，16：74 – 76.

[5] 邢红军，陈清梅. 从知识中心到方法中心：科学教育理论的重要转变［J］. 首师范大学学报（自然科学版），2011，06：20 – 26.

[6] 邢红军. 物理科学方法显化教育的理论与实践研究［J］. 中国现代教育装备，2011，24：73 – 74.

[7] 肖戏，邢红军. 高中《物理课程标准》中的科学方法显化研究［J］. 首都师范大学学报（自然科学版），2011，04：29 – 34.

[8] 姚勇，邢红军，蔡燃. 高中物理科学方法教育的实践研究［J］. 首都师范大学学报（自然科学版），2011，04：15 – 18.

[9] 李立娟. 高中物理实验教学中的科学方法教育内容显化研究［J］. 大学物理（教育专刊），2011，12：72 – 74.

[10] 赵维和，邢红军. 知识应用过程中的物理科学方法研究［J］. 物理都师，2010，10：1 – 2.

[11] 肖骁，邢红军. 高中物理教学中的科学方法显化研究［J］. 物理教师，2010，03：1 – 2.

[12] 陈清梅. 论物理科学方法教育的教学模式［J］. 中国现代教育装备，2011，24：75 – 76.

[13] 熊小青，邢红军，乔通. 原始问题教学：物理思维方法教育的新途径——以自动称米机为例［J］. 中国现代教育装备，2011，24：77 – 79.

[14] 熊小青，邢红军. 初中物理概念建立中科学方法教育的显化研究［J］.

物理教师，2011，03：38 – 39.

［15］黄琳雅，黎明，陈清梅. 论物理教学中科学方法显化教育的教学原则［J］. 中国现代教育装备，2012，02：84 – 85.

［16］谭琳，李方永，李海涛. 高中物理教师科学方法教育调查研究［J］. 中国现代教育装备，2012，02：86 – 88.

［17］路海波. 高中物理规律建立中科学方法的显化研究［J］. 大学物理（教育专刊），2012，2：28 – 30.

经中国知网查询，我们发表的 CSSCI 论文《论物理课程改革背景下的科学方法教育》被引频次 13 次，下载频次 395 次；《从隐性到显性：物理科学方法教育方式的重要变革》被引频次 6 次，下载频次 306 次；发表的核心期刊论文《高中物理教材中科学方法的显化研究》被引频次 3 次，下载频次 213 次《物理教学中的科学方法显性教育》被引频次 2 次，下载频次 269 次。发表的一般期刊论文也具有较高的被引频次和下载频次。《高中物理科学方法教育的实践研究》被引频 2 次，下载频次 199 次，《高中物理教学中的科学方法显化研究》被引频次 3 次，下载频次 117 次。

五、人才培养

《高中物理科学方法教育内容的显化的理论与实践研究》课题研究始终坚持课题研究与人才培养相结合，探索了理论研究、教学实践、人才培养三方面互动的基础教育研究模式，获得了丰厚效益。课题研究由两名硕士研究生、两名教育硕士、1 名博士生以高中物理科学方法教育内容做为学位论文进行研究，分别获得了相应的学位，并公开发表论文 10 余篇。此外，课题负责人指导的北京丰台二中物理教师、2011 年毕业的教育硕士侯爱琴申报的"高中物理教学中主要科学方法教育的实践研究"获得全国教育科学"十二五"规划课题（FHB110064）。以上，都显示出本课题研究的人才培养绩效。

六、研究不足与展望

虽然本课题的研究取得了一定的成果，发表了 17 篇论文，也解决了科学方法教育中长期存在的问题，比如科学方法的分类问题，科学方法教育内容的显化问题以及科学方法的教学方式问题，但课题研究仍存在一定的不足。一方面，科学方法教育的实践研究相比理论研究仍显单薄，这在一定程度上是由于科学方法的特点造成的；另一方面，根据科学方法的分类，科学方法还包括思维方法，由于课题内容的容量所限，本课题的研究内容并不包括思维方法。由于物理方法与思维方法在问题解决中是交织在一起的，所以，本课题还需要进一步研究下去，即怎样把物理方法与思维方法结合起来进行深入研究，这正是我们下一步需要继续深入探讨的问题。

在教学中，物理方法的传授与思维方法的训练总是交织在一起的。科学方法教育具有明显的智力发展价值。"科学思维是科学活动中特定的思维，它虽然也遵循人类的思维的一般规律，要经过分析、综合、比较、抽象等基本过程，但是它却表现出高度的创造性，代表了人类思维的最高水平，集中体现了思维的各种优秀品质。"因此，正确处理物理方法与思维方法教学的统一关系，是科学方法教育得以深入下去的重要环节。

物理方法是由思维方法所操纵的。所以习得、使用物理方法过程本身也是对思维方法的有效训练。没有思维方法的参与，学生就无法将客观的学科结构内化为认知结构。因此，物理方法的教学不仅要点明学科方法的内涵、步骤，更要讲明每个步骤的过程，讲明物理方法的本质。换言之，只有在讲授物理方法的同时积极调动思维方法的参与，才能实现有意义教学，从而避免物理方法成为一堆散乱的步骤而失之琐碎与功利。例如比值定义法的教学，就不能仅仅停留于"选取相同标准""两者相比"的步骤叙述，而是还要介入比较、分析、综合等思维方法，这样才能触及比值定义法的科学方法本质。

因此，思维方法的教学就需要一种特殊的时空次序，这种"时空次序"则常常被表达为"教学的逻辑"。它不仅包括教学语言的逻辑性，教师的教学设计、举手投足、演示的节奏、板书的结构、活动的安排等都是教学的逻辑。目的都是使学生生成对思维方法的心理体验，并在此基础上体会到一种微妙的逻辑感。由此，思维方法的教学才能名至实归。然而，目前我们对于思维方法内涵的关顾还很不够，在很多情况下还没有充分认识到，思维方法作为一种特殊的心理体验与可以传授的学科方法有很大的不同，所以常常在教学中有意无意地忽视了思维方法的训练。温家宝总理在农村教师大会上的讲话中指出："提起中学教育，我前年在北京35中听了半天课，我发现老师对当前的逻辑教育重视很不够。其实逻辑思维对一个学生的成长非常重要，为什么孩子们有的听了教师一个报告，能够很快地把它概括出来，看到一件事物，能够很快地、深刻地分析出来，并且表达出来。

我说这就是逻辑思维。"细究温总理的论述，所谓"逻辑教育"所指的就是"教学的逻辑"，更进一步地说，表现为教师教学过程中对学生思维体验的关注与训练。

综上所述，科学方法作为"过程与方法"维度的课程目标，是基础物理教育课程的重要内容之一，具有重要的课程价值与教育价值。通过对科学方法进行正确分类，把"学生可接受的方法和方法论纳入课程目标体系之中"是可行的，进一步通过在教科书编写中显化科学方法，在教学中恰当选择教学模式，细化教学过程，从而可以把"过程与方法"课程目标真正落到实处。